本书是福建省社会科学基金项目成果（数字经济视域下中国制造业国际竞争力可持续性研究，项目批准号ＦＪ２０２２ＭＪＤＺ０４８）

本书获得烟台大学哲学社会科学学术著作出版基金资助

数字经济视域下
中国制造业国际竞争力
可持续性研究

彭 徽◎著

中国财经出版传媒集团

经济科学出版社
Economic Science Press

图书在版编目（CIP）数据

数字经济视域下中国制造业国际竞争力可持续性研究/
彭徽著． －－北京：经济科学出版社，2022.10
ISBN 978 - 7 - 5218 - 4101 - 5

Ⅰ.①数…　Ⅱ.①彭…　Ⅲ.①制造工业－国际竞争力
－研究－中国　Ⅳ.①F426.4

中国版本图书馆 CIP 数据核字（2022）第 190273 号

责任编辑：李　雪　袁　澂
责任校对：蒋子明　王肖楠
责任印制：邱　天

数字经济视域下中国制造业国际竞争力可持续性研究
彭　徽　著
经济科学出版社出版、发行　新华书店经销
社址：北京市海淀区阜成路甲 28 号　邮编：100142
总编部电话：010 - 88191217　发行部电话：010 - 88191522
网址：www. esp. com. cn
电子邮箱：esp@ esp. com. cn
天猫网店：经济科学出版社旗舰店
网址：http://jjkxcbs. tmall. com
北京时捷印刷有限公司印装
710 × 1000　16 开　19. 25 印张　290000 字
2022 年 12 月第 1 版　2022 年 12 月第 1 次印刷
ISBN 978 - 7 - 5218 - 4101 - 5　定价：88. 00 元
（图书出现印装问题，本社负责调换。电话：010 - 88191545）
（版权所有　侵权必究　打击盗版　举报热线：010 - 88191661
QQ：2242791300　营销中心电话：010 - 88191537
电子邮箱：dbts@ esp. com. cn）

前　言

制造业是立国之本和强国之基，数字经济成为主要经济形态。2021年11月，《中共中央关于党的百年奋斗重大成就和历史经验的决议》提出"推进制造强国建设，加快发展现代产业体系，发展数字经济"。2021年12月，《"十四五"数字经济发展规划》指出"以数字技术与实体经济深度融合为主线，协同推进数字产业化和产业数字化，赋能传统产业转型升级，培育新产业新业态新模式"。

从国内看，当前正处于我国"两个一百年"奋斗目标历史交汇、开启全面建设社会主义现代化国家新征程的关键历史节点。中国制造业增加值虽长期居于世界首位，但据中国工程院战略咨询中心测算，中国制造强国发展指数仍处世界第三方阵，与第一方阵的美国和第二方阵的德国和日本仍有不小差距。在数字经济发展如火如荼的背景下，如何破题中国制造业"大而不强"，如何推进制造业数字化，成为亟待思考的问题。

从国际看，世界经历着百年未有之大变局，经济全球化遭遇逆风，全球制造业产业链和供应链面临着冲击和重构。立足中国新发展阶段，构建以国内大循环为主体、国内国际双循环相互促进的新发展格局已成为历史的必然。时代的变局，既是风险，也是机遇。除生产和需求因素外，产销平衡、绿色化、数字化已成为制造业国际竞争力提升的驱动要素。推进中国制造业国际竞争力的持续提升，是助力中国制造业勇立潮头，助力中华民族伟大复兴的有力抓手。

本书研究对象为：在数字经济视域下，基于可持续战略，构建中国制造业国际竞争力可持续理论模型和评价指标体系，研究中国制造业国际竞争力的可持续性及其提升路径。研究重点为：（1）将制造业国际竞争力迭代历程视为多次准自然实验，结合计量分析方法，揭示竞争力迭代的原因，探究制造业发展的典型支撑基础，以及支撑基础之间的互动关系，并构建制造业国际竞争力可持续理论模型。（2）针对中国制造业的比较优势和比较劣势，依据静态能力和动态潜力的双视角，分别从生产可持续、消费可持续、利润可持续、环境可持续和数字可持续五个层面，提出制造业国际竞争力可持续战略的提升路径。

本书研究目标为：（1）理论目标：以实现中国制造业国际竞争力可持续战略为目标，研究各类支撑基础对产业竞争力可持续的影响机理，以及支撑基础间的互动关系，并构建竞争力可持续理论模型，进而有效解释制造业竞争力迭代原因和数字经济视域下中国制造业的发展趋势。（2）应用目标：依据生产可持续、消费可持续、利润可持续、环境可持续和数字可持续的可持续战略目标，结合静态发展能力和动态发展潜力视角，构建制造业国际竞争力可持续指标体系和评价指数，揭示制造业比较优势和比较劣势，进而提出基于数字经济的中国制造业竞争力可持续战略的指导性方案和发展路径。

本书的学术创新体现为三点：（1）学术思想创新。以制造业竞争力全球迭代为切入点，结合产业数字化思想，本研究通过支撑基础对竞争力可持续的影响机理及其互动关系分析，构建多目标的产业竞争力可持续理论模型，以及"静态＋动态"视角的评价指标体系，探讨数字经济视域下制造业国际竞争力的可持续战略。（2）学术观点和学术内容创新。考虑到支撑基础与竞争力之间的非线性关系，以及多目标的竞争力可持续原则，本研究剖析了各支撑基础间的互动关系；同时引入竞争力的数字化和动态化研究视角，构建竞争力可持续评价指数并进行评价比较；结合产业链和价值链的动态趋势，提出数字经济视域下竞争力可持续的策略，以期促进制造业竞争力可持续战略实施。（3）研究方法创新。在竞争力影响因素回归分析的基础上，构建制造业竞争力可持续指标体系，并运用验证性因子分析，检验和量化各支撑基础之间的互动关系；运用 Python 方法等对文本进行量化，探寻和量化"数字制造"政策的动态趋势。

在本书的撰写过程中，感谢我的导师，原中国银行首席经济学家曹远征教授的点拨和启发，感谢我的研究生安志浩、牟铭宇、李汝晴和于婷婷对文稿的处理工作，感谢我的爱人石岩和女儿彭梓萱的默默支持。

2022 年 9 月于烟台大学文科馆

目　　录

第 1 章

问题提出和基本概念

1.1 问题提出

制造业是国民经济的主体，是立国之本、兴国之器、强国之基。中华人民共和国成立七十余年，在贫穷落后的基础上被迅速建设成为经济总量第二的世界大国，众多行业实现跨越式发展，其中制造业发展成果格外耀眼。中华人民共和国成立之初，还是一个落后的农业国，制造业生产能力薄弱。以钢铁产业为例，钢铁产业是制造业的血液，为了实现工业化，中国推行"以钢为纲"和"钢铁挂帅"，但举全国之力以兴钢铁而未成（袁钢明，2007）。改革开放之后，伴随着市场导向的体制变革，尤其是资源配置效率的不断提升，中国制造业开始提速发展。

改革开放之初，1978 年中国国内生产总值（GDP）占全球比重仅为1.7%，中国工业净产值为 1358.42 亿元[①]，其中轻工业为 510.34 亿元，重工业为 848.08 亿元[②]。在重工业中，采掘工业、原料工业和制造工业分别为 164.28 亿元、312.12 亿元和 371.68 亿元，当年制造业占工业产

[①] 在《中国统计年鉴》中，2000 年之前，统计口径为制造业净产值，后改为制造业增加值，二者略有差异，但差异不显著。

[②] 历年《中国统计年鉴》和世界银行数据库（https://data.worldbank.org.cn/）。

值为 27.36%。按照美元计算，1978 年中国工业净产值只有 713.46 亿美元，工业净产值位于美国、日本、德国、英国和法国之后，位居全球第六位，虽然制造业规模不小，但制造业国际竞争力较低。随后，1980 年中国工业净产值和制造业净产值分别为 1648.35 亿元和 399.91 亿元，制造业占工业产值为 24.26%；1984 年中国工业净产值和制造业净产值分别为 2246.03 亿元和 594.46 亿元，制造业占比为 26.47%。20 世纪 90 年代之后，中国工业开始进入发展的快车道，1990 年中国工业净产值和制造业净产值分别为 5093.25 亿元和 1285.57 亿元，制造业占工业产值比重为 24.56%；同时与 1984 年相比，中国工业和制造业净产值都翻了一倍有余。2000 年，中国工业增加值和制造业增加值分别为 25394.8 亿元和 6520.33 亿元，制造业占工业比重为 25.68%。21 世纪以来，中国制造业逐渐迈向世界制造业的舞台中央，2010 年中国制造业增加值跃居世界第一位，制造业国际竞争力大幅提升。从 2012 年到 2021 年，中国工业增加值从 20.8 万亿元增加到 37.3 万亿元，年均增长 6.3%；同期，中国制造业增加值从 16.98 万亿元增加到 31.4 万亿元，占全球比重从 22.5% 提高到近 30%，其中高技术制造业占规模以上工业增加值比重从 9.4% 提高到 15.1%，装备制造业占规模以上工业增加值比重从 28% 提高到 32.4%[①]。截至 2022 年，中国制造业增加值已经连续 12 年稳居世界第一，中国制造业中间品贸易在全球占比达到约 20%，中国制造业开放合作不断深化，在全球产业链地位不断攀升。如今，如何由"制造大国"迈向"制造强国"成为困扰中国制造业进一步发展的难题。

以钢铁产业为例，钢铁产量从中华人民共和国成立初期的 16 万吨，骤升至 1996 年的 1 亿吨，中国钢铁产业"站起来"了。随着改革开放深入推进，自 2000 年起，中国钢铁产量高居世界第一位，2019 年中国粗钢产量达到 9.96 亿吨，产业实现"富起来"的目标。2020 年中国粗钢产量

---

① 王政. 我国制造业增加值连续 12 年世界第一［N］. 人民日报，2022 - 03 - 10.

突破 10 亿吨，2021 年中国粗钢产量略有回落，仍然高达到 10.33 亿吨，占全球粗钢总产量的 52.94%[①]。可以说，这七十多年来，中国钢铁领域不仅见证了中国经济发展的探索与成就，而且也见证了体制变革的探索与成就。

但随着中国逐步确立钢铁生产第一大国的地位，中国也开始面临着"幸福的痛苦"。从国际看，以美国为代表，钢铁产业发展步履蹒跚，曾经作为美国工业的脊梁——环五大湖区域没落成为"铁锈地带"（rust belt）；同时，美国和欧盟等发达国家针对钢铁产业的贸易保护浪潮此起彼伏。欧美"钢铁巨人"的背景逐渐远去，欧美钢铁产业衰落成为长期谋求贸易保护的"弱者"，业界普遍担忧钢铁产业是否已成"夕阳产业"。从国内看，由于铁矿石进口依存度高和产能过剩等问题，钢铁行业收益率长期低于工业平均水平，加之钢铁生产中环保成本不断升高，使得原本微薄的利润被进一步压缩，2015 年甚至出现全行业亏损。随着中国进入工业化中后期的发展阶段，服务业蓄势待发，而钢铁作为传统工业部门，长期被列为供给侧结构性改革中"去产能"的重点领域。更为严重的是，钢铁产业作为高污染产业，面临着 2030 年碳排放峰值和 2060 年碳中和的环境约束，中国钢铁产业发展前景着实令人担忧。反观，印度和俄罗斯等国国内钢铁产业蓬勃发展，大有赶超中国钢铁产业的势头[②]，中国钢铁产业国际竞争力能否继续保持？对这些问题进行客观的分析和回答，不仅关乎中国钢铁产业升级的着力点，而且关乎中国下一步制造业发展的战略导向。

2015 年国务院印发《中国制造 2025》部署推行制造强国战略，提出中国实施制造强国战略第一个十年的行动纲领。2019 年中央经济工作会议强调"推动制造业高质量发展，要打造一批有国际竞争力的先进制造业集群"。2020 年 11 月，习近平总书记在《国家中长期经济社会发展战略

---

① 《2021 世界钢铁数据》（2021 *World Steel in Figures*）。

② 2015 年 4 月，印度总理莫迪表示，中国在制造钢铁方面领先于印度，印度的目标是赶超中国。

若干重大问题》中强调，在塑造以数字经济为代表的竞争新优势时，必须看到实体经济是基础，各种制造业不能丢[①]。2022 年 1 月，国务院颁布《"十四五"数字经济发展规划》，指出数字经济是农业经济、工业经济之后的主要经济形态，提出"产业数字化转型迈上新台阶"的发展目标，指明制造业数字化、网络化、智能化应更加深入。同时提出应大力推进产业数字化转型，着重从加快企业数字化转型升级、全面深化重点产业数字化转型、推动产业园区和产业集群数字化转型以及培育转型支撑服务生态四个方面入手。

当前，中国正处于百年未有之大变局，分析中国制造业问题，需要从历史长时段来看。而制造业始终与世界各国的政治和经济紧密联系在一起。在经济全球化和市场开放的条件下，在数字经济成为主要经济形态的背景下，面对全球各国制造业越来越激烈的竞争，研究中国制造业竞争力的可持续性，不仅有助于揭示制造业全球转移的规律，探寻中国制造业国际竞争力的支撑要素，而且有助于认清中国制造业中长期的发展前景，巩固和进一步发展中国制造业的国际竞争力。在第四次工业革命和中国制造业转型升级的特定节点，深入开展数字经济视域下中国制造业国际竞争力可持续性的研究，具有重要的理论和现实意义。

1.2　研究目标和学术创新

本书研究对象为：在数字经济视域下，基于可持续战略，构建中国制造业国际竞争力可持续理论模型和评价指标体系，研究中国制造业国际竞争力的可持续性及其提升路径。

本书研究重点为：（1）将制造业国际竞争力迭代历程视为多次准自

---

① 习近平. 国家中长期经济社会发展战略若干重大问题［J］. 求是，2020（21）.

然实验，结合双重差分法，揭示竞争力迭代的原因，探究制造业发展的典型支撑基础，以及支撑基础之间的互动关系，并在数字经济视域下，构建制造业国际竞争力可持续理论模型。（2）针对中国制造业的比较优势和比较劣势，依据静态能力和动态潜力的双视角，分别从数字化生产、数字化消费、数字赋能环保和产业利润动态平衡四个层面，提出制造业国际竞争力可持续战略的提升路径。

本书研究目标为：（1）理论目标。以实现中国制造业国际竞争力可持续战略为目标，将制造业竞争力迭代视为准自然实验，结合数字经济背景，研究各类支撑基础对产业竞争力可持续的影响机理，以及支撑基础间的互动关系，并构建竞争力可持续理论模型，进而有效解释制造业竞争力迭代原因和数字经济视域下中国制造业的发展趋势。（2）应用目标。依据生产可持续、消费可持续、环境可持续和利润可持续的可持续战略目标，结合静态发展能力和动态发展潜力视角，在数字经济视域下，构建制造业国际竞争力可持续指标体系和评价指数，揭示制造业比较优势和比较劣势，进而提出基于数字经济的中国制造业竞争力可持续战略的指导性方案和政策。

本书的学术创新体现为三点：（1）学术思想创新。以制造业竞争力全球迭代为切入点，结合产业数字化思想，本书通过支撑基础对竞争力可持续的影响机理及其互动关系分析，构建多目标的产业竞争力可持续理论模型，以及"静态＋动态"视角的评价指标体系，探讨数字经济视域下制造业国际竞争力的可持续战略。这是对已有竞争力研究的扩展，也是数字经济时代制造业发展的新问题。（2）学术观点和学术内容创新。考虑到支撑基础与竞争力之间的非线性关系，以及多目标的竞争力可持续原则，本书剖析了各支撑基础间的互动关系；同时引入竞争力的数字化和动态化研究视角，构建竞争力可持续评价指数并进行评价比较；结合产业链和价值链的动态趋势，提出数字经济视域下竞争力可持续的策略，以期促进制造业竞争力可持续战略的实施。（3）研究方法创新。运用准自然实验方法，结合差分方程和门槛模型，依据拐点和峰值解释支撑基础的影响机理；运用验证性因子分析，结合 Amos 结构方程，检验和量化各支撑基础之间的互动关系；运用扎根理论方法对调查访谈进行逐级编码，结合 Python 数据爬虫方法对文本进行量化，探寻和量化动态指标，是对已有方法的创新应用。

1.3　基本概念

1.3.1　第二产业、工业和制造业

按照国家统计局《国民经济行业分类》（GB/T 4754—2017），产业可以归纳为第一产业、第二产业和第三产业。第一产业涵盖农、林、牧、渔业等，第二产业包括工业和建筑业，第三产业涵盖批发和零售业、住宿和餐饮业，以及科学研究和技术服务业等。其中，第二产业中的工业可以进一步分为采矿业，制造业，电力、热力、燃气及水生产和供应业等三类产业。由此可见，第二产业、工业和制造业之间的关系，如图 1-1 所示。

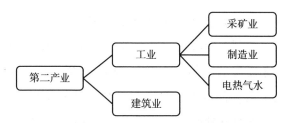

图 1-1　第二产业、工业和制造业之间的关系

制造业是中国的立国之本，中国历来重视制造业的发展建设。与发达国家第三产业占国内生产总值（GDP）比重较高不同，中国第二产业对经

济增长贡献较大，在第二产业中工业贡献又是首当其冲。进一步剖析，制造业又是贡献工业增加值的佼佼者。1952～2021 年，中国 GDP、第二产业增加值、工业增加值和制造业增加值及其占比，如表 1-1 所示。

表 1-1　　1952～2021 年中国 GDP、第二产业增加值、工业增加值、制造业增加值及其占比

年份	GDP（亿元）	第二产业增加值（亿元）	第二产业占GDP比重（%）	工业增加值（亿元）	工业占第二产业比重（%）	制造业增加值*（亿元）	制造业占工业比重（%）
1952	679. 1	141. 1	20. 78	119. 5	84. 69	—	—
1953	824. 4	191. 6	23. 24	163. 2	85. 18	—	—
1954	859. 8	210. 8	24. 52	184. 5	87. 52	—	—
1955	911. 6	221. 5	24. 3	191. 2	86. 32	—	—
1956	1030. 7	280. 4	27. 2	225. 2	80. 31	—	—
1957	1071. 4	316. 6	29. 55	271. 6	85. 79	—	—
1958	1312. 3	483. 6	36. 85	415. 9	86	—	—
1959	1447. 5	616. 7	42. 6	541. 3	87. 77	—	—
1960	1470. 1	652. 6	44. 39	574. 1	87. 97	—	—
1961	1232. 3	393. 5	31. 93	367. 7	93. 44	—	—
1962	1162. 2	363. 9	31. 31	330. 9	90. 93	—	—
1963	1248. 3	412. 8	33. 07	371. 7	90. 04	—	—
1964	1469. 9	519. 3	35. 33	468. 1	90. 14	—	—
1965	1734	608. 5	35. 09	554. 2	91. 08	—	—
1966	1888. 7	715. 4	37. 88	656. 3	91. 74	—	—
1967	1794. 2	608	33. 89	551. 6	90. 72	—	—
1968	1744. 1	542. 6	31. 11	496. 9	91. 58	—	—
1969	1962. 2	695	35. 42	633. 7	91. 18	—	—
1970	2279. 7	918. 1	40. 27	836. 3	91. 09	—	—
1971	2456. 9	1029. 9	41. 92	936. 3	90. 91	—	—
1972	2552. 4	1091. 6	42. 77	1000	91. 61	—	—

续表

年份	GDP（亿元）	第二产业增加值（亿元）	第二产业占GDP比重（%）	工业增加值（亿元）	工业占第二产业比重（%）	制造业增加值*（亿元）	制造业占工业比重（%）
1973	2756.2	1180.3	42.82	1082.8	91.74	—	—
1974	2827.7	1199.8	42.43	1094.4	91.22	—	—
1975	3039.5	1378.7	45.36	1256.6	91.14	—	—
1976	2988.6	1346	45.04	1216.7	90.39	—	—
1977	3250	1517.8	46.7	1384.9	91.24	—	—
1978	3678.7	1755.1	47.71	1621.4	92.38	—	—
1979	4100.5	1925.3	46.95	1786.5	92.79	—	—
1980	4587.6	2204.7	48.06	2014.8	91.39	—	—
1981	4935.8	2269	45.97	2067.7	91.13	—	—
1982	5373.4	2397.6	44.62	2183	91.05	—	—
1983	6020.9	2663	44.23	2399	90.09	—	—
1984	7278.5	3124.7	42.93	2815.8	90.11	—	—
1985	9098.9	3886.4	42.71	3478.2	89.5	—	—
1986	10376.2	4515.1	43.51	4000.7	88.61	—	—
1987	12174.6	5273.8	43.32	4621.1	87.62	—	—
1988	15180.4	6607.2	43.52	5814	87.99	—	—
1989	17179.7	7300.7	42.5	6525.5	89.38	—	—
1990	18872.9	7744.1	41.03	6904.5	89.16	—	—
1991	22005.6	9129.6	41.49	8137.9	89.14	—	—
1992	27194.5	11725	43.12	10340.2	88.19	—	—
1993	35673.2	16472.7	46.18	14248.4	86.5	—	—
1994	48637.5	22452.5	46.16	19546.3	87.06	—	—
1995	61339.9	28676.7	46.75	25023.2	87.26	—	—
1996	71813.6	33827.3	47.1	29528.9	87.29	—	—
1997	79715	37545	47.1	33022.6	87.95	—	—
1998	85195.5	39017.5	45.8	34133.9	87.48	—	—

续表

年份	GDP（亿元）	第二产业增加值（亿元）	第二产业占GDP比重（%）	工业增加值（亿元）	工业占第二产业比重（%）	制造业增加值*（亿元）	制造业占工业比重（%）
1999	90564.4	41079.9	45.36	36014.4	87.67	—	—
2000	100280.1	45663.7	45.54	40258.5	88.16	—	—
2001	110863.1	49659.4	44.79	43854.3	88.31	—	—
2002	121717.4	54104.1	44.45	47774.9	88.3	—	—
2003	137422	62695.8	45.62	55362.2	88.3	43011	77.69
2004	161840.2	74285	45.9	65774.9	88.54	51748.5	78.68
2005	187318.9	88082.2	47.02	77958.3	88.51	60117.99	77.12
2006	219438.5	104359.2	47.56	92235.8	88.38	71212.89	77.21
2007	270092.3	126630.5	46.88	111690.8	88.2	87464.95	78.31
2008	319244.6	149952.9	46.97	131724	87.84	102539.5	77.84
2009	348517.7	160168.8	45.96	138092.6	86.22	110118.5	79.74
2010	412119.3	191626.5	46.5	165123.1	86.17	130282.5	78.9
2011	487940.2	227035.1	46.53	195139.1	85.95	156456.8	80.18
2012	538580	244639.1	45.42	208901.4	85.39	169806.6	81.29
2013	592963.2	261951.6	44.18	222333.2	84.88	181867.8	81.8
2014	643563.1	277282.8	43.09	233197.4	84.1	195620.3	83.89
2015	688858.2	281338.9	40.84	234968.9	83.52	199436	84.88
2016	746395.1	295427.8	39.58	245406.4	83.07	209508.9	85.37
2017	832035.9	331580.5	39.85	275119.3	82.97	233876.5	85.01
2018	919281.1	364835.2	39.69	301089.3	82.53	255937.2	85
2019	986515.2	380670.6	38.59	311858.7	81.92	264136.7	84.7
2020	1013567	383562.4	37.84	312902.9	81.58	265943.6	84.99
2021	1143669.7	450904.5	39.43	372575.3	82.63	313797	84.22

注：在未提及中国香港、澳门和台湾时，本书所有表格中的数据都不涉及港澳台地区。

*由于《中国统计年鉴》中将工业分为轻工业和重工业，没有制造业的统计口径，故此"制造业增加值"由联合国数据库的国民经济核算（national accounts）整理。

资料来源：根据《中国统计年鉴》和联合国数据库整理。

由表 1 - 1 可知，中国第二产业对 GDP 贡献度峰值达到 48.06%（1980 年），随着第三产业的繁荣，第二产业贡献率呈现下降趋势，近些年保持在略低于 40% 的水平；工业对第二产业贡献度峰值达到 92.79%（1979 年），之后贡献率持续下降，近年来仍维持在 80% 左右；制造业对工业贡献度峰值为 85.37%（2016 年），总体保持平稳，2021 年贡献度仍为 84.22%。长期看，第二产业对 GDP 贡献度约为四成，工业对第二产业贡献度约为八成，制造业对工业贡献度约为八成，由此可见，制造业对中国经济的支撑作用。

1.3.2 制造业的分类

制造业是指通过机器制造过程，将某种资源（物料、能源、设备、工具、资金、技术、信息和人力等）转化为可供人们使用和利用的大型工具、工业品与生活消费产品的行业。制造业涉及生产和生活的方方面面，包括农副食品加工业，纺织业，黑色金属冶炼和压延加工业，化学原料和化学制品制造业，电气机械和器材制造业，以及计算机、通信和其他电子设备制造业等。制造业可分为轻纺工业、资源加工工业、机械和电子制造业三类产业。制造业分类和细分部门，如表 1 - 2 所示。

表 1 - 2　　　　　　　　　　　　制造业分类和部门

分类	制造业部门
轻纺工业	（1）农副食品加工业；（2）食品制造业；（3）酒、饮料和精制茶制造业；（4）烟草制品业；（5）纺织业；（6）纺织服装、服饰业；（7）皮革、毛皮、羽毛及其制品和制鞋业；（8）木材加工和木、竹、藤、棕、草制品业；（9）家具制造业；（10）造纸和纸制品业；（11）印刷和记录媒介复制业；（12）文教、工美、体育和娱乐用品制造业
资源加工工业	（1）石油、煤炭及其他燃料加工业；（2）化学原料和化学制品制造业；（3）医药制造业；（4）化学纤维制造业；（5）橡胶和塑料制品业；（6）非金属矿物制品业；（7）黑色金属冶炼和压延加工业；（8）有色金属冶炼和压延加工业；（9）金属制品业

分类	制造业部门
机械和电子制造业	（1）通用设备制造业；（2）专用设备制造业；（3）汽车制造业；（4）铁路、船舶、航空航天和其他运输设备制造业；（5）电气机械和器材制造业；（6）计算机、通信和其他电子设备制造业；（7）仪器仪表制造业；（8）其他制造业；（9）废弃资源综合利用业

资料来源：《国民经济行业分类》和笔者归纳整理。

1.4 章节安排

针对研究目标和研究重点，本书的章节安排如下：

第1章，问题提出和基本概念。该部分提出中国制造业国际竞争力可持续的困境，阐述研究目标和学术创新，并对基本概念进行分析。

第2章，制造业的产业转移和竞争力迭代。首先，对产业转移理论和产业转移的影响因素进行文献综述；其次，分析制造业的产业转移历程，由此揭示制造业竞争力的全球转移，即一国长期维持产业竞争力的困境；最后，分别基于三个典型的制造产业，即服装产业、钢铁产业、汽车产业，揭示产业转移的历程。

第3章，中国制造业及其典型产业国际竞争力。首先，对国际竞争力的指标和内涵进行分析。其次，运用竞争力指标，分析中国制造业竞争力。最后，分别针对服装产业、钢铁产业和汽车产业，分析三个典型制造产业的国际竞争力。

第4章，制造业竞争力可持续的支撑基础。首先，对产业可持续竞争力的内涵展开探讨。然后，分别讨论生产要素、消费需求、产业利润（产销平衡）、环境约束和数字创新对产业竞争力的影响。

第5章，制造业竞争力可持续的理论模型。首先，对持续竞争力优势理论进行文献综述。其次，梳理产业可持续竞争力的理论逻辑。再次，基于生产可持续、消费可持续、利润可持续、环境可持续和数字可持续五个方面，构建产业可持续竞争力的理论模型。最后，对竞争力可持续理论模型，进行实证分析。

第 6 章，生产要素的基础资源、核心能力和可持续性。一方面，对生产要素基础资源进行国内和国际比较；另一方面，对生产要素核心能力进行国内外比较。最后，研判生产要素的可持续性。

第 7 章，消费需求的基础资源、核心能力和可持续性。一方面，基于居民需求、投资需求、生产需求和出口需求，分析消费需求基础资源的动态变化；另一方面，对消费需求核心能力进行国内外比较。最后，研判消费需求的可持续性。

第 8 章，产业利润的合理边界和可持续性。首先，基于资产负债率、销售成本率和销售利润率，讨论产业利润支撑指标的动态变化；其次，对产业利润核心能力进行国内外比较；再次，以钢铁产业为例，研判产业利润和产量的合理区间；最后，研判产业利润的可持续性。

第 9 章，环境保护的基础资源、核心能力和可持续性。基于环保目标和环保成本，分析环境保护基础资源的动态变化，并对环境保护核心能力进行国际比较，结合环境成本内部化的测算方法，研判环境保护的可持续性。

第 10 章，基于 Python 的"数字制造"政策文本演化分析。结合数字制造的质性分析方法，通过词频统计和词云图、词频 - 逆向文件频率（TH - IDF）关键词提取、LDA 文本聚类和主题特征分析，对"数字制造"政策文本进行演化分析，进而探讨"数字制造"的发展趋势。

第 11 章，制造业竞争力可持续指数构建与分析。基于生产可持续、消费可持续、利润可持续、环境可持续和数字可持续指标的经济逻辑，构建竞争力可持续指数的指标体系，并运用因子分析方法进行评价分析，进而对竞争力可持续指数进行国际比较。

第 12 章，制造业竞争力可持续性的问题分析和提升路径。首先，依据竞争力可持续评价指数，揭示中国制造业竞争力可持续性的问题；其次，结合生产可持续、消费可持续、利润可持续、环境可持续和数字可持续的动态变化，研判制造业竞争力的可持续性；最后，分别围绕生产要素、消费需求、产业利润、环境保护和数字制造五方面，提出制造业竞争力可持续性的提升建议。

第 2 章

制造业的产业转移和竞争力迭代

制造业是立国的根本。1840 年，英国成为世界第一工业强国。这时，英国工业革命已经完成，英国棉纺产品产量占世界总产量的一半以上，钢铁产量占世界总产量的一半以上，煤炭产量占世界总产量的 3/4，造船量占世界总产量的 3/5，贸易额占世界总额的 1/3 以上[①]。

第二次工业革命之后，美国成为全球电力工业的领头羊，美国很快成了一个电气化的工业国。19 世纪末，美国完成了由农业国向工业国的转型，随着经济实力的不断增强，美国工业总产值占据全球首位。1913 年，英国占世界工业生产总值比重为 14%，德国占比 15.7%，美国占比高达 35.8%，美国工业生产总值占比超过全球的 1/3[②]。20 世纪 40 年代开始，以信息技术和新能源技术为代表的第三次工业革命悄然发生。日本迅速跟进第三次科技革命，经济驶入快车道，开启了持续 18 年的经济高速增长。1970 年，日本已经成长为仅次于美国和苏联的全球第三经济大国。其间，索尼、日立、东芝等一大批日本电子企业相继兴起，高技术产品大有赶超美国的势头。在改革开放和全国人民的艰苦创业下，中国制造业发展迅猛。进入 21 世纪之后，中国 2010 年制造业产值雄踞世界首位。由此之后，中国制造业大国地位不断巩固。2021 年我国制造业增加值占 GDP 比

---

① 王章辉. 英国经济史 [M]. 北京：中国社会科学出版社，2013.
② 陈伟光，明元鹏. 世界贸易大国的行为逻辑 [J]. 现代国际关系，2020.

重达到 27.4%；制造业增加值规模达到 31.4 万亿元[①]，我国制造业已连续 12 年位居世界第一，但"大而不强"一直是我国制造业亟待解决的问题。

　　由此看来，从 1840 年至 2021 年的近两百年来，全球制造业不断地发生着产业转移。本部分梳理制造业产业转移的历程，并依据轻纺工业、资源加工工业、机械和电子制造的制造业分类，分别选取三个代表性制造业，即服装、钢铁、汽车，展开探讨。

2.1　产业转移的文献综述

2.1.1　产业转移理论

　　国际产业转移是一国在资源供给或产品需求等条件发生变化时，某产业从一国转移到另一国的经济行为，实质是技术扩散和产业升级的过程。国际产业转移是一国在资源供给或产品需求等条件发生变化时，某产业从一国转移到另一国的经济行为。早在 20 世纪 30 年代，赤松要（Kaname Akamatsu，1932）注意到国际产业转移并提出"雁形学说"，认为日本产业经历国外进口、国内生产和出口国外的三个此起彼伏的循环阶段。针对国际的产业周期性发展，弗农（R. Vernon，1966）提出国际产品生命周期理论，并认为产业转移的实质是比较优势的动态变化。借鉴要素禀赋理论，刘易斯（W. A. Lewis，1978）认为国际劳动力丰裕度的差异，导致非熟练劳动密集型产业由发达国家转移至发展中国家。集产业转移理论之大成，邓宁（J. H. Dunning，1987）将劳动成本优势归为区位优势的一部分，提出国际生产折中理论，并认为所有权优势、内部化优势和区位优势

---

① 金观平. 力保制造业比重基本稳定［N］. 经济日报，2022 - 02 - 09.

共同决定企业跨国直接投资。在"雁形学说"基础上，小岛清（Kiyoshi Kojima，1987）提出"边际产业扩张学说"，并指出应从母国比较劣势的产业依次进行产业国际转移。与主流理论不同，基于发展中国家的视角，普雷维什（R. Prebisch，1990）提出"中心-外围理论"，并认为初级产品和制成品需求弹性不同，发展中国家在贸易中处于不利地位，需采用进口替代战略。经典竞争优势理论指出（Michael E. Porter，1990）要素条件、需求条件、相关及支持产业、公司战略及竞争对手构成本国竞争力的四种决定因素，并称为钻石体系。贾苏颖和马元鹤（1988）是国内研究世界产业转移的先行者，认为各国应发挥生产要素的优势，并依据经济发展态势，调整生产要素配置。

2.1.2 产业转移的影响因素

从产业国际转移的理论看，产业转移受产业属性、比较优势、要素禀赋以及国际经济发展阶段等多方面因素的影响。从产业国际转移的理论看，产业转移受制于产业属性、比较优势、要素禀赋以及国际经济发展阶段等多方面原因。以钢铁产业为例，从世界钢铁中心演变的实践看，钢铁产业国际转移的路径大致是从英国到美国，再到日本和中国。究竟是什么因素导致钢铁产业的国际转移？这是探寻钢铁产业国际转移规律的关键。中外大量学者对此进行深入研究，主要归为以下三类。

（1）生产要素是产业国际转移的外在驱动。第一，比较优势变化。发达国家的生产要素价格上升，主要表现在劳动价格上升，造成产业生产成本上升，为追求更高的收益，资本需要与低成本的生产要素结合，使得发达国家钢铁产业向生产要素价格低的发展中国家转移。第二，技术水平提高。钢铁产业国际化转移最根本的动力在于技术的进步程度。19 世纪70 年代之前，作为技术革新中心，英国自然而然成为当时世界第一钢铁大国。随着美国科技发展，美国钢铁产量超越英国。

（2）产业结构是产业国际转移的内在条件。一方面，追求产业结构升级（黄桂田和徐昊，2018）。发达国家产业结构趋向于"高服务"和"高技术"，最直接表现就在于农业、工业在国民经济中所占比重慢慢下降，而服务业所占比重渐渐上升。另一方面，产业生命周期显现。当一国钢铁产业处于成长期时，钢铁产业发展势头猛烈，技术发展日益成熟，钢铁市场需求量增大，表现为净出口增加（李国军等，2015）。而一国钢铁产业处于成熟期，竞争优势下降，加之能源价格上涨，钢铁产品进口上升，钢铁产业转移就此开始。

（3）国家经济和政策引导着产业国际转移。一方面，政府管制。钢铁产业是国家支柱产业，政府对其发展起着决定性作用。作为重工业，钢铁产业不断发展势必会带来很多环保问题，从而出现钢铁产业由发达国家向发展中国家转移的态势（A. Reinders et al.，2003）。另一方面，市场需求。英国、美国、日本都曾经是不同时期的世界制造业中心，它们之所以能够在世界钢铁产业转移中独领风骚，与其是世界制造业中心密不可分（Ruslan Sadyrtdinov and Dmitry Rodnyansky，2015）。

2.2　制造业的产业转移历程

制造业是国民经济的基础产业，它的发展直接影响到国民经济各部门的发展，也影响到国计民生和国防力量的加强。在制造业的发展进程中，全球制造业共经历了四次转移：（1）第一次产业转移在 1900 年左右，由英国转向美国；（2）第二次产业转移在 1950 年左右，由美国转向日本；（3）第三次产业转移是在 1970 年左右，由日本转向中国台湾、中国香港、新加坡和韩国；（4）第四次产业转移在 1990 年左右，由中国台湾、中国香港、新加坡和韩国转向中国。

2.2.1 全球制造产业的转移

2.2.1.1 英国

1733 年，英国的机械师约翰·凯伊（John Kay）发明飞梭，将织布效率提高 1 倍。1764 年，詹姆斯·哈格里夫斯（James Hargreaves）发明了珍妮纺纱机，纺纱效率得以提升 15 倍。1785 年，工程师埃地蒙特·卡特莱特（Edmund Cartwright）发明了水力织布机，将织布效率提高了 40 倍。

而随着纺织业的兴起，对动力系统提出了更高的要求，原本仅仅用于矿山抽水的蒸汽机经过改良后被用于纺织业，18 世纪 60 年代，以蒸汽机为标志的第一次工业革命开始在英国展开，英国从此进入"蒸汽时代"，蒸汽机的发明使机器大生产代替手工劳动，机器生产对手工劳动的替代使工业制品价格大幅下降。1784 年英国建立了第一座蒸汽纺纱厂。之后，蒸汽机又被应用于冶金工业、铁路运输、蒸汽船等领域。

伴随着工业革命的推进与完成，机器大生产得以确立，英国凭借机器制造业、纺织业、炼铁业等成为全球制造业中心，确立了"世界工厂"的地位。

2.2.1.2 美国

美国广泛应用第二次科技革命的成果，1900 年开始，美国开始普及流水线生产，不仅降低了固定成本，还吸引了大批的工程师进行技术研究，促进了技术的发展。而同时期的英国，其工厂在组织形式上比较传统，以小作坊为主，但是这些小作坊不能形成规模经济，也不能形成系统的研究和创新，因此美国逐步登上全球制造业中心的舞台。

美国在二战中，凭借大量的军事订单，大发战争横财，并积极进行技术创新，成为制造业强国，1950 年，美国在飞机、钢铁、汽车等领域一直处于领先地位，美国波音、福特、通用等公司的产品在国际市场上有很强的竞争力，美国建成了完整的工业系统，成为真正的"世界工厂"。

1985 年，美国制造业的产值占世界制造业产值的 28%。

2.2.1.3　日本

二战后，第三次科技革命逐渐兴起，日本的制造技术得以快速发展，同时，美国决定将日本作为西方的"亚洲工厂"加以改造，在美国的支持下，日本在 20 世纪 50～70 年代初期进入快速增长时期，引进大量的现代化生产设备，取得了规模经济增长，使钢铁、石化等基础原料重化工工业得到了快速发展，1962 年，日本制造业出口占商品出口的比重高达88%，制造业进口占商品进口的比重仅为 24%[①]，日本制造业拥有强大的出口竞争力和广阔的国际市场，出口产品的结构也从纺织品和陶瓷转向钢铁、汽车、船舶等。20 世纪 70 年代的石油危机，使得日本的工业重心由原来的基础材料产业转向了汽车、机械和电子等加工装配产业，从而实现了制造业出口结构的优化。

2.2.1.4　中国台湾、中国香港、新加坡和韩国

中国台湾在 20 世纪 60 年代美苏冷战时期是美国制约亚洲的前线，在其经济援助下大力发展工业，20 世纪 70 年代中期，承接了美日相当一部分劳动密集型的产业，逐步成为电子代工业的巨头。

中国香港在 1950 年前以转口贸易为主，制造业不发达[②]，随着朝鲜战争的爆发，英国追随美国切断了与香港的经济往来，香港转而发展制造业，首当其冲的是纺织业，1960 年，在纺织业带动下塑胶、钟表、灯泡等制造业也得到快速发展，20 世纪 60 年代中期，香港利用西方国家进入工业化转型时期，将劳动密集型产业转移到海外，集中力量发展服装、塑胶、玩具、钟表、电子等轻工业，逐步使香港成为亚洲地区制造业中心之一。截至 1970 年，香港的制造业占 GDP 比重达到 30%[③]。

新加坡的制造业在 20 世纪 60 年代还十分薄弱，但在李光耀的推动

---

① 世界贸易组织数据库（https：//stats. wto. org/）。
② 韩文嘉. 香港：中国对外转口贸易重要通道［N］. 深圳特区报，2021 - 08 - 04.
③ 刘瑞. 香港的三次经济战［EB/OL］.（2018 - 11 - 13）. https：//finance. ifeng. com.

下，通过一系列工业法案，招商引资，率先发展纺织、玩具等产业。20世纪70年代，着重发展资本和技术密集型产业的新加坡，通过税收优惠成功吸引到一批电脑配件制造和石化加工的跨国企业落户。20世纪80年代，新加坡深化经济结构，逐步推动机械化、自动化和电脑化，重点发展高科技产业，尤其是微电子行业。20世纪90年代，新加坡已成为全球集成电路、芯片和磁盘的重要生产基地，同时也是世界第三大炼油中心。

1970年韩国制造业增加值为16亿美元，1990年韩国制造业增加值高达709亿美元①，短短20年间，韩国制造业突飞猛进，制造业增加值翻了44倍，这主要是因为韩国集中全国力量来发展工业，从纺织、鞋类等轻工业到钢铁、造船等重工业都有了快速发展。其中三星电子是韩国制造业的支柱，格外注重技术积累和创新突破，三星电子的创新也进一步推动了韩国制造业的发展进程。

2.2.1.5 中国

发展中国家的廉价劳动力是国际竞争中的成本优势，因此许多发达国家逐步把传统的劳动密集型制造业转移到发展中国家，把发展中国家当作生产基地，而其总部则控制着全球运营。欧、美、日等发达国家为利用发展中国家的廉价劳动力和抢占巨大的消费市场，将大量的制造企业转移到中国和东南亚地区。因此在这一时期，中国在改革开放的时代背景下，凭借廉价的劳动力成本、优惠的政策支持、巨大的消费市场吸引了大量外资，中国的制造业发展迅速，成为新一轮的"世界工厂"。

综合上述制造业的全球发展阶段，1970～2020年主要国家制造业产值占全球制造业产值比重，如表2-1所示，其中制造业的全球主导国家涉及美国、日本和中国。

---

① 世界贸易组织数据库（https：//stats. wto. org/）。

表 2 - 1　　1970~2020 年主要国家制造业产值占全球制造业产值比重　　单位：%

主导国家	年份	中国份额	德国份额	日本份额	英国份额	美国份额	法国份额
美国	1970	—	7.91	8.71	4.09	29.30	3.45
	1971	—	8.08	8.89	4.18	28.51	3.60
	1972	—	8.18	10.02	4.09	27.31	3.70
	1973	—	8.93	11.34	3.71	24.90	4.02
	1974	—	9.08	10.84	3.55	23.42	3.95
	1975	—	8.88	9.82	3.77	22.84	4.48
	1976	—	8.75	10.34	3.30	24.07	4.24
	1977	—	8.99	11.08	3.27	24.56	4.17
	1978	—	9.27	13.03	3.45	23.18	4.39
	1979	—	9.52	11.82	3.87	22.59	4.57
	1980	—	9.35	11.47	4.51	21.42	4.75
	1981	—	7.60	12.51	4.19	23.79	4.04
	1982	—	7.51	11.85	3.97	24.24	3.81
	1983	—	7.32	12.83	3.67	25.58	3.63
	1984	—	6.64	13.54	3.25	27.97	3.28
	1985	—	6.77	13.99	3.28	28.16	3.35
美国和日本	1986	—	8.47	17.37	3.47	25.25	3.95
	1987	—	9.11	18.44	3.76	23.96	4.15
	1988	—	8.77	19.85	4.08	23.54	4.00
	1989	—	8.43	19.24	4.06	23.85	3.88
	1990	—	9.84	18.50	3.99	22.82	4.50
	1991	—	9.81	20.38	3.92	22.09	4.27
	1992	—	10.16	20.70	3.86	22.11	4.45
	1993	—	9.12	22.68	3.44	23.41	4.11
	1994	5.27	8.86	22.66	3.61	23.68	3.96
	1995	5.82	9.34	22.88	3.66	22.72	4.19

续表

主导国家	年份	中国份额	德国份额	日本份额	英国份额	美国份额	法国份额
美国和日本	1996	6.30	8.90	20.43	3.85	23.43	4.13
	1997	6.74	8.11	19.01	4.25	25.06	3.86
	1998	7.20	8.57	17.56	4.48	26.84	4.14
	1999	7.54	8.03	19.01	4.27	27.27	3.95
	2000	7.85	7.15	19.97	3.97	27.75	3.53
	2001	—	7.56	17.66	3.91	28.16	3.69
	2002	—	7.73	16.35	4.09	27.71	3.83
	2003	—	8.41	16.06	4.06	25.88	4.09
	2004	8.67	7.81	14.33	3.69	22.30	3.72
	2005	9.51	7.40	13.42	3.47	21.94	3.49
	2006	10.70	7.41	11.80	3.32	21.49	3.26
美国和中国	2007	12.24	7.60	10.67	3.19	19.65	3.29
	2008	14.53	7.36	10.69	2.75	17.74	3.19
	2009	17.33	6.46	10.83	2.37	18.28	3.06
中国和美国	2010	18.27	6.35	11.35	2.25	17.09	2.59
	2011	20.59	6.44	10.35	2.12	15.93	2.53
	2012	22.43	5.93	10.28	2.11	16.13	2.32
	2013	23.98	6.08	8.23	2.18	16.32	2.38
	2014	25.19	6.21	7.59	2.28	16.24	2.32
	2015	26.30	5.61	7.47	2.24	17.50	2.09
	2016	25.82	5.87	8.31	2.01	17.22	2.08
	2017	26.54	5.77	7.73	1.85	16.87	2.02
	2018	27.72	5.70	7.47	1.84	16.73	1.99
	2019	27.61	5.33	7.55	1.85	17.12	1.97
	2020	28.60	5.17	7.67	1.78	16.86	1.83

资料来源：根据《世界经济年鉴》整理。

2.2.2　中国制造业的崛起

中国制造业的崛起，大致可归纳为三个阶段：

（1）第一阶段：20 世纪初期～20 世纪 80 年代，中国制造业初步发展。

洋务运动是中国机械制造业的开端，1865 年李鸿章在上海创办江南机器制造总局，这是规模最大的洋务企业。1890 年，张之洞在湖北武昌创办湖北织布局，1894 年开始筹办湖北纺纱局和湖北缫丝局，1897 年创办湖北制麻局，布纱丝麻四局的创立，促进了中国近代纺织工业体系的发展。

1949 年中华人民共和国成立，第一个五年计划得以制定，在这一时期，中国完成了鞍山钢铁公司无缝钢管厂等三大工程，建立了长春第一汽车制造厂、沈阳第一机床厂、飞机制造厂，汽车制造业、飞机制造业等一些现代工业部门从无到有地建设起来。20 世纪 60 年代，北京热电厂、上海汽轮机厂等机械工业部门发展迅速。80 年代以后，我国的制造业又开始复苏，我国的家电、轻工产品也纷纷进入了千家万户。80 年代末，中国出现了许多自主品牌，如蝴蝶牌缝纫机、上海牌手表、海鸥照相机等，中国制造业得到初步发展。

（2）第二阶段：20 世纪 80 年代～21 世纪初，中国制造业蓬勃发展。

20 世纪 80 年代，中国开始实行对外开放政策，中国廉价的劳动力吸引了大量外资，外商投资企业纷纷涌入中国，中国沿海地区的制造业也随之蓬勃发展，中国整体的制造业向前迈进一大步，1984 年，中国制造业出口占商品出口的比重为 48%，中国制造业进口占商品进口的比重为 69%。随着中国对外开放程度的不断加深，1992 年，中国制造业出口占商品出口的比重为 79%，中国制造业进口占商品进口的比重为 80%[①]。

2001 年中国加入世界贸易组织以来，中国的制造业出口贸易量持续

---

① 国家统计局（http://www.stats.gov.cn/）。

增加，出口贸易规模也在逐步扩大。2001 年，中国制造业出口占商品出口的比重为 88%，中国以体系实力承接全球制造业转移，中国的制造业已经建立起了自给自足的庞大系统，可以为国外品牌生产，也可以销售自己的产品。2004 年，中国制造业增加值为 6252 亿美元。2006 年，中国制造业增加值为 8931 亿美元，占 GDP 的比重为 39%，首次在总量上超过日本。2008 年，中国制造业增加值为 14757 亿美元，中国制造业开始步入技术革新的时代，华为、格力、美的、小米、吉利、比亚迪等优秀的制造企业不断发展，一大批具有自主知识产权的创新产品不断涌现。随着我国制造业的不断发展，我国的工业企业纷纷采用先进的自动化设备，提高了产品的质量和效率，中国制造和德国制造、日本制造、美国制造、共同竞争世界制造。2010 年，中国制造业增加值为 19243 亿美元，占 GDP 的比重达 40.1%，并在总体规模上首次超过美国，位居全球第一，截至 2021 年，已连续 12 年制造业增加值位居全球首位①。

（3）第三阶段：2010 年至 2021 年，"中国制造"逐步向"中国智造"转变。

中国制造业增加值由 2015 年的 32025 亿美元增长至 2021 年的 48658 亿美元②，增量巨大，其中国家政策的推动是一个重要因素，2015 年，国务院发布了《中国制造 2025》十年行动规划，目标是通过机器人、三维立体（3D）打印、工业网络等先进制造技术，实现高效率、高可靠性的智能化生产，与此同时，中国还推出了一个"互联网＋"的全国性项目，即移动互联网、云计算、大数据、物联网和现代制造业的融合，推动制造业数字化转型。新一代信息技术与制造业深度融合，引发了影响深远的产业变革。2010～2021 年，中国制造业增加值及进出口比重，如表 2 - 2 所示。

---

① ② 国家统计局（http：//www.stats.gov.cn/）。

表 2 - 2 　　　　　2010 ~ 2021 年中国制造业增加值及进出口比重

年份	制造业增加值 （美元）	制造业出口 （％）	制造业进口 （％）
2010	19243	93.59	61.19
2011	24214	93.34	56.28
2012	26901	93.96	54.76
2013	29353	94.04	54.67
2014	31842	94.00	57.15
2015	32025	94.30	60.98
2016	31531	93.72	61.91
2017	34603	93.51	59.76
2018	38685	93.24	58.31
2019	38234	92.87	57.07
2020	38607	93.54	59.94
2021	48658	93.55	55.68

资料来源：国家统计局。

2.3　服装产业的产业转移历程

2.3.1　全球服装产业的转移

全球服装产业的转移的一般规律是由发达国家和地区向发展中国家转移；由劳动力密集型产业向资本、技术密集型产业转移。全球服装产业的转移可以划分为以下五次：（1）第一次产业转移是 18 世纪末 19 世纪上半叶，由英国转向欧洲大陆和美国；（2）第二次产业转移是 20 世纪 50 年代，由美国转向日本、德国；（3）第三次产业转移是 60 ~ 70 年代，由日本、德国向中国台湾、中国香港、新加坡和韩国转移；（4）第四次产业转移是 80～90 年代，由美国、日本、德国和亚洲发展国家和地区转向发展中国家（主要指中国）；（5）第五次产业转移可以分为两个阶段。第一阶段是在 2008 年国际金融危机后，由发展中国家向发达国家转移，此时的转移主要是产业链高端回流到欧美等发达的国家和地区；第二阶段发生了双向流动，由发展中国家向成本更低的国家转移。通过 19 世纪中期以来全球服装产业转移的事实分析，结合生产要素和消费需求的视角，探讨其中的原因。

2.3.1.1 英国

纺织服装产业的工业化起源于英国，随着生产力的提高以及消费者对纺织服装品生产需求的变化，英国在纺织服装产业中的地位也发生了一定的变化。20 世纪 50 年代，由于英国劳动力成本上升以及原材料价格不断上涨，受进口的纺织服装等商品质优价廉的冲击，英国不得不进行产业结构的升级，不断提高产品的附加值。1860 年，英国纺织工业产值为 130 亿英镑，服装业就业人数为 50.7 万人，占全部制造业就业人数的 10%。1983 年，英国纺织服装品出口降低至最低点，此后又呈现回升的趋势。1986 年，英国纺织服装品出口约 18.5 万吨，价值为 30 亿英镑[①]。

2001 年英国的纺织服装进口总额为 143.42 英镑，其中纺织品为 49.42 亿英镑，占进口总额的 34.46%；服装进口为 94 亿英镑，占总额的 64.54%。英国纺织服装出口主要是附加值高的、由高级时尚界设计师所设计的名牌服装。2001 年，英国纺织服装品的出口总额为 60.58 亿英镑，其中服装占总额的 42.48%。2002 年英国纺织服装的进口总额达 204 亿英镑，依然是进口大于出口，处于贸易逆差的水平[②]。

英国纺织服装的消费额，从 1996 年占总消费额的 6.3% 下降至 2000 年的 5.8%[③]。到 2003 年，英国纺织服装的消费额仍呈现下降趋势。英国

[①②] 张伟. 英国纺织工业及其近期发展对策 [J]. 国际科技交流, 1998.
[③] 曹亚克等. 美英德纺织服装业发展的比较分析 [J]. 中外科技信息, 2003.

纺织服装缺乏竞争力的原因可分为两方面：一方面是由于英国进行宏观调控政策的力度不够，导致英国纺织服装行业的失业人员增多，进而导致英国纺织服装产业在全球的产业竞争力下降；另一方面是由于英国经济先后遭受口蹄疫、科技股崩溃以及严重的电信问题等影响，使得英国服装产业的竞争力下滑。

2.3.1.2　美国

美国服装产业的起源地在纽约，这主要是得益于纽约得天独厚的地理位置，使得纽约成为美国服装产业的中心。最初是由大量的美国移民对服装进行加工，后来受其他产业发展的影响，尤其是金融行业的快速发展，使得纽约成为商业区，不再适合美国移民居住。于是，大量的美国移民开始向北方移动，服装业也随着移民的迁移不断移动到北方。随着经济的发展，美国服装产业的规模不断扩大，服装产业的产量与质量也获得了大量的提升。

但是美国的服装产业存在一个严重的问题：没有设计感。提到设计，首先想到的就是法国巴黎，法国巴黎的设计之所以闻名于世，其主要原因是法国有大量的高端服装设计师，使得巴黎服装更加注重自己的品牌，侧重于高档服装的设计。而美国的服装产业主要集中于大众服装，因此在服装设计方面远远落后于法国巴黎。在第二次世界大战后，美国在服装设计方面不断结合当地的消费者需求，形成了自己独特的服装设计风格。

2.3.1.3　日本

日本服装产业的发展历程主要包括两个角度：其一是日本服装产业实现了从低附加值向高附加值的转变；其二是日本服装产业实现了从代工（OEM）到贴牌（ODM）再到自产自销（OBM）的发展过程。日本服装产业通过转型升级，并借助国际知名服装设计大师打造日本的服装品牌，利用品牌效应，不断提高日本服装的附加值。19 世纪后半叶，纺织服装产业成为促进日本经济发展的主要动力。20 世纪 50 年代，日本成为亚洲唯一实现现代化纤维生产以及出口的国家，日本利用成本低的优势，吸引了大量的欧美国家在日本投资设厂，发展服装产业。1953 年，巴黎高级服装设计师克里斯蒂安·迪奥（Christian Dior）在日本进行时装表演，对日本的服装产业产生了巨大影响，同时，吸引了大量的巴黎高级服装设计师来到日本，不断扩大高级服装设计带来的品牌效益。60 年代，日本开始对国外的服装进行加工。1964 年，由于日本的交通和通信等基础设施的完善，一方面使得服装方面有了人才支撑，服装产业的科技水平不断提高；另一方面，促进了日本纺织服装产业实现工业化。

20 世纪 70 年代初，受中东战争的影响，日式设计的宽松服装开始流行，促使日本服装加工贸易从 OEM 向 ODM 再向 OBM 转变。70 年代中期，日本服装设计师的影响力增强，促进了日本服装品牌向国际化方向发展。70 年代后期，日本服装产业受劳动力成本上升和竞争对手迅速发展的影响，使得日本服装产业的国际竞争力大大下降，不得不进行产业结构的转型升级。80 年代日本通过对产业结构进行调整，并加快将先进的生产技术运用于服装产业，促进了 OEM 的海外转移并满足了市场对于服装的多样化、高档化需求。90 年代，日本纺织服装工业生产指数下降率达到 30% 左右，工厂纤维消耗量到 1999 年时已下降到 136 万吨。21 世纪，日本的纺织服装产业由单一化向多元化的方向发展。

2.3.1.4 印度

20 世纪 80 年代以前，绝大多数印度乡村地区的人们喜欢印度的传统服饰，在印度传统服饰中女性的服饰是"纱丽"和"古尔蒂"，男性的传统服饰则以"托蒂"与"古尔达"为主。80 年代，经济水平的提高，促进了印度服装时尚产业的发展。因此，印度的服装设计师的地位不断提高，并兴起了时装设计师、时装杂志编辑等时装职业，带动了印度服装产业的发展。由于印度消费者追求奢华、配有昂贵珠宝装饰的服饰，所以印度早期的服装设计师在服装的设计风格上更注重装饰上华丽的装饰品，并且可以就此提高服装的价格，获取更高的利润空间。80 年代后，受西方服装产业的影响，印度消费者开始追求个性化和品牌化服装。90 年代，印度的服装呈现出印度传统服饰与西方服饰相结合特点，并且除了印度特别虔诚的女性身着传统服饰外，大多数印度年轻女性增加了对西式服饰的需求，此时印度传统女性服装的市场份额为70%～75%。

2000～2006年，印度纺织服装品的出口金额从98亿美元增长到了160亿美元，增长幅度为63%。2006年，受反倾销和欧美设限的影响，部分订单回流，使得印度出口增长幅度在2006年时达到了18%。2013年，印度纺织服装产业的产值为1080亿美元，2008～2013年复合增长率为13%。印度国内市场的新一代功能性服装市场达到了680亿美元，印度的传统家纺、技术纺织物、服装零售分别为500亿美元、130亿美元和50亿美元[①]。

2.3.1.5 韩国

20世纪60年代，韩国服装产业的发展主要依赖于本国廉价的劳动力和从日本进口的生产技术设备，并未实现服装技术创新。因此，政府采取了一系列的技术政策来鼓励韩国服装产业进行技术创新，引起他国先进的生产技术与设备。韩国的服装产业也因此由低端生产制造环节向的一些新兴国家进行产业转移，并且韩国服装产业开始专注于进行技术创新。80年代，政府在服装产业方面扮演的角色开始改变，由政府主导变为政府扶持，主要由私营企业进行技术研发，并且日本服装产业推行技术引进自由化发展，对引进的国外某些技术程序进行创新。但是由企业主导所进行的研发机制在创新方面还有很大的不足之处，所以对服装产业的模仿创新到了停滞的程度。

20世纪90年代后期，韩国服装产业陷入了价值链低端锁定的瓶颈期，再加上出口方式主要以低价产品为主，所以韩国服装产业的出口大幅度下降。为了改善局面，韩国可以从两方面入手：一方面，政府应制定政策在服装产业方面开辟一条创造性模仿创新的新路线；另一方面，加大高

---

① 侯海燕. 印度：影响全球纺织业的下一个国家［J］. 中国纤检，2015（7）.

新技术的投入，提高在全球服装产业链上的竞争力，并不断提高专业化水平。

2.3.1.6 中国

1995 年我国纺织服装产业的出口已成为世界纺织服装产业出口的第一名。2005 年我国纺织服装产业的出口占全球纺织服装出口的 1/4，外贸依存度达到 40% 以上。自从中国加入世界贸易组织开始，中国纺织服装的出口在 2002 年的增长率为 15.6%，到 2003 年时，增长率上升为 27.6%。2004～2005 年，中国纺织服装的出口增长率为 21% 左右。2005 年中国纺织服装出口金额中以一般贸易方式出口的金额达到 819.13 亿美元，占纺织服装出口总额的 69.69%。2006 年中国纺织服装的增长率达到 27.87%，2007 年中国纺织服装的出口增长有所下降，但是仍然保持 19.4% 的增长率。2007 年，中国纺织服装的出口总额达到 1756.16 亿美元，我国东部沿海地区的纺织品服装出口额分别为：广东 423.67 亿美元，浙江 370.66 亿美元，江苏 263.22 亿美元，上海 162.82 亿美元，福建 73.12 亿美元。山东 142.56 亿美元。以上六个省的出口额占全国出口额的 82%[①]。

中国纺织服装若要进一步提高国际竞争力，可以通过以下几个方面来进行：首先，中国的纺织服装产业应提高服装的质量，提高产品的附加值，并不断进行产品创新，打造中国服装的品牌效应；其次，中国服装产业应加大科技和人才方面的投入，促进服装产业转变生产结构，加快转型升级；最后，中国服装产业应进行产业集群管理，提高区域服装产业的核心竞争力。综上所述，1963～2020 年主要国家纺织品与服装行业占制造业增加值比例，如表 2－3 所示。

---

① 杨金铃. 我国纺织品服装产业国际竞争力的实证分析 [J]. 国际贸易问题，2008（9）.

表 2 - 3　1963~2020 年主要国家纺织品与服装行业占制造业增加值比例　单位：%

主导国家	年份	中国份额	美国份额	德国份额	法国份额	英国份额	韩国份额	日本份额	俄罗斯份额	印度份额
印度和韩国	1963	—	8.45	—	12.48	10.54	20.20	10.86	—	27.37
	1964	—	8.40	—	12.44	—	18.57	10.07	—	27.11
	1965	—	8.24	—	11.91	—	20.18	10.08	—	25.25
	1966	—	7.95	—	11.86	—	19.36	9.87	—	23.64
	1967	—	8.03	—	11.51	—	23.64	9.22	—	23.94
	1968	—	8.13	—	10.90	9.61	19.96	8.66	—	23.29
	1969	—	7.97	—	10.76	9.27	18.74	8.25	—	21.05
	1970	—	7.98	—	10.01	8.90	17.12	8.12	—	21.00
	1971	—	8.10	—	9.96	9.08	17.57	8.26	—	21.98
	1972	—	8.03	—	10.07	9.03	20.64	8.45	—	23.56
	1973	—	7.63	—	9.68	8.92	21.80	8.79	—	24.94
	1974	—	6.97	—	9.33	8.14	19.74	7.37	—	22.02
韩国和印度	1975	—	6.85	—	9.38	8.15	22.55	7.90	—	19.45
	1976	—	6.91	—	8.64	7.94	22.54	8.09	—	18.12
	1977	—	6.82	—	8.45	7.61	19.57	7.41	—	20.06
	1978	—	6.55	—	8.01	7.58	20.03	7.36	—	21.99
	1979	—	5.98	—	7.80	7.38	19.32	7.09	—	22.94
印度和韩国	1980	18.27	6.18	—	8.11	6.39	19.49	6.57	—	21.32
	1981	19.47	6.07	—	7.81	6.23	19.79	6.27	—	17.78
	1982	17.01	6.05	—	7.83	5.92	17.82	6.12	—	15.57
	1983	14.86	6.15	—	7.84	5.91	16.63	5.93	—	16.15
	1984	13.75	5.71	—	7.63	6.09	16.65	5.58	—	15.89
	1985	14.10	5.33	—	7.65	6.17	16.50	5.46	—	14.98
	1986	14.49	5.32	—	7.54	6.17	16.66	5.52	—	15.65
	1987	14.12	5.45	—	7.28	6.20	16.42	5.44	—	13.64
	1988	13.96	5.13	—	6.56	5.83	15.35	5.15	—	12.72

续表

主导国家	年份	中国份额	美国份额	德国份额	法国份额	英国份额	韩国份额	日本份额	俄罗斯份额	印度份额
印度和中国	1989	14.39	5.01	—	6.28	5.41	14.03	4.90	—	14.88
	1990	14.79	4.91	—	7.32	5.30	13.82	4.74	—	15.17
	1991	13.56	5.00	—	7.16	5.28	13.42	4.70	—	14.05
	1992	12.91	5.07	—	7.16	5.36	13.31	4.74	—	12.57
	1993	13.19	4.98	—	7.07	5.90	12.79	4.45	7.38	15.47
	1994	13.70	4.86	—	6.71	5.68	11.46	4.45	4.82	14.66
	1995	11.70	4.54	—	6.68	5.29	10.18	4.13	3.98	11.17
	1996	12.04	4.54	—	5.26	5.45	9.52	3.87	3.31	12.00
	1997	11.91	4.19	—	4.98	5.68	8.80	3.71	3.07	12.21
	1998	11.75	3.91	2.51	4.88	4.90	8.65	3.60	2.72	11.75
中国和印度	1999	11.44	3.69	2.36	4.53	4.36	8.41	3.39	2.62	11.22
	2000	11.22	3.43	2.28	4.30	3.97	8.00	3.04	2.16	12.55
	2001	11.17	3.27	2.17	4.32	3.99	7.81	2.90	2.13	11.00
	2002	10.64	3.00	2.11	4.24	3.50	7.05	2.74	1.66	10.48
	2003	10.60	2.89	1.95	4.00	3.18	6.58	2.56	2.16	9.52
	2004	10.43	2.45	1.86	3.76	2.78	5.50	2.32	2.38	8.68
	2005	10.61	2.34	1.78	3.58	2.85	5.29	2.15	1.77	8.94
	2006	10.39	2.23	1.70	3.47	2.33	4.89	2.00	1.97	9.00
	2007	9.98	1.86	1.62	3.36	2.33	4.32	1.93	2.00	7.73
	2008	9.98	1.58	1.52	3.30	2.07	4.13	1.90	1.87	7.48
	2009	9.98	1.51	1.53	3.11	2.11	4.30	2.03	2.02	8.18
	2010	9.98	1.46	1.43	2.98	2.15	4.28	1.71	1.74	8.83
	2011	9.99	1.41	1.45	3.04	2.06	3.79	1.92	1.82	7.19
	2012	9.99	1.32	1.39	2.96	2.30	3.54	1.76	1.68	8.86
	2013	9.99	1.32	1.36	2.03	2.28	3.56	1.65	1.88	9.23
	2014	9.99	1.31	1.38	2.99	2.04	3.54	1.59	1.75	8.51
	2015	9.99	1.27	1.26	2.93	2.13	3.46	1.74	1.66	8.70
	2016	9.99	1.25	1.24	2.75	2.30	3.43	1.67	1.75	8.43
	2017	9.99	1.21	1.24	2.47	2.35	3.08	1.54	1.90	8.58
	2018	9.99	1.15	1.14	2.69	2.18	3.08	1.54	1.72	9.24
	2019	9.99	1.20	1.13	2.89	2.28	3.08	1.54	1.69	—
	2020	9.99	1.17	1.13	2.89	2.28	—	—	1.69	—

资料来源：世界银行数据库。

2.3.2　中国服装产业的崛起

我国素有"衣冠王国"之称，早在先秦时期，妇女的衣裳是衣服和裙子，即上为衣，下为裳。汉朝时期，以流仙裙为主，层层叠叠超过三层，有三重衣之称。魏晋南北朝时期，以条纹间色裙最为流行，贵族女士以长裙为标配。隋唐时期，受隋文帝崇尚节俭风气的影响，在位的大臣只带乌纱帽。唐朝处于经济高速发展时期，衣服倾向于自由、丰满、肥壮的风格。宋辽夏金元时期，各民族服饰相互交流与融合。明朝时明太祖朱元璋希望恢复汉族的传统服饰，于是明朝皇帝戴乌纱翼善冠。清朝时以满族服饰为主。从古至今，中国的服装文化源远流长。从服装销售的角度来看，20 世纪 90 年代至 2013 年，我国服装产业的发展可以划分为以下三个阶段：

（1）第一阶段，1990~2000 年，服装批发商时代。1990~2000 年是我国服装产业发展的初级阶段，此时服装产业发展所面临的竞争压力小，服装市场上呈现供应小于需求的现状，以卖方市场为主。在服装产业发展的初级阶段对于服装产品方面的消费需求是重视质量，因此促进了服装企业扩大规模，进行服装产能扩张。此阶段对服装产业进行产能扩张成为整个服装产业发展的核心驱动力。此阶段出现了以雅戈尔和杉杉股份为代表的服装企业。

（2）第二阶段，2000~2010 年，服装零售商时代。2000~2010 年，服装行业处于成长期。随着大量品牌服装的涌现，消费者对于服装的需求也逐步升级。但是受服装行业整体容量大的影响，中国服装企业利用个性化大规模扩张的方式发展即可，各服装企业的竞争主要集中于店铺资源上，企业发展的核心驱动力是渠道扩张。在服装零售商的时代出现以李宁、美特斯邦威等为代表的知名品牌。

（3）第三阶段：2010 年以后，服装品牌商时代。2010 年后，中国的服装行业处于成熟期，服装产业不断调整产业结构，加快进行转型升级，贸易出口额不断增长，如表2-4所示。处于成熟期的中国服装的整体表现为以高端服装品牌为主，企业发展的核心驱动力是为消费者提供差异化服务。同时，服装企业以门店扩张规模的方式已经难以继续发展，因此为了降低成本，开始由线下门店向线上转移，以获得更大的利润空间。

表2-4　　　　　　　　　2008~2013年中国服装出口额

年份	世界服装出口总额（亿美元）	中国服装出口总额（亿美元）	中国占世界比重（%）
2008	3639	1198	32.9
2009	3164	1071	33.8
2010	3531	1295	36.7
2011	4165	1532	36.8
2012	4227	1591	37.6
2013	4945	1770	35.8

资料来源：国研网统计数据库、国民经济和社会发展统计公报。

2.4　钢铁产业的产业转移历程

2.4.1　全球钢铁产业的转移

最早的铁从何而来呢？早期人类所用的铁，确实都来自"上帝"，或者说"外星人"。从天而降的陨石铁（含铁90.85%）带给人类关于一种神奇金属的传说和体验，这也是最早的铁的由来。早在18世纪之初，1720年英国总共只有60座高炉，不得不从国外进口大量的生铁。1750年，英国有80%的铁来自森林资源丰富的瑞典。木材资源的枯竭，致使英国冶铁业日渐步入穷途末路。煤与铁的结合，彻底结束了一个延续达数千年的木器时代。

产量是衡量产业中心和产业竞争力的核心指标，钢铁产业全球转移和各国国际竞争力迭代都表现为该国钢铁产量占全球钢铁产量比重的变化。其中，产业转移是转出国产量占比的减少，而竞争力崛起是该国产量占比的增加。从世界钢铁产业转移的演变看，钢铁产业国际转移的路径大致是从英国到美国，再到日本和中国（李凯，2003）。同理，全球钢铁产业国际竞争力的迭代次序为美国取代英国、日本取代美国、中国又取代日本。通过 19 世纪中期以来全球钢铁产业转移和竞争力迭代的事实分析，结合生产要素和消费需求的视角，探讨其中的原因。

2.4.1.1　英国（1850～1890 年）

18 世纪初期，英国在钢铁产业中尚未崭露头角。1720 年，英国铁产量仅为 2 万吨，1770 年达到 5 万吨。进入 19 世纪，英国钢铁产业开始迅猛发展，1800 年生产生铁 13 万吨，1806 年进一步上升到 25 万吨。19 世纪 50 年代，英国发明家贝塞麦（Bessemer）发明低成本的转炉炼钢法，使得英国钢铁产业迅速发展成为世界的领头羊。1850 年英国每年可产生铁 250 万吨，1861 年更增长到 380 万吨。1850 年，美国的铁产量仅为英国的五分之一[①]。19 世纪 60 年代，一位名叫马丁（Martin）的法国工程师建造西门子炉冶炼铁，再循环的热量使金属液化比贝塞麦的时间更长，可以使工人有更多的时间来添加精确数量的含碳铁合金，将材料转化为钢。到世纪之交，西门子－马丁工艺，也被称为平炉工艺。1860 年前后，英国钢铁产量占全球产量的 53%。1865 年，英国铁产量为 481.9 万吨，遥居世界第一位。极盛时期的联合王国成为第一个钢铁王国，它生产了全世界 53% 的钢铁、50% 的煤，消耗了全球一半的原棉产量，全世界 1/3 的商船挂着英国的旗帜。联合王国的人口占全世界人口的 2%，占欧洲人口

---

① 张勇. 钢铁简史［EB/OL］.（2022 – 02 – 10）. http：//www.360doc.com/content/.

的 10%，却拥有 50% 左右的世界现代工业能力①。

19 世纪 70 ~ 80 年代，在国际贸易市场，英国钢铁制品处于主导地位。英国之所以能成为头号钢铁强国，主要是因为第二次工业革命使得英国炼钢技术大大提高，领先于世界，技术要素成为影响英国钢铁国际竞争力的主导因素。同时，由资本家主导的大规模厂房新建和城镇改造带来的钢铁需求也是功不可没。

19 世纪末，英国粗钢产量占世界比重下滑至 30%，而美国则攀升到 30%②。20 世纪初，德国与美国的钢铁产量开始超过英国，钢铁产业转移悄然发生。其中主要有三点原因：首先生产技术更新慢，英国自恃煤炭资源丰富，1905 年才大范围推广新式的炼焦炉；其次原料价格上涨，随着铁矿石储量下降和开采劳动成本上升，炼钢成本上升；最后钢铁消费需求不足，英国新兴工业部门发展滞后，工业用钢需求扩张不及美国和德国。

2.4.1.2　美国（1890 ~ 1970 年）

1873 年，美国生产了 22 万吨钢材。1875 年的时候，美国钢铁产量不足 40 万吨，直到 1880 年，美国的钢产量才刚刚超过 100 万吨。1886 年，美国钢产量达 260 万吨，超过英国，成为世界第一。到 1890 年，美国钢铁产量达 434 万吨，占全球总产量 34%，而英国产量占比不足 30%③。1889 年，卡内基（Carnegie）钢铁公司登上世界舞台，彼时卡内基钢铁公司手握三点优势：首先，从技术上讲，成本低廉的贝塞麦转炉炼钢法已经发明；其次，美国的钢铁市场十分广阔，供不应求。最后，在财力上卡内基已拥有数十万美元的股票及其他财产。1901 年，施瓦布（Schwab）说服卡内基以 4.8 亿美元的价格出售他的钢铁公司。施瓦布的新公司与其他工厂合并成为美国钢铁公司，占据当时美国 60% 的市场份额。1899 年，

---

① 张勇. 钢铁简史 [EB/OL]. (2022 - 02 - 10). http：//www. 360doc. com/content/.
② 《钢铁工业年鉴》（*Steel Statistical Yearbook*）。
③ 宋玉铮. 美国钢铁工业发展史带来的启示 [N]. 中国冶金报，2021 - 08 - 13.

美国的钢产量突破 1000 万吨大关；到 1913 年，美国钢产量已经达到 3100 万吨①。

1914 年，第一次世界大战刚刚开始时，美国生产了 2350 万吨钢，钢产量比 14 年前多了两倍。在 1918 年战争结束时，伯利恒钢铁公司产量再次增加了一倍，美国钢铁产量进一步达到全球六成水平。1928 年，美国钢铁产量超 5000 万吨大关②。大萧条之后，第二次世界大战再次点燃了世界的铸造厂。德国占领了丹麦、挪威和法国的土地，获得了对新铁矿和钢厂的控制权。突然之间，德国能够生产出与美国一样多的钢铁。在东方，日本控制了满洲里的铁矿和煤矿。二战期间，美国制造的钢材比一战期间多 25 倍。战争结束后，美国解除了对钢铁消费品的禁令。在此期间，世界上一半以上的钢材都是美国制造的。但处于行业领先地位的美国钢厂仍然坚持使用西门子—马丁的平炉工艺，并在不知不觉中被国外竞争者追赶上来。

1953 年，美国产钢量突破亿吨，遥遥领先于其他国家。1970 年，美国钢铁公司成为全球最大的钢铁公司。美国称雄世界钢铁产业的原因有三个。一是贸易保护政策为美国钢铁产业提供充足的国内市场需求；二是第三次科技革命使得美国钢铁产业技术达到世界领先水平，大大拉开与其他钢铁强国的距离；三是资源禀赋较为有利，不仅铁矿石储量丰富、品位较高，且铁路和水运较为发达。

20 世纪 70 年代美国钢铁产业逐步陷入衰退。在生产要素方面，爆发的石油危机对美国冲击很大，钢铁生产作为高耗能行业，生产成本被拉高；同时，美国技术革新步伐放缓，美国钢铁工业投资高峰在战后五六十年代，错开了六七十年代产生的连铸、大型高炉、计算机控制轧机等现代化技术。在消费需求方面，由于美国较早实现工业化，国内对于大型耗钢产品需求增长放缓，加之信息产业取代机器制造和汽车成为第一大产业，钢铁需求结构也随之改变。至此，全球钢铁产业转移再次发生。

①② 宋玉铮．美国钢铁工业发展史带来的启示［N］．中国冶金报，2021 - 08 - 13．

2.4.1.3 日本（1970~2000 年）

20 世纪之初，日本积极扩充军备，国内产业政策向包括钢铁工业在内的军事工业倾斜，从而使钢铁工业有了急速发展。但在第二次世界大战之后，日本钢铁工业几近瘫痪。二战结束之后，日本采取"倾斜生产方式"政策，钢铁工业逐步走向复兴。1950 年朝鲜战争爆发，美军的"特需"拉动日本经济发展，尤其刺激钢铁产业发展。日本先后于 1950 年、1956 年和 1961 年实施了三次钢铁产业"合理化计划"，同时国内庞大的生产用机械以及个人耐用消费品（汽车等）的需求，拉动了钢铁工业的发展。

历经三次"合理规划"之后，随着千万吨级大型联合企业营业，日本钢铁企业逐渐实现生产设备规模化、自动化和高速化。1973 年日本粗钢产量达到峰值 1.19 亿吨，并于 1980 年超过美国成为全球钢铁产业的新枢纽[①]，产钢量占全球产量 16%[②]。日本钢铁产业在恢复阶段引进国外先进技术，使其产业恢复迅速；在合理规划阶段，日本大量投资建厂，扩大规模，革新技术，使其钢铁产业国际竞争力大大提高。因此，主导日本钢铁产业国际竞争力的主要因素是资本要素和技术要素。值得一提的是，与英国和美国不同，日本钢铁出口需求较高，1980 年日本出口钢材占全球出口总量的 22%[③]。

20 世纪 80~90 年代，日本钢铁产业世界领先的地位不断受到冲击。一是第二次石油危机出现，日本作为石油高度依赖进口的国家，国内钢铁产业成本大幅攀升；二是 1985 年"广场协议"导致日元迅猛升值，使得日本钢铁产业出现投机过度，国内供给和需求失衡，出现产能过剩（王海兵，2018）；三是企业经营情况恶化，日本钢铁联盟会员企业平均销售收益率从 1979 年的约 10%降至 1986 年的不足 1%[④]。

[①] 同期，苏联产钢量 1.5 亿吨，居于世界首位，但于 1991 年底解体，故此未纳入分析。

[②③] 《钢铁工业年鉴》（*Steel Statistical Yearbook*）。

[④] 王海兵. 产业政策化解产能过剩的国际经验与启示——以美国和日本钢铁产业为例 [J]. 现代日本经济, 2018 (6).

之后，日本钢铁产业采取技术改造、成本控制、企业兼并、大幅裁员等措施，虽粗钢产量分别于1996年和2019年被中国和印度超过，但钢铁生产技术仍处于领先地位，钢铁强国的地位仍然稳固。日本国内两大钢铁企业：新日铁—住金和JFE，仍然属于世界前十的钢铁企业。

另外需提到，虽然1980年日本产钢量超过美国，且新日铁成为世界第一大钢厂，但日本仅是世界第二产钢国。1975~1990年，全球头号产钢国为苏联，由于苏联1991年底解体，其后统计指标替代为俄罗斯，故此，苏联不纳入分析。

2.4.1.4 中国（2000年至2021年）

中华人民共和国成立以来，中国高度重视钢铁产业发展，于1996年突破钢铁产量亿吨大关。自此，中国钢铁产量冠绝全球。进入21世纪之后，钢铁产业发展迅猛，粗钢产量由2001年的1.52亿吨增长到2020年的10.5亿吨[①]，粗钢产量占比超过世界半壁江山。近年来，钢铁产业技术水平不断更新，生产结构进一步优化，节能减排水平也明显提高，钢铁企业综合竞争能力持续提升。

中国钢铁产业取得如此辉煌的成果与生产要素和消费需求密不可分。从生产要素看，首先技术改造和创新投入高，中华人民共和国成立初期，钢铁产业得到中央政府的高度重视，筹措大量资金投入产钢技术研发，并始终紧跟世界产钢技术的步伐；其次钢铁钢模效益较明显，1999~2005年大中型钢铁企业从不足四百家增加至近千家，平均资产规模约20亿元[②]。从消费需求看，一方面，钢铁作为重要工业原料，伴随着国家制造业的大力发展，钢铁需求旺盛；另一方面，中国注重城镇化建设，钢铁作为建设材料，被广泛投入到房屋建设和工程建设之中。值得一提的是，随着世界经济增长放缓和钢铁贸易保护主义抬头，中国钢铁产业产能过剩问

---

① 《中国钢铁工业年鉴》。
② 依据《中国钢铁工业年鉴》整理。

题逐步凸显，钢铁行业平均利润率在低位徘徊①。

2.4.1.5 四个阶段各国钢铁产量的全球占比

结合上述四个发展阶段，1854~2021 年主要家钢铁产量占全球钢铁产量的比重，如表 2-5 所示。由表可知，1890 年美国钢铁产量占全球比重为 35.05%，超过英国的 25.87%，代替英国成为全球钢铁产业第一大国；1860 年，日本钢铁产量全球占比为 14.47%，超过美国的 13.18%，成为新的钢铁产业霸主；2000 年，中国钢铁产量全球占比达到 15.17%，超过日本的 12.57%，由此开始了中国钢铁产业长期独占世界鳌头的局面。另外注意到，2021 年，全球钢铁产业规模居前六的国家分别为中国、印度、日本、美国、俄罗斯和韩国，六国钢铁产量分别为 10.33 亿吨、1.18 亿吨、0.96 亿吨、0.86 亿吨、0.76 亿吨和 0.7 亿吨。

表 2-5　　　1854~2021 年主要国家钢铁产量占全球钢铁产量的比重　　　单位：%

主导国家	年份	英国份额	美国份额	德国份额	俄罗斯**份额	日本份额	中国份额	韩国份额	印度份额
英国	1854*	311.90	66.80	36.90	23.10	—			
	1860*	388.80	83.40	52.90	33.60	—			
	1865*	400.20	84.50	98.80	30.00	—			
	1871	42.93	9.51	32.26	0.90				
	1875	37.84	20.84	19.53	0.68	0.05	—		
	1880	29.91	28.80	14.18	7.00	0.05			
	1885	28.60	27.60	19.08	3.06	0.02			
美国	1890	25.87	35.05	17.44	3.05	0.02			
	1895	19.60	36.76	23.32	5.21	0.01			
	1900	17.47	36.32	23.33	7.75	0.18	—	—	—
	1905	12.84	45.01	22.27	5.63	0.24			

① 2018 年，钢厂平均销售利润率为 6.97%，2019 年下降到 4.43%，而 2019 年工业平均销售利润率为 5.91%。

续表

主导国家	年份	英国份额	美国份额	德国份额	俄罗斯**份额	日本份额	中国份额	韩国份额	印度份额
美国	1910	10.71	43.82	22.64	5.69	0.26	—	—	—
	1915	13.12	49.35	20.03	6.22	0.78	—	—	—
	1920	12.70	59.05	11.78	0.22	1.12	—	—	—
	1925	9.49	50.57	13.37	2.05	1.43	—	—	—
	1930	7.83	43.53	12.12	6.17	2.41	—	—	—
	1935	10.08	34.85	16.52	12.60	4.73	—	—	—
	1940	9.28	42.80	13.48	12.90	4.83	—	—	—
	1945	10.16	61.12	0.25	15.64	1.66	—	—	—
	1950	8.76	46.48	6.41	14.46	2.56	0.32	—	—
	1955	7.47	39.44	7.93	16.82	3.50	1.06	—	—
	1960	7.21	25.99	9.84	18.84	6.49	3.90	0.01	—
	1965	5.98	25.98	8.02	19.83	8.97	2.66	0.06	—
	1970	4.77	20.09	7.58	19.51	15.71	3.00	0.08	1.06
	1975	3.07	16.44	6.28	21.95	15.89	3.71	0.31	1.24
日本	1980	1.46	13.18	5.69	19.22	14.47	4.82	1.11	1.33
	1985	2.19	11.14	5.63	21.52	14.64	6.51	1.88	1.66
	1990	2.24	11.65	5.30	20.06	14.33	8.62	3.00	1.94
	1995	2.34	12.65	5.59	6.86	13.51	12.68	4.89	2.92
中国	2000	1.79	12.02	5.47	6.98	12.57	15.17	5.09	3.18
	2005	1.15	8.27	3.88	5.76	9.80	31.00	4.17	3.99
	2010	0.68	5.62	3.06	4.67	7.65	44.58	4.11	4.54
	2015	0.67	4.86	2.63	4.37	6.82	49.53	4.29	5.51
	2020	0.38	3.87	1.90	3.81	4.43	56.07	3.57	5.34
	2021	0.37	4.40	2.06	3.87	4.94	52.94	3.61	6.06

注：*1854 年、1860 年和 1865 年，三年数据为生铁产量，彼时钢材产量非常低。

**苏联 1991 年底解体，其后统计指标替代为俄罗斯。

资料来源：《钢铁统计年鉴》（*Steel Statisitical Yearbook*）、《世界钢铁数据》（*World Steel in Figures*）。

2.4.2 中国钢铁产业的崛起

早在公元前 1000 年，周成王时期，中国已有冶铁术，但中国钢铁产业却迟迟未能发展壮大，长期迟滞于西方发达国家。在发达国家向外转移钢铁产业的背景下，发达国家并未主动选择中国作为转移的目的地，加之中国铁矿石大量依靠进口且产业资本稀缺，为何中国钢铁产业成功崛起，钢铁产业国际竞争力又是如何形成，这还有待进一步探索。经典竞争优势理论指出（Michael E. Porter, 1990）要素条件、需求条件、相关及支持产业、公司战略及竞争对手构成本国竞争力的四种决定因素，并被称为钻石体系。对于中国钢铁产业竞争力的研究，依据钢铁产业的发展历程，大致可总结为四个阶段：

（1）第一阶段，20 世纪初期～20 世纪 90 年代，中国钢铁产业从萌芽时期，经历了初期发展。19 世纪末，中国钢铁工业蹒跚起步。1890 年，晚清重臣张之洞创办汉阳铁厂，是当时中国第一家，也是最大的钢铁联合企业。为解决汉阳铁厂用煤问题，1898 年开设萍乡煤矿局，开采萍乡煤矿。1908 年，由于筹办经费困难，汉阳铁厂和萍乡煤矿改为官督商办，合并一厂两矿同时加以扩充，设立"汉冶萍煤铁厂矿股份有限公司"。1943 年是中华人民共和国成立前旧中国钢铁产量最高的一年，全国产铁180 万吨，钢 92.3 万吨。东北地区钢铁产量约占全国的 95%。1949 年，中华人民共和国成立，全国产钢 15.48 万吨，为全球钢产量的 0.1%。中华人民共和国成立初期，在计划经济阶段（1949～1978 年），中国学习苏联模式，大炼钢铁，回归经济建设。1978 年产钢 3178 万吨，超英国排名世界第五，钢材自给率由 1953 年的 61% 提高到 1978 年的 72%。在计划经济向市场经济过渡阶段（1978～1992 年），中国从国外引了 700 多项先进技术，利用外资 60 多亿美元，同期组建上海宝钢、天津无缝钢管厂。1992 年，中国产钢超 8000 万吨，接近美国和日本。钢材板管带比由

32.3% 提高到 37.4%，连铸比由 3.5% 提高到 30%，合金钢、低合金钢比由 16% 提高到 21.6%，吨钢综合能耗由 2.54 吨标煤降到 1.57 吨标煤。中国钢铁工业雏形基本建立[①]。

（2）第二阶段，20 世纪 90 年代~21 世纪，国内市场机制建立，钢铁生产大国初现。1996 年之前，源于中国市场经济体制建立不久，且钢铁产业供给缺口较大，研究钢铁产业竞争力的文献较为鲜见。刘静海等（1993）较早提出中国钢铁产业在结构上与市场竞争尚不适应，产品结构层次低、工艺结构偏传统、工序结构不平衡和组织结构市场化不足。随着国际和国内市场的逐步统一，汪钧锡（1994）意识到提升对外竞争力将成为中国钢铁企业发展的关键。1996 年粗钢产量突破亿吨，中国成为钢铁生产大国。原冶金工业部刘淇（1997）指出提高中国钢铁工业竞争力是跨世纪的战略任务，并指出在成本竞争中的两个转变，即燃料价格逐步赶上国际市场和劳动成本优势渐次减弱。为变钢铁大国为钢铁强国，中国钢铁工业持续进行结构优化，主要围绕产品结构、工艺技术结构和企业组织结构展开（孙立，1998）。

（3）第三阶段：21 世纪初~2008 年，中国加入世界贸易组织（WTO），产业粗放式增长且竞争力有限。2001 年中国加入 WTO，钢铁产业国际竞争力的研究明显增多。王其藩等（2000）基于比较优势和国家竞争优势视角，对中国钢铁竞争力的来源和影响因素进行探讨，并提出以入世为契机，以提高规模经济为前提，以培育高级要素为路线提升钢铁产业国际竞争力。对比美国和日本，中国钢铁产业竞争力在产品、资本、技术和国际市场等方面全面落后，反映自中华人民共和国成立以来，中国急于赶超钢铁大国和解决数量短缺的问题，采用粗放式增长方式，技术开发投入不足，第一产钢大国并非钢铁强国（袁晓莉和崔迅，2001；李鹏，2002）。徐二明和高怀（2004）利用数据包络分析法和马姆奎斯特（Malmquist）指

---

① 余扬斌. 钢铁大国的历程 [J]. 冶金经济与管理，2008（5）.

数，根据企业创造价格的效率和有效性评价中国钢铁企业竞争力，并指出中国钢铁工业科学技术效率大幅提升，但受制于自身创新能力不足，竞争力提高有限。2006 年中国首次成为钢材净出口国，钢铁产业竞争力增强的同时，贸易摩擦逐渐增多。低端钢材的同质性导致各国之间反倾销频发，通过博弈分析，反倾销成为中国的占有策略，同时中国应提升产业国际竞争力（James P. Durling and Thomas J. Prusa，2005；王晰和宗毅君，2008）。

（4）第四阶段：2009 年至今，钢铁产能过剩，环保成本提升，产业利润探底。围绕中国钢铁产业国际竞争力综合评价，何维达等（2009）建立"三双模型"，从国民福利与产业利润、前向和后向竞争力以及比较优势和比较效率三方面分析竞争力；陈立敏和杨振（2011）运用四层次的产业竞争力理论，构建竞争力评价指标，并进行国际比较；杨帆和朱博雅（2013）从资源禀赋、生产规模、生产能力、经营能力等角度构建竞争力评价体系；冯梅等（2016）基于上市公司数据对竞争力水平和纵向一体化程度进行分析，探索纵向一体化对企业竞争力的影响。随着2012 年《钢铁行业环境保护政策法规》的出台，钢铁产业环保压力和成本大幅上升，"低碳"成为钢铁产业竞争力的标杆。范莉莉和江玉国（2016）基于低碳竞争力评价指标体系，运用熵值法实证钢铁企业低碳经济竞争力。江玉国和淳伟德（2018）采用拓展的 TOPSIS 法，结合动态和综合的视角，评价钢铁企业低碳竞争力。

综上所述，中国钢铁产业从 20 世纪初的萌芽时期，历经艰苦卓绝的发展，进入 21 世纪以来，中国钢铁产业已然站在世界钢铁产业的舞台中央，且遥遥领先于其他国家。甚至可以说，中国钢铁产量超过全球其他所有国家的总和。1910～2021 年，中国钢铁产业的发展历程，如表 2 - 6 所示。由表可知，中国钢铁产业由 1910 年产钢 5 万吨发展至 2021 年产钢 10.3 亿吨，中国钢铁产量占世界比重由 1910 年的 0.083% 上升至 2021 年的 52.937%。毫无疑问，在这一个多世纪里，中国钢铁产业从萌芽阶段，步步成长至世界之巅。

表 2－6　　　　　　　　1910～2021 年中国钢铁产业的发展历程

年份	世界粗钢产量（万吨）	中国粗钢产量（万吨）	世界粗钢增长率（%）	中国粗钢增长率（%）	中国产量占全球比重（%）
1910	6050	5	—	—	0.083
1915	6620	4.8	—	—	0.073
1920	7250	6.8	—	—	0.094
1925	9120	3	—	—	0.033
1930	9500	1.5	—	—	0.016
1935	9940	25.7	—	—	0.259
1940	14200	53.4	—	—	0.376
1945	11830	6	—	—	0.051
1950	18900	61	—	—	0.323
1955	26920	285	—	—	1.059
1960	34660	1866	—	—	5.384
1965	45900	1223	—	—	2.664
1970	59390	1770	—	—	2.980
1975	64380	2390	—	—	3.712
1980	71639.1	3712	—	—	5.182
1985	71889.1	4679	—	—	6.509
1990	76991.4	6535	—	—	8.488
1991	73359.2	7100	-4.718	8.646	9.678
1992	71968	8093.5	-1.896	13.993	11.246
1993	72754.8	8953.9	1.093	10.631	12.307
1994	72510.7	9261.3	-0.336	3.433	12.772
1995	75226	9536	3.745	2.966	12.676
1996	74999.1	10123.7	-0.302	6.163	13.498
1997	79884.2	10891.1	6.514	7.580	13.634
1998	77722.9	11458.8	-2.706	5.213	14.743
1999	78455.3	12395.4	0.942	8.174	15.799
2000	84705.7	12850	7.967	3.667	15.170
2001	84961.7	15226	0.302	18.490	17.921
2002	90405.3	18224.9	6.407	19.696	20.159

续表

年份	世界 粗钢产量 （万吨）	中国 粗钢产量 （万吨）	世界粗钢 增长率 （%）	中国粗钢 增长率 （%）	中国产量 占全球比重 （%）
2003	96991.5	22233.6	7.285	21.996	22.923
2004	106124.5	27279.8	9.416	22.696	25.705
2005	114777.2	35579	8.153	30.423	30.998
2006	124899.1	42102.4	8.819	18.335	33.709
2007	134700.2	48971.2	7.847	16.315	36.356
2008	134121.2	51233.9	−0.430	4.620	38.200
2009	123582.7	57707	−7.857	12.634	46.695
2010	143166.4	63874.3	15.847	10.687	42.070
2011	151829.9	68388.3	6.051	7.067	44.264
2012	154501.1	71654.2	1.759	4.776	46.378
2013	160700	77904	4.012	8.722	48.478
2014	167400	82270	4.169	5.604	49.146
2015	162300	80382	−3.047	−2.295	49.527
2016	163200	80837	0.555	0.566	49.532
2017	173500	83173	6.311	2.890	47.938
2018	182600	92830	5.245	11.611	50.838
2019	187400	99634	2.629	7.330	53.166
2020	187900	106470	0.267	6.861	56.663
2021	195100	103280	3.832	−2.996	52.937

注：由于1991年之前，数据不连续，故此未计算世界和中国粗钢的产量增长率。
资料来源：*Steel Statisitical Yearbook* 和《中国钢铁工业年鉴》。

2.4.3　五次大规模产业并购

100多年来，世界钢铁工业虽然经历了几次大的经济危机冲击，但每次危机都使钢铁工业获得新生并深化发展。全球钢铁工业经历了五次大规模的并购重组，每次并购重组都使得产能向大型企业集中，并形成更大型的钢铁企业。

第一次大规模的并购重组发生在 20 世纪初的美国。随着并购的完成，美国钢铁公司成为世界第一大钢厂；第二次大规模并购发生在 20 世纪 70 年代的日本。日本八幡制铁和富士制铁合并为新日铁，此后，新日铁公司钢铁生产能力长期保持日本第一、全球第二的地位；第三次并购潮是 20 世纪 90 年代末~21 世纪初期发生在欧洲的并购重组潮，造就了当时的全球第一大钢铁集团安赛乐；第四次并购重组是 21 世纪以来发生在米塔尔领导的横跨北美、欧洲、亚洲、南美、非洲等地区的并购重组，到 2005 年米塔尔已位居全球第一，到 2006 年又重组全球第二的安赛乐，一举成为全球钢铁巨头。

随着中国钢铁产业的崛起，第五次产业并购潮发生在中国。2016 年，国务院国资委通过宝钢和武钢的重组方案，将原宝钢集团与原武钢集团合并为宝武钢铁集团。由此，诞生新的钢铁生产巨头，2020 年宝武钢铁集团产钢量超过安赛乐米塔尔公司，跃居世界第一；2021 年宝武钢铁集团粗钢产量约 1.2 亿吨，同比增加 4.35%，连续第二年位居世界第一。宝武集团合并之后，河钢集团跨国收购塞尔维亚钢厂，以及沙钢、建龙集团、德龙等钢铁集团，兴起重组并购潮等。在钢铁产业集中度趋于提升的背景下，中国钢铁产业并购潮还将继续。

2.5 汽车产业的产业转移历程

2.5.1 全球汽车产业的转移

汽车是现代生活不可或缺的交通工具，为人类的出行和两地之间的交流作出了巨大的贡献。最早的汽车是 1885 年的卡尔·奔驰制造出的以汽油为动力的三轮汽车，并于 1886 年 1 月 29 日为发明专利立案，因此 1 月 20 日被认为是世界汽车诞生日，将 1886 年定义为世界汽车诞生年。在马车时代，汽车受到人们的嘲笑，被认为是最无用的怪物，奔驰夫人贝尔塔为了回应社会的舆论，亲自驾车行驶了 144 千米，开启了汽车时代①。

汽车是一个国家的重要支柱产业，作为资本和技术密集型的高端产业，它还具有涉及面广和关联性高的特点。在汽车工业一百多年的发展历程中，世界汽车工业中心到目前为止共经历了四次转移：第一次转移是从欧洲到美国的转移，发生在 1915 年左右；第二次转移是美国再到欧洲的转移，发生在 1970 年左右；第三次转移是从欧洲到日本的转移，发生在 1985 年左右；第四次转移是从 21 世纪初开始的从发达国家转移到发展中国家。通过 19 世纪中期以来全球汽车产业转移和竞争力迭代的事实分析，结合生产要素和消费需求的视角，探讨其中的原因。

2.5.1.1 第一次转移：从欧洲转到美国

19 世纪末，欧洲生产的汽车讲究豪华，内饰精细，从而价格昂贵，有效需求不足，限制了汽车工业的进一步发展。而此时美国的工业生产位于世界前列，钢铁、石化等工业均有较大发展，为汽车工业的发展创造了条件。福特汽车公司和通用汽车公司相继成立，极大地推动了汽车工业的发展。1908 年福特汽车公司推出的 T 型汽车，采用了当时的先进技术，操作容易，维修方便，试行条件优越，而且价格便宜，只有同类昂贵汽车价格的十分之一到四分之一，当时一个普通工人一年的工资就可以购买一辆普通的 T 型汽车，促进了汽车的普及，实现了汽车由奢侈品到代步工具的转变。1913 年福特公司发明了汽车装配流水线，提升了汽车的生产效率，推动了汽车工业革命。20 世纪 10 年代，美国汽车工业快速发展，完成了汽车历程上的第一次转移——从欧洲到美国。

从 20 世纪初到 20 世纪中叶，美国主宰了全世界汽车工业长达 50 多

---

① 朱绍中．汽车简史［M］．上海：同济大学出版社，2008.

年，汽车产量占全世界汽车产量的 80% 以上，1920 年美国汽车产量占全球汽车产量的比重更是高达 95% 以上①。虽然美国汽车工业得到了巨大的发展，但是受各种因素的影响，汽车发展进程并不是那样的顺利。30 年代初，美国经济进入了大萧条时期，经济增长缓慢，有时出现负增长，失业人数增加，购买能力下降，导致汽车产量急速下降。第二次世界大战期间，受战争的影响，汽车需求量减少，汽车产量下降到了 300 万辆以下。二战结束以后，伴随着经济的复苏，美国进行了第二次汽车普及高潮，汽车工业得到了快速的发展，直到 50 年代下半期，美国经济下滑，汽车市场也受到波及。

2.5.1.2　第二次转移：从美国转到欧洲

20 世纪 50 年代，欧洲内部关税壁垒逐渐消除，市场迅速恢复，美国的福特、通用等汽车公司也先后进入了欧洲市场，带去了先进的生产技术，促进了欧洲汽车工业的迅速发展。二战以后，随着经济的复苏，家庭收入迅速增长，在 50 年代出现了购买汽车的高潮，推动欧洲汽车工业的发展，世界汽车工业发展经历第二次转移——从美国到欧洲。

1950 年，欧洲汽车产量达到了 200 万辆，到了 1966 年，欧洲汽车产量突破了 1000 万辆，比 1955 年的产量增长 5 倍，平均增长率达到了 10.6%，超过北美汽车产量，成立世界第二个汽车工业发展中心。到 1973 年，欧洲汽车产量进一步提高到了 1500 万辆②。1973 年以后，由于受到了两次石油危机的影响，而且西欧已经完成了汽车的普及，东欧经济又出现了停滞的状态，欧洲的汽车工业进入了低速发展的时期，汽车的需求量降低。20 多年以来，欧洲的汽车产量波动在 1500 万 ~ 1800 万辆之间，欧洲汽车工业发展主要集中于德国、法国、英国、意大利、西班牙这 5 个西欧国家，这 5 个国家的汽车产量合计，多年来一直占欧洲总产量的四分之三。

---

① 朱绍中. 汽车简史［M］. 上海：同济大学出版社，2008.
② 曲晓峰. 世界汽车工业发展的四次大转移［J］. 中国机电工业，2002（23）.

2.5.1.3　第三次转移：从欧洲转到日本

日本汽车工业的复苏和发展始于 1955 年。1951～1953 年朝鲜战争期间，日本成为美国的后方补给站，从而给日本的经济振兴和汽车工业的发展带来了机遇。1955 年日本政府公开了发展国民用车的构想，提出要发展一种能够供给国民使用的微型汽车，国民车构想给日本的汽车公司极大地鼓舞，各个汽车公司下定决心要发展物美价廉的汽车。此时，日本的经济正处于高速增长阶段，1960 年人均国民生产总值达到了 500 美元，1966 年，日本人均国民生产总值更是突破了 1000 美元，为日本家庭汽车的普及创造了条件。同时，日本的各汽车公司推出了物美价廉的汽车，售价与 20 世纪 50 年代中期相比下降了 30%～50%。日本在战争洗礼后出现了家庭汽车的使用高潮。两次石油危机期间，众多汽车企业纷纷破产倒闭，但是日本汽车依靠油耗低的小型汽车进一步地巩固了国际汽车市场。这段时间日本汽车的销售量和出口量高速增长，迎来了日本汽车工业的高速发展，创造了世界汽车工业发展的奇迹。到了 1980 年，日本汽车产量高达 1100 万辆，超过了美国的汽车总产量将近 300 万辆，成为汽车产量世界第一的国家，此时世界上第三次汽车工业的转移完成，世界汽车工业中心也从欧洲转移到了日本。进入 80 年代，日本汽车产量增速有所下降，但产量仍继续提高，到 1990 年，日本汽车产量达到了创历史的 1349 万辆[①]。自此以后，日本国内的汽车市场便处于低迷徘徊的状态，由于当时出口贸易的影响，汽车出口量迅速下降。

2.5.1.4　第四次转移：从发达国家转到发展中国家

长期以来，亚非拉广大发展中国家和地区，由于经济发展水平低，汽车工业没有得到较大发展，所需要的汽车主要从发达国家进口，到 1970 年，各个发展中国家汽车产量之和才达到了 150 多万辆，占世界汽车产量总和的 5% 左右。进入 20 世纪 80 年代，正当发达国家汽车产量呈现徘徊

---

① 车评网. 起底日本汽车发展史［EB/OL］.（2022－01－18）. https：//www. dongchedi. com/article/7054462472241185311.

或下降趋势的时候，发展中国家逐步有所发展。1980 年，发展中国家汽车产量达到了 300 多万辆，占世界汽车总产量的比重提高到约 9%。到 20 世纪 90 年代，此趋势进一步地加剧明显。1990 年发展中国家汽车产量高达 600 万辆，占世界汽车总产量的 12%。1995 年发展中国家的汽车产量达到了 1000 万辆，占世界汽车产量的比重进一步提高到 20%。这充分表明，世界的汽车工业发展正在经历第四次转移，从发达国家转向发展中国家，主要集中于中国、韩国、印度等发展中国家①。

综合上述四个发展阶段，1950～2021 年主要国家汽车产量，如表 2－7 所示。

表 2－7　　　　　　　　1950～2021 年主要国家汽车产量　　　　　　单位：辆

主导国	年份	中国	美国	德国	法国	英国	日本	印度
美国阶段	1950	—	8003000	305000	358000	784000	32000	15000
	1951	—	6765000	374000	447000	734000	38000	22000
	1952	—	5539000	428000	500000	690000	39000	15000
	1953	—	7323000	490000	498000	834000	50000	14000
	1954	—	6601000	681000	600000	1038000	70000	14000
	1955	100	9169000	909000	725000	1237000	69000	23000
	1956	1700	6921000	1075000	827000	1005000	111000	32000
	1957	7900	7221000	1212000	928000	1149000	182000	32000
	1958	16000	5135000	1495000	1128000	1365000	188000	27000
	1959	19600	6729000	1719000	1283000	1560000	263000	37000
	1960	22574	7869000	2055000	1369000	1810000	482000	52000
	1961	3589	6677000	2148000	1244000	1464000	814000	54000
	1962	9740	8173000	2357000	1536000	1675000	991000	57000
	1963	20579	9100000	2668000	1736000	2012000	1284000	52000

---

① 曲晓峰. 世界汽车工业发展的四次大转移 [J]. 中国机电工业，2002 (23).

续表

主导国	年份	中国	美国	德国	法国	英国	日本	印度
美国阶段	1964	28062	9292000	2909000	1615000	2332000	1702000	67000
	1965	40542	11057000	2976000	1616000	2177000	1876000	72000
	1966	55861	10329000	3050000	2024000	2042000	2286000	72000
	1967	20381	8976000	2480000	2009000	1937000	3146000	70000
	1968	25100	10718000	3108000	2075000	2225000	4108000	80000
	1969	53100	10147000	3729000	2459000	2183000	4693000	78000
	1970	87166	8239000	3847000	2750000	2099000	5304000	86000
欧洲阶段	1971	111000	10558000	3984000	3010000	2201000	5824000	91000
	1972	108200	11271000	3817000	3328000	2329000	6299000	89000
	1973	116200	12647000	3949000	3596000	2164000	7088000	97000
	1974	104800	10052000	3105000	3463000	1937000	6556000	88000
	1975	139800	8610000	3150000	3290000	1600000	6900000	50000
	1976	135200	11477000	3876000	3843000	1706000	7847000	85000
	1977	125400	11568000	4111000	4009000	1714000	8522000	89000
	1978	149100	12876000	4200000	4080000	1608000	9240000	94000
	1979	185700	11456000	4260000	4200000	1478000	9648000	101000
	1980	222300	8070000	3890000	3990000	1310000	11040000	110000
	1981	175600	7930000	3900000	3430000	1180000	11180000	150000
	1982	196300	6960000	4120000	3530000	1160000	10190000	150000
	1983	239800	9160000	4160000	3820000	1290000	11120000	150000
	1984	316400	10700000	4160000	3330000	1130000	11110000	180000
	1985	437200	11359200	4460400	3243600	3243600	12356400	223200
日本阶段	1986	369800	10909200	4452000	3194400	1248000	12268800	224400
	1987	471800	12258000	4522800	3523200	1389600	12258000	274800
	1988	644700	11226000	4504800	3690000	1544400	12714000	318000
	1989	583500	10869600	4752000	3922800	1638000	12380400	292800
	1990	514000	9782997	4976552	3768993	1565957	13486796	364393
	1991	714200	8779200	4659600	3871200	1500000	13254000	346800
	1992	1066700	9726000	5230800	3759600	1531200	12480000	324000
	1993	823500	1.09E+08	4197600	3262800	1570800	11412000	378000

续表

主导国	年份	中国	美国	德国	法国	英国	日本	印度
日本阶段	1994	1366900	12262737	4356138	3558438	1694638	10554119	475150
	1995	1452700	11985457	4667364	3474705	1765085	10195536	426000
	1996	1475200	11798905	4842909	3590587	1924448	10345786	762122
	1997	1582500	12149000	5023000	3830000	1936000	10975000	384000
	1998	1630000	12042165	5801000	3839000	1986789	10055000	653000
	1999	1829953	13024978	5687692	3180193	1973519	9895476	818193
发展中国家阶段	2000	2069069	12799857	5526615	3348361	1813894	10140796	801360
	2001	2334440	11424689	5691677	3628418	1685238	9777191	814611
	2002	3286804	12279582	5469309	3601870	1823018	10257315	894796
	2003	4443686	12114971	5506629	3620066	1846429	10286218	1161523
	2004	5234496	11989387	5569954	3665990	1856539	10511518	1511157
	2005	5717619	11946653	5757710	3549008	1803109	10799659	1638674
	2006	7188708	11263986	5819614	3169219	1648388	11484233	2019808
	2007	8882456	10780729	6213460	3015854	1750253	11596327	2253729
	2008	9299180	8672141	6045730	2568978	1649515	11575644	2332328
	2009	13790994	5709431	5209857	2047693	1090139	7934057	2641550
	2010	18264761	7743093	5905985	2229421	1393463	1318558	3557073
	2011	18418876	8661535	6146948	2242928	1463999	8398630	3927411
	2012	19271808	10335765	5649260	1967765	1576945	9943077	4174713
	2013	22116825	11066432	5718222	1740220	1597872	9630181	3898425
	2014	23731600	11660702	5907548	1821464	1598879	9774665	3844857
	2015	24503326	12100095	6033164	1970000	1682156	9278238	4125744
	2016	28118794	12198137	6062562	2082000	1816622	9204590	4488965
	2017	29015434	11189985	5645581	2227000	1749385	9693746	4782896
	2018	27809196	11314705	5120409	2270000	1604328	9728528	5174645
	2019	25720665	10880019	4661328	2202460	1381405	9684298	4516017
	2020	25225242	8822399	3742454	1316371	987044	8067557	3394446
	2021	26082220	9167214	3308692	1351308	932488	7846955	4399112

资料来源：《世界经济年鉴》《中国汽车工业年鉴》。

2.5.2 中国汽车产业的崛起

中华人民共和国成立 70 多年以来，中国汽车工业经历了从无到有、从有到优的曲折而辉煌的发展历程。汽车产业是国民经济的支柱性产业，对其他产业有着拉动作用，2017 年中国汽车产量达到了 2901 万辆，连续多年排名世界第一，巨大的汽车市场给中国汽车工业由大变强、走向世界带来了极佳的历史机遇。然而，中国还远不是汽车强国，总体上中国汽车工业的技术水平与生产效率较低，能源与污染较高，汽车工业转型升级的内在需要非常迫切。中国汽车工业发展，大致可以归纳为四个阶段：

（1）起步阶段，1949～1978 年。中华人民共和国成立初期，中国汽车工业基础薄弱，1953 年，在苏联的工业支持下，中国第一汽车制造厂在长春成立，标志着中国第一家汽车制造企业诞生。1956 年 7 月，解放牌汽车成功产出，中国的汽车工业开始缓慢前进。在此基础上，1958 年第一汽车制造厂产出了红旗牌轿车，融合了中西先进技术，既有中式的典雅外观，又有西式的动能，成为国家领导人的用车。20 世纪 50 年代末～60 年代初，上海汽车制造厂随后制造出了平民化的家庭用车。60 年代后期中苏关系恶化，苏联撤走了所有的对华援助，同时美国也对中国进行了产业封锁，切断了对中国汽车工业的所有外部支持资源，中国开始了独立自主的研究路线。1969 年，中国第二汽车制造厂在湖北省十堰市成立，举国全力支持二厂的建设，其中，第一汽车制造厂贡献最大。二汽建厂的主要产品是东风牌卡车，自此，一汽和二汽成为中华人民共和国成立初期工业化的重要产业支柱。但是，在"大跃进"和"文化大革命"时期，中国汽车工业的发展受到了波及。

（2）引进合资阶段，1978～2001 年。1978 年，中国开始实行改革开放，中国的汽车工业重新启动，虽然汽车工业的起步阶段实现了汽车从无到有的突破，但是，中国汽车工业仍然存在着生产力水平低下、技术落后、生产效率低等问题，中国汽车工业急需学习国外的先进汽车技术。改革开放以后，中国的工业开始引进先进技术。1983 年，中国第一家合资汽车企业——北京吉普成立；1984 年经过多次的谈判，上海大众品牌也进入了中国市场等等。在引进合资阶段，中国开始学习国外先进的汽车生产技术以及企业的管理方法，为中国的汽车工业发展积累了宝贵的经验。改革开放打开了中国汽车工业的大门，使中国汽车工业实现了质的飞跃，让国人看清了中西方的差距，加快了汽车工业的发展进程。

（3）市场化发展阶段，2001～2009 年。2001 年，中国正式加入世界贸易组织（WTO），加入世贸以后，中国在汽车方面做出降低进口关税、增加配额的一系列举措。随着改革开放的进一步加大，中国的汽车工业迅速发展，一方面，世界汽车巨头企业进一步进入中国市场，如奔驰、福特、野马、凯迪拉克等，并与国内的大企业进行合资，实现在中国的本地化经营；另一方面，允许民营企业进入中国市场，如吉利、长城等企业，不仅增加了中国汽车市场的活力，还刺激了汽车企业之间的相互竞争。随着汽车企业的增加，生产出的产品也具有不同的针对性，每个消费群体都有合适的产品，极大地刺激和提升了中国消费者的消费欲望，中国汽车消费市场进一步扩大。

（4）创新发展阶段，2009 年至 2021 年。2008 年，以美国为源头的金融危机迅速蔓延至全球，我国的汽车产业也受到了金融危机的冲击。2009 年，中国实施《汽车产业调整与振兴规划》，在企业创新发展、自主品牌的发展、新能源汽车的发展等方面做出了一系列举措。在国家的支持下，中国的汽车在其后的近十年一直保持着高速发展，自 2009 年以来，中国汽车产销量连续十年排名全球第一，中国的汽车市场成为了全球最重要的汽车市场。中国汽车工业已经初步摆脱了技术落后、产品质量差的帽子，在新能源汽车技术、整车平台技术上实现了一定的突破，产品的外形方面，融合了现有的中国文化，打造出了符合中国人审美的造型。

2018 年中国汽车产业发展迎来新的机遇和挑战，习近平总书记在博鳌亚洲论坛开幕式上宣布，中国大幅放宽市场准入，特别指出在汽车、船舶、飞机等少数领域，放开对外资的限制①。同年，德国宝马即宣布，增加其在华晨宝马中的股份比例，从50%提高到75%。同时，华晨宝马的合同期限在2028年到期之后将延长到2040年②。汽车产业的不断开放，势必引起更为激烈的市场竞争，驱动中国汽车产业的进一步发展。

---

① 新华社. 习近平在博鳌亚洲论坛2018年年会开幕式上的主旨演讲［EB/OL］.（2018－04－10）. http：//www. gov. cn/xinwen/2018－04/10/content_5281303. htm.

② 人民资讯. 尘埃落定，宝马持华晨宝马股增至75%［EB/OL］.（2022－02－12）. https：//baijiahao. baidu. com/s？id＝1724547351134277879&wfr＝spider&for＝pc.

第3章

中国制造业及其典型产业
国际竞争力

产业在各国间的繁荣和衰退，即产业的全球迭代，直接反映为产业国际竞争力的起伏。产业繁荣，则一国产业国际竞争力由弱走强；产业衰退，则一国产业国际竞争力由高走低。产业国际竞争力在各国间的起伏，则代表着产业国际竞争力的全球迭代。

国际竞争力是指一个国家在世界经济的大环境下，各国的竞争力相比较，其创造增加值和国民财富持续增长的能力。国际竞争力的评价，可以分别基于国际市场和国内市场两个角度进行。一方面，基于国际市场，国际竞争力应反映在激烈的国际竞争环境下，相对于其他国外商品，本国商品在国际市场上的销售能力和获利能力。面对国际市场，常用贸易顺差和跨国企业利润衡量国际竞争力。另一方面，基于国内市场，反映在世界经济大环境下，本国产业生产规模和技术水平以及创造增加值和推进国民财富持续增长的能力，面对国内市场，常用生产规模、增加值规模以及创新程度等指标衡量国际竞争力。

3.1 国际竞争力的指标和内涵

以单一指标来衡量国际竞争力的方法，所反映出的竞争能力是不全面的。基于国际竞争力的不同侧重点，衡量国际竞争力具有多个主流经济指标，常用指标有产业规模、国际市场占有率、出口贡献率、显示性比较优势指数、可比净出口和显示性竞争优势指数等。

产业规模、产业规模全球占比、国际市场占有率、出口贡献率、显示性比较优势指数、可比净出口指数和显示性竞争优势指数七个指标，从不同侧面评价了产业国际竞争力，分别聚焦产业规模、市场份额、出口规模和出口差额等几个方面。针对上述评价指标，产业国际竞争力常用评价指标，可归纳为四类，如表3-1所示。

表3-1 产业国际竞争力评价指标比较

评价侧重	竞争力内涵	指标名称	指标	参考指标
侧重产业规模	从规模角度，反映产业竞争力	产业规模	Q_i	本国产业产量
		产业规模全球占比	Q_{iw}	本国产业产量、世界产业产量
侧重国际市场份额	通过与全球贸易额比较，反映产业国际竞争力	国际市场占有率	MS	本国产业出口额、世界产业出口额
	通过与本国出口额比较，反映产业竞争力	出口贡献率	EX	本国产业出口额、本国出口总额
侧重产业出口比例	比较本国出口比例与世界出口比例，反映出口竞争力	显示性比较优势指数	RCA	本国产业出口额、本国出口总额 世界产业出口额、世界出口总额
侧重出口和进口之间的比较	体现贸易差额和进出口竞争力差异，衡量产业竞争力	贸易竞争力	NTB	本国产业出口额、本国产业进口额
		显示性竞争优势指数	CA	本国产业出口额、本国出口总额、世界产业出口额、世界出口总额、本国产业进口额、本国进口总额、世界产业进口额、世界进口总额

针对上述四类国际竞争力评价指标，指标内涵和计算公式如下：

第一类：评价侧重产业规模，即产业规模、产业规模全球占比。（1）产业规模，常用本国（i 国）产业产量进行表示，即 Q_i，产业规模越大则本国产业竞争力越强；（2）产业规模全球占比 $Q_{iw} = 100\% \times Q_i / Q_w$，其中 Q_i 为 i 国产业生产规模，Q_w 为世界产业生产规模，产业规模全球占比越高，则本国产业竞争力越强。

第二类：侧重国际市场份额，即国际市场占有率、出口贡献率。（1）国际市场占有率衡量产业出口市场占有率的高低，该指标越高则表明该国产业竞争力越强。国际市场占有率 $MS = 100\% \times X_i / X_w$，其中，$X_i$ 为 i 国在该产业上的出口额；X_w 为全世界该产业的总出口额。（2）出口贡献率指本国产业出口量与该国贸易出口总量的比值，该指标越大则该产业的竞争优势越强。出口贡献率 $EX_i = X_i / X_{it}$，其中，X_i 为本国 i 产业的出口额，X_{it} 为本国所有产业的出口总额。

第三类：侧重产业出口比例，即显示性比较优势指数。显示性比较优势指数指某产业出口额占其本国出口总值的份额，与世界出口总额中该产业出口份额的比率，指数越高则产业国际竞争力越强。显示性比较优势指数 $RCA_i = (X_i / X_{it}) / (X_w / X_{wt})$，其中 X_i 为本国 i 产业的出口额；X_{it} 为本国所有产业的出口总额；X_w 为世界 i 产业的出口额；X_{wt} 为世界所有产业的出口总额。

第四类：侧重净出口比例，即贸易竞争力、显示性竞争优势。（1）贸易竞争力指数反映一国某产业进出口差额占进出口总额的份额，指数越大则竞争力越强。贸易竞争力指数 $NTB_i = (X_i - M_i) / (X_i + M_i)$，其中 X_i 为本国 i 产业的出口额；M_i 为本国 i 产业的进口额。（2）为综合判断出口和进口的比较优势，显示性竞争优势指数将产业出口的比较优势，与产业进口的比较优势进行相减，进而反映产业的竞争优势。同样，该指数越大则竞争力越强。显示性竞争优势指数 $CA = RCA - (M_i / M_{it}) / (M_w / M_{wt})$，其中 M_i 为本国 i 产业的进口额；M_{it} 为本国所有产业的总进口额；M_w 为全球 i 产业的进口总额；M_{wt} 为全球所有产业的进口总额。

为分析制造业国际竞争力的全球迭代，本部分依据上述四类七个竞争力评价指标，结合支撑数据的可获得性，对制造业及其细分类别的国际竞争力进行分析，即轻纺工业、资源加工工业、机械和电子制造业。不同类型的制造业，其要素禀赋和比较优势各不相同，依据制造业分类和部门（见表1-2），本部分分别选取轻纺工业、资源加工工业、机械和电子制造业的代表性产业进行分析，即服装产业、钢铁产业、汽车产业。另外，由于上一章"制造业的产业转移"部分中，已经使用产业规模指标（第一类），因此本部分使用侧重国际市场份额、侧重产业出口比例以及侧重出口和进口之间比较的国际竞争力指标。

3.2　中国制造业竞争力

本节选取出口贡献率 EX、显示性比较优势指数 RCA 以及显示性竞争优势指数 CA，从不同侧面分析中国制造业国际竞争力。

3.2.1　出口贡献率

出口贡献率可用本国产业出口额与该国贸易出口总额的比值来表示，该指标与产业国际竞争力正相关。1980~2020年主要国家制造业出口贡献率，如表3-2所示。由表可知，一方面从国内看，中国制造业出口贡献率均值为79.64%，出口贡献率从1990年的48.14%不断上升至2015年的峰值94.29%，在二十多年的时间里，中国制造业出口贡献率几乎翻了一倍，虽然在2015年后稍有下降，但仍保持在93%以上。制造业出口对中国外贸的贡献不断增长；另一方面从国际看，中国、德国、美国出口贡献率平均值分别为79.64%、86.24%和70.38%，中国制造业出口贡献率介于德国和美国之间，处于偏上水平。

表 3 - 2　　　　　　　1980～2020 年主要国家制造业出口贡献率

年份	中国制造业出口额（百万美元）	中国出口总额（百万美元）	德国制造业出口额（百万美元）	德国出口总额（百万美元）	美国制造业出口额（百万美元）	美国出口总额（百万美元）	中国 EX	德国 EX	美国 EX
1980	8712	18099	162075	192860	142239	225566	48.14	84.04	63.06
1981	10612	22007	147376	176047	155528	238715	48.22	83.71	65.15
1982	10102	22321	149429	176424	141824	216442	45.26	84.70	65.53
1983	10460	22226	142801	169417	134324	205639	47.06	84.29	65.32
1984	11852	26139	144823	171735	146094	223976	45.34	84.33	65.23
1985	9938	27350	157934	183933	148709	218815	36.34	85.86	67.96
1986	13506	30942	213070	243326	153463	227158	43.65	87.57	67.56
1987	22930	39437	259390	294369	178729	254122	58.14	88.12	70.33
1988	30047	47516	286496	323323	221840	322427	63.24	88.61	68.80
1989	36384	52538	302211	341231	250876	363812	69.25	88.56	68.96
1990	44312	62091	375651	421100	290486	393592	71.37	89.21	73.80
1991	54246	71910	354790	402843	318925	421730	75.44	88.07	75.62
1992	66756	84940	380110	430042	340466	448163	78.59	88.39	75.97
1993	73831	91744	298525	380096	356213	464773	80.48	78.54	76.64
1994	99524	121006	339707	426935	399065	512627	82.25	79.57	77.85
1995	125007	148780	453047	523461	450190	584743	84.02	86.55	76.99
1996	127259	151048	451296	524649	484541	625073	84.25	86.02	77.52
1997	155907	182792	444529	512891	553475	689182	85.29	86.67	80.31
1998	160342	183712	479533	543752	558070	682138	87.28	88.19	81.81
1999	172060	194931	473756	543539	575325	695797	88.27	87.16	82.69
2000	219859	249203	483239	551810	646421	781918	88.22	87.57	82.67
2001	235822	266098	501536	571645	602372	729100	88.62	87.74	82.62
2002	292561	325596	541801	615831	570952	693103	89.85	87.98	82.38
2003	396993	438228	655729	751560	589164	724771	90.59	87.25	81.29

年份	中国制造业出口额（百万美元）	中国出口总额（百万美元）	德国制造业出口额（百万美元）	德国出口总额（百万美元）	美国制造业出口额（百万美元）	美国出口总额（百万美元）	中国 EX	德国 EX	美国 EX
2004	542366	593326	793813	909887	617933	814875	91.41	87.24	75.83
2005	700342	761953	843945	970914	674359	901082	91.91	86.92	74.84
2006	895390	968978	952529	1108107	828620	1025967	92.41	85.96	80.76
2007	1136143	1220456	1140257	1321214	909276	1148199	93.09	86.30	79.19
2008	1331388	1430693	1234122	1446171	973394	1287442	93.06	85.34	75.61
2009	1124743	1201612	963894	1120041	724902	1056043	93.60	86.06	68.64
2010	1476532	1577754	1083241	1258924	871742	1278495	93.58	86.04	68.19
2011	1771858	1898381	1256343	1473985	968907	1482508	93.34	85.23	65.36
2012	1924928	2048714	1192824	1401113	1008787	1545703	93.96	85.13	65.26
2013	2077150	2209005	1234552	1445067	1020385	1579593	94.03	85.43	64.60
2014	2201686	2342293	1282023	1494214	1051799	1620532	94.00	85.80	64.90
2015	2143718	2273468	1146943	1326206	1007825	1502572	94.29	86.48	67.07
2016	1965697	2097632	1160534	1334355	968926	1451011	93.71	86.97	66.78
2017	2116384	2263346	1265106	1448191	1008054	1546273	93.51	87.36	65.19
2018	2324284	2486695	1364656	1560539	1050445	1663982	93.47	87.45	63.13
2019	2325156	2499457	1297800	1489412	1036401	1643161	93.03	87.14	63.07
2020	2422546	2589952	1194188	1382533	915224	1424935	93.54	86.38	64.23
均值	—	—	—	—	—	—	79.64	86.24	70.38

资料来源：《世界贸易组织》数据库。

3.2.2 显示性比较优势指数

中国制造业显示性比较优势指数，表示为中国制造业占中国出口总额的份额与世界制造业占世界出口总额份额的比值。该值大于 1，则具有国际竞争力，且指数越大，产业国际竞争力越强；反之，则相反。1980～2020 年，中国和德国制造业显示性比较优势指数，如表 3-3 所示。由表可知，一方面从国内看，中国制造业 RCA 从 1980 年的 0.90 逐步下降，至 1985 年 RCA 下降至 0.60，从 1986 年开始，中国制造业 RCA 总体呈上升趋势，并在 2012 年达到峰值 1.51，2012 年后，中国制造业 RCA 呈下降趋势，但一直保持在 1.3 以上。由此可见，中国制造业国际竞争力不断增强，与国内其他产业相比，制造业竞争优势大。另一方面从国际看，中国和德国制造业 RCA 均值分别为 1.18 和 1.29，德国制造业 RCA 均值高于中国，德国制造业的竞争力高于中国制造业，1980 年德国制造业显示性比较优势指数达到峰值 1.57 后，虽然德国制造业显示性比较优势指数总体呈下降趋势，但一直保持在 1.1 以上，德国制造业始终保持着旺盛的国际竞争力，且制造业出口额巨大，1980～2007 年，德国制造业出口额始终高于中国，2008 年，中国制造业出口额为 1331388 百万美元，高于德国的 1234122 百万美元，中国制造业出口额第一次在数量规模上超过德国，2009 年后，中国制造业出口额增速较快，远超德国。

表 3-3 　　　　1980～2020 年中国和德国制造业显示性比较优势指数

年份	世界制造业出口额（百万美元）	世界出口总额（百万美元）	中国制造业出口额（百万美元）	中国出口总额（百万美元）	德国制造业出口额（百万美元）	德国出口总额（百万美元）	中国 RCA	德国 RCA
1980	1092378	2036136	8712	18099	162075	192860	0.90	1.57
1981	1086262	2014387	10612	22007	147376	176047	0.89	1.55
1982	1047399	1885811	10102	22321	149429	176424	0.81	1.52
1983	1049654	1845977	10460	22226	142801	169417	0.83	1.48
1984	1134780	1955714	11852	26139	144823	171735	0.78	1.45
1985	1182381	1952890	9938	27350	157934	183933	0.60	1.42

续表

年份	世界制造业出口额（百万美元）	世界出口总额（百万美元）	中国制造业出口额（百万美元）	中国出口总额（百万美元）	德国制造业出口额（百万美元）	德国出口总额（百万美元）	中国 *RCA*	德国 *RCA*
1986	1426800	2138506	13506	30942	213070	243326	0.65	1.31
1987	1699778	2515500	22930	39437	259390	294369	0.86	1.30
1988	1982847	2868916	30047	47516	286496	323323	0.91	1.28
1989	2115527	3098920	36384	52538	302211	341231	1.01	1.30
1990	2391150	3489739	44312	62091	375651	421100	1.04	1.30
1991	2470460	3511359	54246	71910	354790	402843	1.07	1.25
1992	2668152	3779172	66756	84940	380110	430042	1.11	1.25
1993	2668378	3794694	73831	91744	298525	380096	1.14	1.12
1994	3097682	4328264	99524	121006	339707	426935	1.15	1.11
1995	3718846	5167620	125007	148780	453047	523461	1.17	1.20
1996	3852598	5406052	127259	151048	451296	524649	1.18	1.21
1997	4031275	5592319	155907	182792	444529	512891	1.18	1.20
1998	4122548	5503135	160342	183712	479533	543752	1.17	1.18
1999	4260117	5719381	172060	194931	473756	543539	1.19	1.17
2000	4689533	6454020	219859	249203	483239	551810	1.21	1.21
2001	4512734	6196440	235822	266098	501536	571645	1.22	1.20
2002	4751628	6500713	292561	325596	541801	615831	1.23	1.20
2003	5501386	7590832	396993	438228	655729	751560	1.25	1.20
2004	6624576	9222553	542366	593326	793813	909887	1.27	1.21
2005	7302724	10510292	700342	761953	843945	970914	1.32	1.25
2006	8263994	12131223	895390	968978	952529	1108107	1.36	1.26
2007	9533196	14031171	1136143	1220456	1140257	1321214	1.37	1.27
2008	10475820	16168351	1331388	1430693	1234122	1446171	1.44	1.32
2009	8379712	12563888	1124743	1201612	963894	1120041	1.40	1.29

年份	世界制造业出口额（百万美元）	世界出口总额（百万美元）	中国制造业出口额（百万美元）	中国出口总额（百万美元）	德国制造业出口额（百万美元）	德国出口总额（百万美元）	中国RCA	德国RCA
2010	9988931	15302513	1476532	1577754	1083241	1258924	1.43	1.32
2011	11518898	18339128	1771858	1898381	1256343	1473985	1.49	1.36
2012	11502948	18510920	1924928	2048714	1192824	1401113	1.51	1.37
2013	11859117	18959331	2077150	2209005	1234552	1445067	1.50	1.37
2014	12287237	19005917	2201686	2342293	1282023	1494214	1.45	1.33
2015	11226675	16556508	2143718	2273468	1146943	1326206	1.39	1.28
2016	11030438	16039355	1965697	2097632	1160534	1334355	1.36	1.26
2017	12006380	17742592	2116384	2263346	1265106	1448191	1.38	1.29
2018	13009950	19546006	2324284	2486695	1364656	1560539	1.40	1.31
2019	12749954	19004555	2325156	2499457	1297800	1489412	1.39	1.30
2020	12130889	17645180	2422546	2589952	1194188	1382533	1.36	1.26
均值	—	—	—	—	—	—	1.18	1.29

资料来源：《世界贸易组织》数据库。

3.2.3　显示性竞争优势指数

显示性竞争优势指数 CA 将出口和进口同时纳入考虑，该指数大于 0，则具有竞争力，且指数越大，产业国际竞争力越强。1980～2020 年，中国和美国制造业显示性竞争优势指数，如表 3-4 所示。由表可知，一方面从国内看，1980～2007 年，中国制造业显示性竞争优势指数有波动，但比较稳定，一直保持在 1 以上，2008 年，中国制造业显示性竞争优势指数为 0.99，首次低于 1，2008 年后，中国制造业显示性竞争优势指数总体呈下降趋势，并在 2019 年达到最低值 0.84，可见中国制造业竞争优

势越来越弱。另一方面从国际看，中国和美国制造业 CA 均值分别为1.04
和1.06，差距不显著，且40年间，美国制造业 CA 指数只有个别年份小
于1，始终比较稳定，保持着较强的竞争优势。

表3－4 　　　1980～2020年中国和美国制造业显示性竞争优势指数

年份	世界制造业进口额（百万美元）	世界进口总额（百万美元）	中国制造业进口额（百万美元）	中国进口总额（百万美元）	美国制造业进口额（百万美元）	美国进口总额（百万美元）	中国 CA	美国 CA
1980	1110747	2077186	12204	19941	124231	256985	1.14	0.90
1981	1139299	2070487	12750	22014	142098	273352	1.05	0.94
1982	1098538	1943873	9774	19285	145214	254884	0.90	1.01
1983	1101159	1891558	12658	21390	163188	269878	1.02	1.04
1984	1190462	2015655	18116	27410	223573	346363	1.12	1.09
1985	1214057	2015516	33149	42252	250865	352463	1.30	1.18
1986	1496811	2207607	32793	42904	285887	382294	1.13	1.10
1987	1783184	2583723	35215	43216	316935	424443	1.18	1.08
1988	2061026	2965273	43709	55268	351327	459543	1.14	1.10
1989	2198937	3205459	45672	59142	366477	492922	1.13	1.08
1990	2441731	3599975	42385	53345	375655	516987	1.17	1.07
1991	2566661	3628449	51557	63791	380009	508363	1.14	1.06
1992	2771528	3900517	64683	80585	419564	553923	1.13	1.07
1993	2745908	3894426	87167	103959	465250	603438	1.19	1.09
1994	3148030	4428573	96735	115615	539643	689215	1.18	1.10
1995	3780177	5285272	104138	132084	607758	770852	1.10	1.10
1996	3931412	5547270	109638	138833	634169	822025	1.11	1.09
1997	4111691	5738660	109632	142370	698953	899020	1.07	1.09
1998	4220658	5682580	113054	140237	757526	944353	1.09	1.08
1999	4385287	5926281	132766	165699	842838	1059440	1.08	1.08

续表

年份	世界制造业进口额（百万美元）	世界进口总额（百万美元）	中国制造业进口额（百万美元）	中国进口总额（百万美元）	美国制造业进口额（百万美元）	美国进口总额（百万美元）	中国CA	美国CA
2000	4877403	6647491	169883	225094	968207	1259300	1.03	1.05
2001	4697288	6406946	189921	243553	905511	1179180	1.06	1.05
2002	4973474	6656539	236808	295170	933889	1200230	1.07	1.04
2003	5694760	7771071	328569	412760	989924	1303050	1.09	1.04
2004	6930580	9473361	428266	561229	1133615	1525680	1.04	1.02
2005	7639406	10785263	493141	659953	1238484	1732706	1.05	1.01
2006	8598619	12369998	579502	791461	1350217	1918077	1.05	1.01
2007	9943123	14270313	677516	956116	1409462	2020403	1.02	1.00
2008	10843017	16498528	733474	1132567	1416729	2169487	0.99	0.99
2009	8690382	12716437	675172	1005923	1121501	1605296	0.98	1.02
2010	10371558	15439739	894290	1396247	1368999	1969184	0.95	1.03
2011	12014533	18439603	1032932	1743484	1524320	2266024	0.91	1.03
2012	12026907	18665075	1058866	1818405	1618919	2336524	0.90	1.08
2013	12389170	18970849	1135562	1949990	1649630	2329060	0.89	1.08
2014	12770291	19065825	1179177	1959233	1752184	2412547	0.90	1.08
2015	11991062	16737067	1077619	1679566	1810977	2315301	0.90	1.09
2016	11876877	16210510	1029935	1587925	1775195	2250154	0.89	1.08
2017	13020062	17996159	1152039	1843792	1871902	2408476	0.86	1.07
2018	14014590	19840118	1303187	2135748	2016348	2614221	0.86	1.09
2019	13787298	19316692	1240245	2078386	1994266	2567445	0.84	1.09
2020	13028454	17871990	1289467	2065964	1891603	2406932	0.86	1.08
均值	—	—	—	—	—	—	1.04	1.06

资料来源：《世界贸易组织》数据库。

综合出口贡献率、显示性比较优势指数和显示性竞争优势指数，2020年中国制造业出口贡献率为93.54，且出口贡献率介于德国和美国之间；从1986年开始，中国制造业显示性比较优势指数总体呈上升趋势，并在2012年达到峰值1.51，2012年后，中国制造业 RCA 虽然呈下降趋势，但一直保持在1.3以上，有比较优势；中国制造业显示性竞争优势指数2019年下降至0.84，而同时期的美国制造业 CA 指数为1.09，与美国相比，中国制造业竞争优势相对小。由此可见，中国制造业出口规模不断扩大，但近年来，中国制造业竞争力有所下降，如何保持和提高制造业的竞争力，是当前中国制造业发展的突破口。

3.3 中国服装产业竞争力

依据显示性比较优势指数 RCA 以及贸易竞争力 NTB，从不同侧面分析中国服装产业国际竞争力指标（见表3-1），分别选取出口贡献率 EX、显示性比较优势指数 RCA 和贸易竞争力指数 NTB。

3.3.1 出口贡献率

出口贡献率可用本国产业出口额与该国贸易出口总额的比值来表示，该指标与产业国际竞争力正相关。按照2020年，全球服装产量前三的国家，即中国、德国和印度，分别比较三国的出口贡献率。1990～2020年，三大产服装国的服装产业出口贡献率，如表3-5所示。由表可知，1990～2020年的三十年间，一方面从国内看，中国钢铁产业出口贡献率均值为0.12，出口贡献率从1990年的0.16上升至1994年的峰值0.20，之后总体呈下降趋势，2020年降至0.05，服装产业出口对中国外贸的贡献不断下降；另一方面从国际看，全球前三服装生产国中国、德国、印度的服装产业出口贡献率平均值分别为 0.12、0.01 和 0.10，中国服装产业出口贡献率显著偏高。以 2020 年为例，虽然中国服装产业出口额分别是德国和印度的 6.03 倍和 10.9 倍，但出口贡献率仅为德国和印度的 2.5 倍和 1 倍。

表 3-5　　　1990～2020 年三大产服装国的服装产业出口贡献率

年份	中国服装出口（百万美元）	中国出口总额（百万美元）	德国服装出口（百万美元）	德国出口总额（百万美元）	印度服装出口（百万美元）	印度出口总额（百万美元）	中国 EX	德国 EX	印度 EX
1990	9669	62091	7882	421100	2530	17969	0.16	0.02	0.14
1991	12245	71910	7490	402843	2527	17727	0.17	0.02	0.14
1992	16704	84940	8354	430042	3099	19628	0.20	0.02	0.16
1993	18441	91744	5595	380096	2970	21572	0.20	0.01	0.14
1994	23731	121006	5669	426935	3701	25022	0.20	0.01	0.15
1995	24049	148780	7530	523461	4110	30630	0.16	0.01	0.13
1996	25034	151048	7574	524649	4217	33105	0.17	0.01	0.13
1997	31803	182792	7508	512891	4343	35008	0.17	0.01	0.12
1998	30048	183712	8032	543752	4782	33437	0.16	0.01	0.14
1999	30078	194931	7776	543539	5153	35667	0.15	0.01	0.14
2000	36071	249203	7320	551810	5965	42379	0.14	0.01	0.14
2001	36650	266098	7444	571645	5488	43361	0.14	0.01	0.13
2002	41302	325596	8338	615831	5832	49250	0.13	0.01	0.12
2003	52061	438228	10103	751560	6315	58963	0.12	0.01	0.11
2004	61856	593326	11887	909887	6926	76649	0.10	0.01	0.09
2005	74163	761953	12394	970914	8739	99616	0.10	0.01	0.09
2006	95379	968978	13910	1108107	9564	121808	0.10	0.01	0.08
2007	115520	1220456	16717	1321214	9930	150159	0.09	0.01	0.07
2008	120405	1430693	18749	1446171	10968	194828	0.08	0.01	0.06

续表

年份	中国服装出口（百万美元）	中国出口总额（百万美元）	德国服装出口（百万美元）	德国出口总额（百万美元）	印度服装出口（百万美元）	印度出口总额（百万美元）	中国 EX	德国 EX	印度 EX
2009	107264	1201612	16978	1120041	12005	164909	0.09	0.02	0.07
2010	129820	1577754	17303	1258924	11229	226351	0.08	0.01	0.05
2011	153774	1898381	19461	1473985	14672	302905	0.08	0.01	0.05
2012	159614	2048714	17473	1401113	13833	296828	0.08	0.01	0.05
2013	177435	2209005	18575	1445067	16843	314848	0.08	0.01	0.05
2014	186613	2342293	19790	1494214	17650	322694	0.08	0.01	0.05
2015	174573	2273468	16954	1326206	18168	267951	0.08	0.01	0.07
2016	158180	2097632	17353	1334355	17932	264542	0.08	0.01	0.07
2017	157464	2263346	21084	1448191	18313	299241	0.07	0.01	0.06
2018	158212	2486695	24250	1560539	16552	324778	0.06	0.02	0.05
2019	151784	2499457	24561	1489412	17160	324340	0.06	0.02	0.05
2020	141587	2589952	23491	1382533	12973	276410	0.05	0.02	0.05
均值	—	—	—	—	—	—	0.12	0.01	0.10

资料来源：《世界贸易组织》数据库。

3.3.2 显示性比较优势指数

中国服装产业显示性比较优势指数，表示为中国服装产业占中国出口总额的份额，与世界服装产业占世界出口总额份额的比值。该值大于1，则具有国际竞争力，且指数越大，产业国际竞争力越强；反之，则反之。按照2020年全球服装产量前两位的国家，即中国和德国，分别比较两国服装产业的显示性比较优势指数。1990～2020年，中国和德国服装产业显示性比较优势指数，如表3-6所示。由表可知，一方面从国内看，中国服装产业 RCA 从1990年的5.03逐步提升，1994年达到峰值6.03，之后主要呈现下降趋势，2020 年进一步跌落至 2.15，由此可见，中国服装产业国际竞争力不断走低，与国内其他产业相比，服装产业竞争优势不再具备。另一方面从国际看，中国和德国服装产业 RCA 均值分别为 4.03 和 0.51，相差近 8 倍。2020 年，德国服装产业显示性比较优势指数达到峰值 0.67。虽然中国服装出口额远超德国，但德国服装产业的国际竞争力主要呈现不断提升的趋势，中国却从 1994 年的峰值 6.03 不断跌落至 2020 年的 2.15。

表 3 - 6　　1990~2020 年中国和德国服装产业显示性比较优势指数

年份	世界服装出口（百万美元）	世界出口总额（百万美元）	中国服装出口（百万美元）	中国出口总额（百万美元）	德国服装出口（百万美元）	德国出口总额（百万美元）	中国 RCA	德国 RCA
1990	108129	3489739	9669	62091	7882	421100	5.03	0.60
1991	117160	3511359	12245	71910	7490	402843	5.10	0.56
1992	132106	3779172	16704	84940	8354	430042	5.63	0.56
1993	128792	3794694	18441	91744	5595	380096	5.92	0.43
1994	140757	4328264	23731	121006	5669	426935	6.03	0.41
1995	158353	5167620	24049	148780	7530	523461	5.27	0.47
1996	166077	5406052	25034	151048	7574	524649	5.39	0.47
1997	177616	5592319	31803	182792	7508	512891	5.48	0.46
1998	185963	5503135	30048	183712	8032	543752	4.84	0.44
1999	184587	5719381	30078	194931	7776	543539	4.78	0.44
2000	197723	6454020	36071	249203	7320	551810	4.72	0.43
2001	194364	6196440	36650	266098	7444	571645	4.39	0.42
2002	203726	6500713	41302	325596	8338	615831	4.05	0.43
2003	233281	7590832	52061	438228	10103	751560	3.87	0.44
2004	260436	9222553	61856	593326	11887	909887	3.69	0.46
2005	278465	10510292	74163	761953	12394	970914	3.67	0.48

年份	世界服装出口（百万美元）	世界出口总额（百万美元）	中国服装出口（百万美元）	中国出口总额（百万美元）	德国服装出口（百万美元）	德国出口总额（百万美元）	中国RCA	德国RCA
2006	310876	12131223	95379	968978	13910	1108107	3.84	0.49
2007	349061	14031171	115520	1220456	16717	1321214	3.80	0.51
2008	365091	16168351	120405	1430693	18749	1446171	3.73	0.57
2009	318214	12563888	107264	1201612	16978	1120041	3.52	0.60
2010	354819	15302513	129820	1577754	17303	1258924	3.55	0.59
2011	419432	18339128	153774	1898381	19461	1473985	3.54	0.58
2012	415785	18510920	159614	2048714	17473	1401113	3.47	0.56
2013	452983	18959331	177435	2209005	18575	1445067	3.36	0.54
2014	483908	19005917	186613	2342293	19790	1494214	3.13	0.52
2015	453391	16556508	174573	2273468	16954	1326206	2.80	0.47
2016	445015	16039355	158180	2097632	17353	1334355	2.72	0.47
2017	465272	17742592	157464	2263346	21084	1448191	2.65	0.56
2018	494388	19546006	158212	2486695	24250	1560539	2.52	0.61
2019	494254	19004555	151784	2499457	24561	1489412	2.34	0.63
2020	448961	17645180	141587	2589952	23491	1382533	2.15	0.67
均值	—	—	—	—	—	—	4.03	0.51

资料来源：《世界贸易组织》数据库。

3.3.3 贸易竞争力指数

贸易竞争力指数 NTB 将出口和进口同时纳入考虑，指数越大则产业国际竞争力越强。同样按照 2020 年全球服装产量前两位的国家，即中国和德国，分别比较两国服装产业的贸易竞争力指数。1990～2020 年，中国和德国服装产业贸易竞争力指数，如表 3-7 所示，由表可知，一方面从国内看，中国服装产业贸易竞争力指数从 1990 年的 0.99 下滑至 1996 年的 0.92，又从 1997 年的 0.93 上升至 2009 年的 0.97，最后呈现下滑趋势，到 2020 年跌落至低谷 0.87，可见中国服装产业竞争优势越来越弱。另一方面从国际看，中国和德国服装产业 NTB 均值分别为 0.87 和 -0.24，差距显著。且 30 年间，德国服装产业 NTB 指数一直是负数，竞争优势始终较弱。以 2020 年为例，中国和德国服装出口额分别为 141587 百万美元和 23491 百万美元，虽然中国服装出口额全球第一，且远超德国，但综合 NTB 指数看，中国服装产业贸易竞争力呈现下降趋势，而德国呈现上升趋势。

表 3 - 7　　　　1990 ~ 2020 年中国和德国服装产业贸易竞争力指数

年份	中国服装出口额（百万美元）	中国服装进口额（百万美元）	德国服装出口额（百万美元）	德国服装进口额（百万美元）	中国 NTB	德国 NTB
1990	9669	48	7882	20411	0.99	- 0.44
1991	12245	61	7490	24051	0.99	- 0.53
1992	16704	439	8354	24848	0.95	- 0.50
1993	18441	552	5595	21775	0.94	- 0.59
1994	23731	622	5669	22291	0.95	- 0.59
1995	24049	969	7530	24550	0.92	- 0.53
1996	25034	1044	7574	24642	0.92	- 0.53
1997	31803	1117	7508	22850	0.93	- 0.51
1998	30048	1072	8032	23099	0.93	- 0.48
1999	30078	1102	7776	21463	0.93	- 0.47
2000	36071	1192	7320	20183	0.94	- 0.47
2001	36650	1274	7444	19330	0.93	- 0.44
2002	41302	1356	8338	19646	0.94	- 0.40
2003	52061	1422	10103	22842	0.95	- 0.39
2004	61856	1542	11887	24850	0.95	- 0.35

续表

年份	中国服装出口额（百万美元）	中国服装进口额（百万美元）	德国服装出口额（百万美元）	德国服装进口额（百万美元）	中国 NTB	德国 NTB
2005	74163	1629	12394	25155	0.96	-0.34
2006	95379	1724	13910	27242	0.96	-0.32
2007	115520	1976	16717	30608	0.97	-0.29
2008	120405	2282	18749	33453	0.96	-0.28
2009	107264	1842	16978	31525	0.97	-0.30
2010	129820	2518	17303	32290	0.96	-0.30
2011	153774	4012	19461	38812	0.95	-0.33
2012	159614	4525	17473	33812	0.94	-0.32
2013	177435	5339	18575	35801	0.94	-0.32
2014	186613	6169	19790	38107	0.94	-0.32
2015	174573	6569	16954	34681	0.93	-0.34
2016	158180	6444	17353	35415	0.92	-0.34
2017	157464	7264	21084	37484	0.91	-0.28
2018	158212	8288	24250	40131	0.90	-0.25
2019	151784	8940	24561	39349	0.89	-0.23
2020	141587	9498	23491	38426	0.87	-0.24
均值	—	—	—	—	0.94	-0.39

资料来源：《世界贸易组织》数据库。

综合出口贡献率、显示性比较优势指数和贸易竞争力指数，中国服装产业出口贡献率由 1990 年的 0.16 跌落至 2020 年的 0.05（峰值为 1992～1994 年连续三年的 0.20），且 1990～2020 年的出口贡献率均值为德国和印度的 12 倍和 1.2 倍；中国服装产业显示性比较优势指数由 1990 年的 5.03 跌落至 2020 年的 2.15（RCA > 2.5，则具有极强国际竞争力；1.25≤ RCA≤2.5，则具有较强国际竞争力），且峰值为 1994 年的 6.03。对比发现，中国和德国服装产业 1990~2020 年 *RCA* 均值分别为 4.03 和 0.51，相差近 8 倍，相对于德国，中国服装产业国际竞争较强；中国服装产业贸易竞争力指数由 1990 年的 0.99 跌至 2020 年 0.87（*NTB* 越接近 1 则竞争力越大），且峰值为 1990 年和 1991 年连续两年的 0.99。对比发现，中国和德国服装产业 1990~2020 年 *NTB* 均值分别为 0.94 和 -0.39，两者相差甚远。

　　由此可见，虽然中国服装产业的竞争力相对于其他国家仍很强，但中国服装产业的竞争力呈现下降趋势。一方面，与德国相比，虽然中国服装产业出口贡献率、显示性比较优势指数、贸易竞争力指数三个重要国际竞争力指标全部大幅度领先于德国服装产业，但是中国服装产业的出口贡献率、显示性比较优势指数、贸易竞争力指数三个重要国际竞争力指标的下降幅度远远大于德国；另一方面，分析中国服装产业竞争力指标发现，历经几十年发展，虽然中国显示性比较优势指数一直大于 1，而且贸易竞争力指数一直大于 0.8，但都是呈现下降趋势，中国服装产业的竞争力不断减弱。通过国内外的竞争力比较可知，中国服装产业的国际竞争力很强，但是需要采取一定的措施改变中国服装产业竞争力不断下降的趋势，使其长期保持较强的国际竞争力。

3.4　中国钢铁产业竞争力

　　依据表 3 - 1 中三类指标，即国际市场份额、产业出口比例、出口和进口比较，分别选取出口贡献率 *EX*、显示性比较优势指数 *RCA*，以及显示性竞争优势指数 *CA*，从不同侧面分析中国钢铁产业国际竞争力。

3.4.1　出口贡献率

　　出口贡献率可用本国产业出口额与该国贸易出口总额的比值来表示，

该指标与产业国际竞争力正相关。按照2021年全球钢铁产量前三的国家，即中国、印度和日本，分别比较三国的出口贡献率。1990～2020年，三大产钢国的钢铁产业出口贡献率，如表3-8所示。由表可知，1990～2020年的30年间，一方面从国内看，中国钢铁产业出口贡献率均值为2.42，出口贡献率从1990年的2.06不断上升至2008年的峰值4.96，之后逐步下降，2020年降至1.79。钢铁产业出口对中国外贸的贡献不断下降；另一方面从国际看，全球前三钢铁生产国中国、印度、日本钢铁产业出口贡献率平均值分别为2.42、3.8和4.49，中国钢铁产业出口贡献率显著偏低。以2020年为例，虽然中国钢铁产业出口额分别是日本和印度的1.93倍和3.7倍，但出口贡献率仅为日本和印度的0.48倍和0.39倍。

表3-8　　　　　1990～2020年三大产钢国的钢铁产业出口贡献率

年份	中国钢铁出口额（百万美元）	中国出口总额（百万美元）	印度钢铁出口额（百万美元）	印度出口总额（百万美元）	日本钢铁出口额（百万美元）	日本出口总额（百万美元）	中国EX	印度EX	日本EX
1990	1282	62091	242	17969	12527	287581	2.06	1.35	4.36
1991	1669	71910	319	17727	13628	314786	2.32	1.8	4.33
1992	1321	84940	499	19628	13346	339885	1.56	2.54	3.93
1993	1058	91744	771	21572	14499	362244	1.15	3.57	4
1994	1654	121006	699	25022	14860	397005	1.37	2.79	3.74
1995	5225	148780	941	30630	17537	443116	3.51	3.07	3.96
1996	3634	151048	984	33105	15201	410901	2.41	2.97	3.7
1997	4464	182792	1167	35008	15948	420957	2.44	3.33	3.79
1998	3288	183712	807	33437	14867	387927	1.79	2.41	3.83
1999	2659	194931	1010	35667	13459	417610	1.36	2.83	3.22
2000	4391	249203	1323	42379	14833	479249	1.76	3.12	3.1
2001	3152	266098	1106	43361	13569	403496	1.18	2.55	3.36

年份	中国钢铁出口额（百万美元）	中国出口总额（百万美元）	印度钢铁出口额（百万美元）	印度出口总额（百万美元）	日本钢铁出口额（百万美元）	日本出口总额（百万美元）	中国 EX	印度 EX	日本 EX
2002	3322	325596	1717	49250	15504	416726	1.02	3.49	3.72
2003	4813	438228	2679	58963	17870	471817	1.1	4.54	3.79
2004	13878	593326	4116	76649	23292	565675	2.34	5.37	4.12
2005	19278	761953	5364	99616	27505	594941	2.53	5.38	4.62
2006	32519	968978	6582	121808	29937	646725	3.36	5.4	4.63
2007	51531	1220456	8194	150159	34395	714327	4.22	5.46	4.82
2008	70951	1430693	11217	194828	44106	781412	4.96	5.76	5.64
2009	23660	1201612	6471	164909	31145	580719	1.97	3.92	5.36
2010	39565	1577754	10612	226351	41974	769774	2.51	4.69	5.45
2011	55462	1898381	10471	302905	46578	823184	2.92	3.46	5.66
2012	53833	2048714	10885	296828	43787	798568	2.63	3.67	5.48
2013	54689	2209005	12725	314848	38868	715097	2.48	4.04	5.44
2014	72260	2342293	11540	322694	37379	690203	3.09	3.58	5.42
2015	63829	2273468	8289	267951	30314	624921	2.81	3.09	4.85
2016	55321	2097632	8245	264542	26182	645052	2.64	3.12	4.06
2017	55756	2263346	13905	299241	29289	698329	2.46	4.65	4.19
2018	62668	2486695	12147	324778	31176	738143	2.52	3.74	4.22
2019	55161	2499457	12064	324340	28196	705564	2.21	3.72	4
2020	46475	2589952	12562	276410	24129	641319	1.79	4.54	3.76
均值	—	—	—	—	—	—	2.42	3.8	4.49

资料来源：《世界贸易组织》数据库。

3.4.2　显示性比较优势指数

中国钢铁产业显示性比较优势指数，表示为中国钢铁产业占中国出口总额的份额与世界钢铁产业占世界出口总额份额的比值。该值大于1，则具有国际竞争力，且指数越大，产业国际竞争力越强；反之，则反之。按照 2021 年全球钢铁净出口前两位的国家，即中国和日本，分别比较两国钢铁产业的显示性比较优势指数。1990 ~ 2020 年，中国和日本钢铁产业显示性比较优势指数，如表 3 - 9 所示。由表可知，一方面从国内看，中国钢铁产业 RCA 从 1990 年的 0.68 逐步提升，至 1995 年 RCA 超过 1 且达到 1.17，2008 年达到峰值 1.36，之后逐年下降，2020 年进一步跌落至 0.87，由此可见，中国钢铁产业国际竞争力不断走低，与国内其他产业相比，钢铁产业竞争优势不再具备。另一方面从国际看，中国和日本钢铁产业 RCA 均值分别为 0.91 和 1.72，相差近一倍。2013 年，日本钢铁产业显示性比较优势指数达到峰值 2.28。虽然中国钢铁出口额远超日本，但日本钢铁产业始终保持着旺盛的国际竞争力（30 年来始终大于 1.3），中国却从 2008 年的峰值 1.36 不断跌落至 0.87。

表 3 - 9   1990 ~ 2020 年中国和日本钢铁产业显示性比较优势指数

年份	世界钢铁出口额（百万美元）	世界出口总额（百万美元）	日本钢铁出口额（百万美元）	日本出口总额（百万美元）	中国钢铁出口额（百万美元）	中国出口总额（百万美元）	日本 RCA	中国 RCA
1990	105789	3489739	12527	287581	1282	62091	1.44	0.68
1991	103457	3511359	13628	314786	1669	71910	1.47	0.79
1992	103895	3779172	13346	339885	1321	84940	1.43	0.57
1993	106843	3794694	14499	362244	1058	91744	1.42	0.41
1994	122010	4328264	14860	397005	1654	121006	1.33	0.48
1995	154862	5167620	17537	443116	5225	148780	1.32	1.17
1996	141915	5406052	15201	410901	3634	151048	1.41	0.92
1997	147010	5592319	15948	420957	4464	182792	1.44	0.93
1998	144051	5503135	14867	387927	3288	183712	1.46	0.68
1999	124484	5719381	13459	417610	2659	194931	1.48	0.63

续表

年份	世界钢铁出口额（百万美元）	世界出口总额（百万美元）	日本钢铁出口额（百万美元）	日本出口总额（百万美元）	中国钢铁出口额（百万美元）	中国出口总额（百万美元）	日本RCA	中国RCA
2000	141563	6454020	14833	479249	4391	249203	1.41	0.8
2001	131147	6196440	13569	403496	3152	266098	1.59	0.56
2002	143951	6500713	15504	416726	3322	325596	1.68	0.46
2003	182083	7590832	17870	471817	4813	438228	1.58	0.46
2004	269382	9222553	23292	565675	13878	593326	1.41	0.8
2005	316470	10510292	27505	594941	19278	761953	1.54	0.84
2006	375338	12131223	29937	646725	32519	968978	1.5	1.08
2007	479301	14031171	34395	714327	51531	1220456	1.41	1.24
2008	588219	16168351	44106	781412	70951	1430693	1.55	1.36
2009	326017	12563888	31145	580719	23660	1201612	2.07	0.76
2010	422105	15302513	41974	769774	39565	1577754	1.98	0.91
2011	525711	18339128	46578	823184	55462	1898381	1.97	1.02
2012	482478	18510920	43787	798568	53833	2048714	2.1	1.01
2013	451128	18959331	38868	715097	54689	2209005	2.28	1.04
2014	470719	19005917	37379	690203	72260	2342293	2.19	1.25
2015	378917	16556508	30314	624921	63829	2273468	2.12	1.23
2016	343627	16039355	26182	645052	55321	2097632	1.89	1.23
2017	415641	17742592	29289	698329	55756	2263346	1.79	1.05
2018	470243	19546006	31176	738143	62668	2486695	1.76	1.05
2019	420092	19004555	28196	705564	55161	2499457	1.81	1
2020	365499	17645180	24129	641319	46475	2589952	1.82	0.87
均值	—	—	—	—	—	—	1.72	0.91

资料来源：《世界贸易组织》数据库。

3.4.3 显示性竞争优势指数

显示性竞争优势指数 CA 将出口和进口同时纳入考虑，该指数大于 0，则具有竞争力，且指数越大，产业国际竞争力越强。同样按照 2021 年全球钢铁净出口前两位的国家，即中国和日本，分别比较两国钢铁产业的显示性竞争优势指数。1990~2020 年，中国和日本钢铁产业显示性竞争优势指数，如表 3-10 所示。由表可知，一方面从国内看，中国钢铁产业显示性竞争优势指数从 1990 年的 -1.03，直至 2006 年才由负转正达到 0.21，2014 年达到峰值 0.8，近年来趋于下降，2020 年由正转负跌至 -0.05，可见中国钢铁产业竞争优势越来越弱。另一方面从国际看，中国和日本钢铁产业 CA 均值分别为 -0.45 和 1.24，差距显著。且 30 年间，日本钢铁产业 CA 指数从未低于 0.7，始终保持着较强的竞争优势。以 2021 年为例，中国和日本钢铁净出口分别为 3840 万吨和 2830 万吨，虽中国钢铁净出口全球第一，且远超日本，但综合 CA 指数看，中国钢铁产业竞争力已跌入负值区间。

表 3-10 1990~2020 年中国和日本钢铁产业显示性竞争优势指数

年份	世界钢铁进口额（百万美元）	世界进口总额（百万美元）	日本钢铁进口额（百万美元）	日本进口总额（百万美元）	中国钢铁进口额（百万美元）	中国进口总额（百万美元）	日本 CA	中国 CA
1990	112402	3599975	4566	235368	2852	53345	0.82	-1.03
1991	111896	3628449	5484	236999	2694	63791	0.72	-0.58
1992	112403	3900517	3754	233246	4431	80585	0.87	-1.34
1993	114781	3894426	4032	241624	12682	103959	0.86	-3.73
1994	129780	4428573	4029	275235	9438	115615	0.83	-2.3
1995	164409	5285272	5813	335882	6878	132084	0.76	-0.5

续表

年份	世界钢铁进口额（百万美元）	世界进口总额（百万美元）	日本钢铁进口额（百万美元）	日本进口总额（百万美元）	中国钢铁进口额（百万美元）	中国进口总额（百万美元）	日本CA	中国CA
1996	150972	5547270	4448	349152	7243	138833	0.94	−1
1997	156430	5738660	4421	338754	6663	142370	0.96	−0.79
1998	154774	5682580	3198	280484	6489	140237	1.05	−1.02
1999	134335	5926281	2952	309995	7495	165699	1.06	−1.37
2000	151230	6647491	3657	379511	9689	225094	0.99	−1.09
2001	141232	6406946	2780	349089	10749	243553	1.23	−1.44
2002	153265	6656539	2437	337194	13599	295170	1.37	−1.54
2003	190601	7771071	3325	382930	22034	412760	1.22	−1.72
2004	285552	9473361	5571	454542	23387	561229	1	−0.58
2005	333412	10785263	7229	515866	26341	659953	1.08	−0.45
2006	385108	12369998	6519	579064	21618	791461	1.13	0.21
2007	501110	14270313	8352	622243	24145	956116	1.03	0.52
2008	612639	16498528	11481	762534	27149	1132567	1.15	0.72
2009	345008	12716437	5328	551981	26476	1005923	1.71	−0.21
2010	431714	15439739	8701	694059	25054	1396247	1.53	0.27
2011	552502	18439603	11862	855380	27165	1743484	1.51	0.5
2012	492320	18665075	10109	885843	22826	1818405	1.67	0.53
2013	461905	18970849	8213	833166	21443	1949990	1.88	0.59
2014	486177	19065825	9321	812208	22471	1959233	1.74	0.8
2015	396221	16737067	6972	648117	19455	1679566	1.67	0.74
2016	350842	16210510	6500	607728	18265	1587925	1.4	0.7
2017	425666	17996159	8200	672096	22588	1843792	1.27	0.53
2018	480836	19840118	9220	748488	24182	2135748	1.25	0.58
2019	431652	19316692	8697	720957	25364	2078386	1.27	0.45
2020	369480	17871990	6611	635460	39091	2065964	1.31	−0.05
均值	—	—	—	—	—	—	1.24	−0.45

资料来源：《世界贸易组织》数据库。

综合出口贡献率、显示性比较优势指数和显示性竞争优势指数，中国钢铁产业出口贡献率由 1990 年的 2.06 跌落至 2020 年的 1.79（峰值为 2008 年的 4.96），且 1990～2020 年的出口贡献率均值仅为日本和印度的 0.54 倍和 0.64 倍；中国钢铁产业显示性比较优势指数由 1990 年的 0.68 上涨至 2020 年的 0.87（小于 1 则为劣势），且峰值为 2008 年的 1.36。对比发现，中国和日本钢铁产业 1990～2020 年 RCA 均值分别为 0.91 和 1.72，相差近一倍，相对于日本，中国钢铁产业国际竞争力显著偏弱；中国钢铁产业显示性竞争优势指数由 1990 年的 -1.03 升至 2020 年的 -0.05（小于 0 则为劣势），且峰值为 2014 年的 0.8。对比发现，中国和日本钢铁产业 1990～2020 年 CA 均值分别为 -0.45 和 1.24，两者相差甚远。

由此可见，虽然中国成为全球第一产钢大国，钢铁产业甚至超过全球半壁江山，但仍不属于顶级的钢铁强国。一方面，与钢铁强国日本相比，中国钢铁产业出口贡献率、显示性比较优势指数、显示性竞争优势指数三个重要国际竞争力指标全部大幅度落后于日本钢铁产业；另一方面，分析中国钢铁产业竞争力指标发现，虽历经几十年发展，但显示性比较优势指数仍然小于 1，而显示性竞争优势指数仍然小于 0。通过国内外的竞争力比较可知，中国钢铁产业竞争力堪忧，产业竞争力可持续问题凸显。

3.5　中国汽车产业竞争力

根据表 3-1 中三类指标，即国际市场份额、产业出口比例、出口和进口比较，分别选取出口贡献率 EX、显示性比较优势指数 RCA、和显示性竞争优势指数 CA，从不同方面分析中国汽车产业国际竞争力。

3.5.1　出口贡献率

出口贡献率可用本国产业出口额与该国贸易出口总额的比值来表示，

该指标与产业国际竞争力正相关。按照 2021 年全球汽车产量前三的国家，即中国、美国和日本，分别比较三国的出口贡献率。1990～2020 年，三大产钢国的汽车产业出口贡献率，如表 3 - 11 所示。由表可知，1990～2020 年的 30 年间，一方面从国内看，中国汽车产业出口贡献率均值为1.31，出口贡献率从 1990 年的 0.42 不断上升至 2018 年的峰值 2.44，之后逐步下降，2020 年降至 2.24。汽车产业出口对中国外贸的贡献不断上升；另一方面从国际看，全球前三的汽车生产国中国、美国、日本的汽车产业出口贡献率平均值分别为 1.31、8.76 和 20.73，中国汽车产业出口贡献率显著偏低。以 2020 年为例，虽然中国汽车产业出口额分别是日本和美国的 0.53 倍和 0.47 倍，但出口贡献率仅为日本和印度的 0.20 倍和0.06 倍。

表 3 - 11　　　　1990～2020 年三大产车国的汽车产业出口贡献率

年份	中国汽车出口（百万美元）	中国出口总额（百万美元）	美国汽车出口（百万美元）	美国出口总额（百万美元）	日本汽车出口（百万美元）	日本出口总额（百万美元）	中国 EX	美国 EX	日本 EX
1990	258	62091	32547	393592	66195	287581	0.42	8.27	23.02
1991	411	71910	35140	421730	70492	314786	0.57	8.33	22.39
1992	265	84940	40551	448163	78239	339885	0.31	9.05	23.02
1993	358	91744	44480	464773	80131	362244	0.39	9.57	22.12
1994	426	121006	49614	512627	82435	397005	0.35	9.68	20.76
1995	621	148780	52505	584743	80680	443116	0.42	8.98	18.21
1996	592	151048	54968	625073	75012	410901	0.39	8.79	18.26
1997	732	182792	61463	689182	79918	420957	0.40	8.92	18.98
1998	796	183712	61059	682138	77605	387927	0.43	8.95	20.01
1999	1040	194931	62923	695797	82733	417610	0.53	9.04	19.81
2000	1581	249203	67195	781918	88087	479249	0.63	8.59	18.38
2001	1892	266098	63418	729100	80316	403496	0.71	8.70	19.91

续表

年份	中国汽车出口（百万美元）	中国出口总额（百万美元）	美国汽车出口（百万美元）	美国出口总额（百万美元）	日本汽车出口（百万美元）	日本出口总额（百万美元）	中国 EX	美国 EX	日本 EX
2002	2677	325596	67087	693103	92517	416726	0.82	9.68	22.20
2003	3571	438228	69246	724771	102736	471817	0.81	9.55	21.77
2004	6272	593326	77426	814875	115733	565675	1.06	9.50	20.46
2005	9957	761953	86829	901082	122903	594941	1.31	9.64	20.66
2006	14410	968978	95344	1025967	139161	646725	1.49	9.29	21.52
2007	23032	1220456	108805	1148199	158762	714327	1.89	9.48	22.23
2008	28636	1430693	111216	1287442	171012	781412	2.00	8.64	21.88
2009	19853	1201612	72516	1056043	103425	580719	1.65	6.87	17.81
2010	28037	1577754	99665	1278495	149528	769774	1.78	7.80	19.42
2011	37494	1898381	119589	1482508	150499	823184	1.98	8.07	18.28
2012	43110	2048714	132168	1545703	166047	798568	2.10	8.55	20.79
2013	45976	2209005	134465	1579593	151915	715097	2.08	8.51	21.24
2014	50901	2342293	137960	1620532	145031	690203	2.17	8.51	21.01
2015	49452	2273468	129553	1502572	136751	624921	2.18	8.62	21.88
2016	48214	2097632	128046	1451011	145179	645052	2.30	8.82	22.51
2017	54200	2263346	134913	1546273	150090	698329	2.39	8.73	21.49
2018	60657	2486695	135473	1663982	158421	738143	2.44	8.14	21.46
2019	59356	2499457	139277	1643161	152379	705564	2.37	8.48	21.60
2020	58054	2589952	110388	1424935	124677	641319	2.24	7.75	19.44
均值	—	—	—	—	—	—	1.31	8.76	20.73

资料来源：《世界贸易组织》数据库。

3.5.2 显示性比较优势指数

中国汽车产业显示性比较优势指数，表示为中国汽车产业占中国出口总额的份额与世界汽车产业占世界出口总额份额的比值。该值大于 1，则具有国际竞争力，且指数越大，代表汽车产业国际竞争力越强；反之，代表汽车产业国际竞争力越弱。按照 2021 年全球汽车产量前两位的国家，即中国和美国，分别比较两国汽车产业的显示性比较优势指数。1990 ~ 2020 年，中国和美国汽车产业显示性比较优势指数，如表 3 - 12 所示。由表可知，一方面从国内看，中国汽车产业 RCA 从 1990 年的 0.05 逐步提升，但一直到 2020 年也并没有突破 1。由此可见，中国钢铁产业国际竞争力弱，与国内其他产业相比，汽车产业竞争优势不再具备。另一方面从国际看，中国和美国的汽车产业 RCA 均值分别为 0.16 和 1.03，美国的 RCA 均值为中国 RCA 均值的 6.4 倍。2008 年，美国汽车产业显示性比较优势指数达到峰值 1.13。虽然中国汽车产量超过美国，但美国汽车产业始终保持着旺盛的国际竞争力（30 年来始终大于 0.9），中国却从没突破 0.32。

表 3 - 12　1990 ~ 2020 年中国和日本汽车产业显示性比较优势指数

年份	世界汽车出口（百万美元）	世界出口总额（百万美元）	美国汽车出口（百万美元）	美国出口总额（百万美元）	中国汽车出口（百万美元）	中国出口总额（百万美元）	美国 RCA	中国 RCA
1990	318959	3489739	32547	393592	258	62091	0.90	0.05
1991	324868	3511359	35140	421730	411	71910	0.90	0.06
1992	361408	3779172	40551	448163	265	84940	0.95	0.03
1993	349220	3794694	44480	464773	358	91744	1.04	0.04
1994	401043	4328264	49614	512627	426	121006	1.04	0.04
1995	475668	5167620	52505	584743	621	148780	0.98	0.05
1996	504485	5406052	54968	625073	592	151048	0.94	0.04
1997	527765	5592319	61463	689182	732	182792	0.94	0.04
1998	555757	5503135	61059	682138	796	183712	0.89	0.04
1999	584929	5719381	62923	695797	1040	194931	0.88	0.05
2000	576725	6454020	67195	781918	1581	249203	0.96	0.07

年份	世界汽车出口（百万美元）	世界出口总额（百万美元）	美国汽车出口（百万美元）	美国出口总额（百万美元）	中国汽车出口（百万美元）	中国出口总额（百万美元）	美国 RCA	中国 RCA
2001	569454	6196440	63418	729100	1892	266098	0.95	0.08
2002	628277	6500713	67087	693103	2677	325596	1.00	0.09
2003	730014	7590832	69246	724771	3571	438228	0.99	0.08
2004	859882	9222553	77426	814875	6272	593326	1.02	0.11
2005	921566	10510292	86829	901082	9957	761953	1.10	0.15
2006	1019891	12131223	95344	1025967	14410	968978	1.11	0.18
2007	1197203	14031171	108805	1148199	23032	1220456	1.11	0.22
2008	1236437	16168351	111216	1287442	28636	1430693	1.13	0.26
2009	849353	12563888	72516	1056043	19853	1201612	1.02	0.24
2010	1094212	15302513	99665	1278495	28037	1577754	1.09	0.25
2011	1287202	18339128	119589	1482508	37494	1898381	1.15	0.28
2012	1303965	18510920	132168	1545703	43110	2048714	1.21	0.30
2013	1348600	18959331	134465	1579593	45976	2209005	1.20	0.29
2014	1405174	19005917	137960	1620532	50901	2342293	1.15	0.29
2015	1334211	16556508	129553	1502572	49452	2273468	1.07	0.27
2016	1366689	16039355	128046	1451011	48214	2097632	1.04	0.27
2017	1466088	17742592	134913	1546273	54200	2263346	1.06	0.29
2018	1544315	19546006	135473	1663982	60657	2486695	1.03	0.31
2019	1506531	19004555	139277	1643161	59356	2499457	1.07	0.30
2020	1271470	17645180	110388	1424935	58054	2589952	1.08	0.31
均值	—	—	—	—	—	—	1.03	0.16

资料来源：《世界贸易组织》数据库。

3.5.3 显示性竞争优势指数

显示性竞争优势指数 CA 同时考虑出口和进口，该指数大于 0，则具有竞争力，且指数越大，产业国际竞争力越强。同样按照 2021 年全球汽车产量前两位的国家，即中国和美国，分别比较两国汽车产业的显示性竞争优势指数。1990～2020 年，中国和美国汽车产业显示性竞争优势指数，如表 3-13 所示。由表可知，一方面从国内看，中国汽车产业显示性竞争优势指数从 1990 年的 -0.33 一直到 2020 年都是负值。2007 年达到峰值 -0.07，近年来趋于下降，可见中国汽车产业竞争优势越来越弱。另一方面从国际看，中国和美国的产业 CA 均值分别为 -0.21 和 -0.44，差距显著。且 30 年间，美国汽车产业 CA 指数只有在 2008 年达到峰值 -0.07，其余年份均没有超过 -0.1。以 2020 年为例，虽然中国汽车产量位居世界第一，但是 CA 值依旧是负数，竞争力依旧在负值区间。

表 3-13　　1990～2020 年中国和美国汽车产业显示性竞争优势指数

年份	世界汽车进口（百万美元）	世界进口总额（百万美元）	美国汽车进口（百万美元）	美国进口总额（百万美元）	中国汽车进口（百万美元）	中国进口总额（百万美元）	美国 CA	中国 CA
1990	321185	3599975	79320	516987	1796	53345	-0.81	-0.33
1991	333005	3628449	76720	508363	—	63791	-0.74	—
1992	370393	3900517	80563	553923	3595	80585	-0.59	-0.44
1993	355501	3894426	89675	603438	4973	103959	-0.59	-0.48
1994	401857	4428573	102758	689215	4389	115615	-0.60	-0.38
1995	496620	5285272	108016	770852	2609	132084	-0.52	-0.16
1996	526377	5547270	111957	822025	2156	138833	-0.49	-0.12
1997	547073	5738660	120727	899020	1905	142370	-0.46	-0.10
1998	581227	5682580	129834	944353	2061	140237	-0.46	-0.10
1999	621730	5926281	155723	1059440	2538	165699	-0.52	-0.09
2000	577061	6647491	170195	1259300	3798	225094	-0.60	-0.12
2001	570258	6406946	165157	1179180	4912	243553	-0.63	-0.15
2002	639255	6656539	176628	1200230	6960	295170	-0.53	-0.16
2003	742770	7771071	181283	1303050	12778	412760	-0.46	-0.24

续表

年份	世界汽车进口（百万美元）	世界进口总额（百万美元）	美国汽车进口（百万美元）	美国进口总额（百万美元）	中国汽车进口（百万美元）	中国进口总额（百万美元）	美国CA	中国CA
2004	874907	9473361	196902	1525680	14428	561229	-0.38	-0.16
2005	937669	10785263	205045	1732706	13545	659953	-0.26	-0.09
2006	1037712	12369998	220221	1918077	18580	791461	-0.26	-0.10
2007	1218122	14270313	220770	2020403	24033	956116	-0.17	-0.07
2008	1258042	16498528	199229	2169487	29069	1132567	-0.07	-0.07
2009	852681	12716437	133319	1605296	30848	1005923	-0.22	-0.21
2010	1113332	15439739	189626	1969184	53043	1396247	-0.25	-0.28
2011	1309694	18439603	211858	2266024	69642	1743484	-0.17	-0.28
2012	1326750	18665075	250354	2336524	73973	1818405	-0.29	-0.27
2013	1372165	18970849	259879	2329060	78035	1949990	-0.35	-0.26
2014	1429727	19065825	274338	2412547	93485	1959233	-0.36	-0.34
2015	1327431	16737067	292935	2315301	72979	1679566	-0.53	-0.28
2016	1366114	16210510	294381	2250154	75498	1587925	-0.52	-0.29
2017	1473195	17996159	303272	2408476	83479	1843792	-0.48	-0.26
2018	1560452	19840118	314839	2614221	86835	2135748	-0.50	-0.21
2019	1537005	19316692	317722	2567445	80022	2078386	-0.49	-0.18
2020	1279646	17871990	260069	2406932	78116	2065964	-0.43	-0.22
均值	—	—	—	—	—	—	-0.44	-0.21

资料来源：《世界贸易组织》数据库。

综合出口贡献率 EX、显示性比较优势指数 RCA 和显示性竞争优势指数 CA，中国汽车产业出口贡献率均值为美国和日本的 0.15 倍和 0.06 倍；中国和美国汽车产业显示性比较优势指数 RCA 均值分别是 0.16 和 1.03，相差 6.5 倍，且中国汽车产业显示性比较优势指数 *RCA* 从未超过 0.31。中国和美国的汽车产业显示性竞争优势指数 *CA* 均值分别是 −0.21 和 −0.44，高出美国一倍。由此可以看出，虽然中国成为全球第一汽车生产大国，但是中国汽车产业竞争力并不高，产业竞争力可持续问题明显。

第4章

制造业竞争力可持续的
支撑基础

  国际竞争力理论的渊源可追溯至古典经济学，即绝对成本学说和比较成本学说。为解决比较优势陷阱，竞争力研究从比较优势跨入竞争优势，国家竞争优势理论（Michael Porter，1990）成为该领域经典。该理论认为，只有当一个国家的比较优势可以持续，才能称之为竞争优势。国家竞争优势由要素条件，需求条件，相关和支撑产业，以及公司战略、结构和对抗表现四个层面构成，故此被称为"钻石模型"。

  进入21世纪，无论是制造业的产销环境，还是制造业的技术突破，以及全球环境保护问题的关注，都切实地影响着制造业竞争力。首先，除生产要素和消费需求外，制造业生产与消费之间的匹配问题成为一大困扰。以中国为例，自2004年开始，中国部分行业就被认为存在产能过剩，"去产能"成为中国制造业部分行业的难题，如钢铁产业。产销平衡进而维持产业正常利润成为产业竞争力可持续的利润支撑。其次，随着人民对生活环境要求的不断提升，环境保护成为制造业发展的绿色约束，环境友好成为制造业发展的重要标签。对于制造业大国中国而言，2020年9月中国在第75届联合国大会上提出2030年实现碳达峰、2060年实现碳中和的目标，进一步将环境保护和制造业发展紧密连接。绿色制造成为制造业竞争力可持续的环境支撑。最后，随着以虚拟现实、量子信息技术、新能源技术以及生物技术为技术突破口的第四次工业革命到来，制造业信息化和智能化趋势不断增强，在数字经济的背景下，产业数字化成为制造业竞争力可持续的数字支撑。

因此，在参考"钻石模型"的基础上，结合制造业可持续发展面临的产能过剩问题以及产业绿色化和产业数字化趋势，本部分从生产要素、消费需求、产销平衡、环境约束以及数字创新五个层面，以钢铁产业为研究对象，探讨制造业竞争力可持续的支撑基础。

4.1　产业可持续竞争力的内涵

可持续竞争力（sustainable competitive）多用于研究企业，指企业对各种内部与外部资源的利用和协调，持续有效向市场提供产品或服务，并获得赢利和自身发展的综合素质。可持续竞争力由"竞争力"和"可持续"两个关键词构成。由于研究主体不同，产业可持续竞争力与企业可持续竞争力存在显著差异：一方面，面临的内部环境不同，企业内部的各类生产要素获取成本和生产效率是竞争力来源，但产业作为众多企业的集合，研究视角更为宏观，研究整个产业生产要素的投入和产出问题；另一方面，面临的外部环境不同面对外部市场环境，企业通过生产协调提升市场适应度，以及技术创新提升市场参与度；但产业作为市场供给主体，产业不仅具备调节供需促使市场均衡的能力，还具备引导和创造市场需求的能力，例如中国钢铁工业协会倡导钢结构建筑。

格兰代（Grundey，2008）提出"可持续竞争力"可以推广至经济领域的微观、中观和宏观三个层面。由于"可持续"的覆盖面较广，不同研究主体可持续的内涵各不相同，"可持续竞争力"尚无统一的界定。基于不同的研究视角，竞争力可持续性的内涵，主要可归纳为三个方面：一是经济可持续，竞争主体通过有效利用和协调自身和外部资源，获得可持续的竞争优势，从而具备持续盈利或自身发展的能力，多用于分析企业竞争力；二是社会可持续，竞争主体通过运用一系列货币政策和财政政策等宏观措施，营造较高的社会福利水平和较公平的分配制度，多用于分析国家和城市竞争力；三是环境可持续，针对环境保护和经济建设之间的矛盾，可以激发资源和能源消耗较少的新兴产业，或倒逼企业技术研发和产品改进，从而抵消环境成本，多用于分析国家和企业竞争力。

可持续竞争力和竞争力可持续性，两者区别为：前者表现为一种能力，后者是对能力的一种评价。为进一步剖析产业竞争力可持续性的支撑基础，以钢铁产业为例，探讨产业竞争力可持续的特征。结合文献研究成果，以及钢铁产业转移和竞争力迭代的原因，本书认为中国钢铁产业可持续竞争力应体现为四个方面：一是具备竞争优势。中国钢铁产业凭借高效供给的生产要素和强力支撑的消费需求形成竞争优势，其中生产要素体现为资源、资本、劳动和技术，消费需求体现为居民需求、投资需求、生产需求和出口需求。二是生产要素和消费需求平衡发展，实现产业利润。若依据部分文献按照评价打分的模式（王雨飞，2018），生产能力越强得分越高，则竞争力越强。但生产和需求能力不匹配将导致低价竞争和产能过剩，产业利润微薄甚至亏损，竞争力难以持久。因此，应将产业利润视为评判钢铁产业产销平衡的指标。三是钢铁产业的持续发展应具备环境友好的特征，即产业排放规模不高于环境保护目标。从中长期看，中国已然宣布碳排放峰值和碳中和的远景目标，环境成本形成钢铁产业国际竞争力的外部约束。四是具备持续竞争优势。结合国内外经济形势变化趋势，数字技术已然是钢铁产业进一步提升的主要方向，钢铁产业若能紧跟数字经济潮流，有效实施产业数字化。

综合上述钢铁产业竞争优势可持续的四类特征，本书认为中国钢铁产业可持续竞争力可描述为：生产可持续、消费可持续、利润可持续（产销平衡）、环境可持续和数字可持续。

4.2　生产要素对产业竞争力的影响

4.2.1　资源对产业竞争力的影响

钢铁产业是典型的资源、能源依赖型产业，资源对于钢铁产量提升有着强烈影响。经过多年发展，逐步形成以高炉炼铁为工艺起点的现代钢铁生产流程，该流程决定钢铁产业消耗资源的特点，即以铁矿石和焦炭为主要原材料和燃料的需求结构。

以日本为例，虽然日本地域狭窄，资源贫乏，铁矿石大多依靠进口，但是通过加大对海外资源的控制力，日本逐渐消除资源依赖海外的不利影响，获得稳定的铁矿石供给。1972～1982 年，日本铁矿石投入量和粗钢产量变化趋势趋同，如表 4－1 所示，二者具有较强的正相关关系。同时，铁矿石投入增速和粗钢产量增速变化幅度也趋近，进一步反映铁矿石资源对钢铁产业的支撑作用。

表 4－1　　　1972～1982 年日本钢铁产业铁矿石投入量与粗钢产量

年份	铁矿石投入量 （万吨）	铁矿石投入增速 （％）	粗钢产量 （万吨）	粗钢产量增速 （％）
1972	11285	—	9690	—
1973	13573	20.27	11932	23.14
1974	14273	5.16	11713	－1.84
1975	13269	－7.03	10231	－12.65
1976	13449	1.36	10740	4.98
1977	13326	－0.91	10240	－4.66

续表

年份	铁矿石投入量 （万吨）	铁矿石投入增速 （％）	粗钢产量 （万吨）	粗钢产量增速 （％）
1978	11542	− 13.39	10211	− 0.28
1979	13108	13.57	11175	9.44
1980	13421	2.39	11140	− 0.31
1981	12380	− 7.76	10168	− 8.73
1982	12217	− 1.32	9955	− 2.09

资料来源：World Steel Association. Steel Statistical Yearbook 2016 ［M］. Belgium：Brussels, 2016.

4.2.2 资本对产业竞争力的影响

资本包括对机器、工具、设备和工厂建筑的投资。作为资本密集型产业，任何国家钢铁产业都需要资本的强力支撑。在英国、美国、日本和中国的钢铁产业发展过程中，资本要素同样起着重要作用。

以美国为例，自 19 世纪 90 年代起，在长达 80 年的时间里，一直保持着世界第一的钢铁产量，其钢铁产业投资数量，无论是国际钢铁产业比较，还是国内其他产业间比较，都显得十分突出（曲殿喜，1986）。1950 ~ 1975 年，美国钢铁产业固定资产投资与国内粗钢产量，如表 4 - 2 所示。由表可知，1950 ~ 1970 年间，美国固定投资与粗钢产量变化趋势相近，二者呈正相关关系。进一步分析资本投资增速和粗钢产量增速，1970 ~ 1975 年间，美国资本投入大幅增加，而粗钢产量却反倒缩小。究其原因，1970 ~ 1975 年正值日本产钢规模赶超美国，美国固定投资难以继续支撑粗钢产量增长，这也佐证了资本并非影响钢铁产量的唯一要素。

表 4 - 2　1950 ~ 1975 年美国钢铁产业固定资产投入量与粗钢产量

年份	钢铁工业投资 （亿美元）	资本投入增速 （%）	粗钢产量 （亿吨）	粗钢产量增速 （%）
1950	5.11	—	0.88	—
1955	16.00	213.11	1.06	20.45
1960	8.60	-46.25	0.90	-15.09
1965	18.20	111.63	1.19	32.22
1970	17.40	-4.40	1.19	0
1975	31.80	82.76	1.06	-10.92

资料来源：曲殿喜. 战后日本工业及其技术改造（八）[J]. 鞍钢技术，1986（1）：51 - 56.

4.2.3　劳动对产业竞争力的影响

劳动要素即企业生产中投入的劳动，可用劳动人口进行衡量。钢铁工业对劳动的需求巨大，过去建设一个千万吨级的钢厂，直接就业人员超万人，间接就业可达 10 万人，很多钢厂所在地发展成为县城、甚至是城市，如宝钢、鞍钢等。但随着自动化和智能化技术的成熟，劳动需求逐渐减少，冗余工人甚至成为钢铁企业的沉重包袱，如美国钢铁工业雇员人数从 2008 年的 4.9 万人裁至 2017 年的 1.7 万人，10 年间裁员 65%。可见，在不同的产业发展阶段，劳动要素对钢铁产业生产力的贡献不同。

以中国为例，20 世纪 80 年代，也就是改革开放初期阶段，由于钢铁产业扩大规模，兴建大批钢铁企业，其需要的劳动要素也明显增多，劳动要素在生产中起到重要作用（石洪卫，2018）。在这段时期，钢铁产业的就业人数与粗钢产量有着相同的变化趋势。20 世纪末，随着技术水平的发展，机械化代替人力，钢铁产业出现劳动力过剩的局面，劳动投入量与粗钢产量呈现负相关关系，如表 4 - 3 所示。

表4-3　　　　1980～2017年中国钢铁产业劳动人口与粗钢产量

年份	劳动人口（右轴）（万人）	劳动投入增速（％）	粗钢产量（亿吨）	粗钢产量增速（％）
1980	244	—	3712	—
1981	217	-11.07	3560	-4.09
1982	250	15.21	3716	4.38
1983	252	0.80	4002	7.70
1984	258	2.38	4348	8.65
1985	268	3.88	4679	7.61
1986	231	-13.81	5220	11.56
1987	288	24.68	5628	7.82
1988	304	5.56	5943	5.60
1989	310	1.97	6159	3.63
1990	315	1.61	6635	7.73
1991	322	2.22	7100	7.01
1992	328	1.86	8093.5	13.99
1993	333	1.52	8953.9	10.63
1994	338	1.50	9261.3	3.43
1995	342	1.18	9536	2.97
1996	333	-2.63	10123.7	6.16
1997	311	-6.61	10891.1	7.58
1998	288	-7.40	11458.8	5.21
1999	270	-6.25	12395.4	8.17
2000	252	-6.67	12850	3.67
2001	216	-14.29	15226	18.49
2002	180	-16.67	18224.9	19.70
2003	170	-5.56	22233.6	22.00
2004	171	0.59	27279.8	22.70
2005	160	-6.43	35579	30.42

年份	劳动人口（右轴）（万人）	劳动投入增速（%）	粗钢产量（亿吨）	粗钢产量增速（%）
2006	170	6.25	42102.4	18.33
2007	178	4.71	48971.2	16.31
2008	187	5.06	51233.9	4.62
2009	195	4.28	57707	12.63
2010	189	-3.08	63874.3	10.69
2011	182	-3.70	68388.3	7.07
2012	175	-3.85	71654.2	4.78
2013	181	3.43	77904	8.72
2014	177	-2.21	82269.8	5.60
2015	162	-8.47	80383	-2.29
2016	147	-9.26	80837	0.56
2017	140	-4.76	83173	2.89

资料来源：石洪卫. 中国钢铁工业年鉴 [M]. 北京：中国冶金出版社，2018.

4.2.4 技术对产业竞争力的影响

钢铁产业全球转移的现象说明，技术要素对产业发展至关重要。在产业的扩张阶段，技术要素主要表现为对先进技术的引进和消化（Sebastian Edwards，2001），例如英国和美国。在产业的调整和成熟阶段，技术要素则更多表现为自主创新和技术输出，例如日本。

以日本为例，在第一次合理规划期间，从国外引进大量先进技术，经过研究和消化之后，钢铁企业进行技术改造和自主创新（曲殿喜，1985）。正是由于技术支持，日本在 1975 年一跃成为世界钢铁大国，为日本技术与经济的发展奠定坚实基础。20 世纪六七十年代，连铸比率是钢铁技术的重要指标。1965~1974 年，日本连铸机设备使用数量同国内粗钢产量的变化趋势较为贴合，如表 4 - 4 所示，充分说明技术投入对钢铁生产的促进作用。例如，1970 年连铸机增长为 0，日本钢铁产量在 1971 年出现负增长，同样 1974 年连铸机增速为 0.77%，当年粗钢也出现负增长。

表 4 - 4 　　　　　　　　1965~1974 年日本连铸机数量与粗钢产量

年份	连铸机台数 （台）	连铸机增速 （%）	粗钢产量 （百万吨）	粗钢产量增速 （%）
1965	26	—	41	—
1966	40	53.85	47.8	16.59
1967	60	50	63.2	32.22
1968	75	25	66.9	5.85
1969	93	24	82.2	22.87
1970	93	0	93.2	13.38
1971	111	19.35	88.6	- 4.94
1972	122	9.91	96.9	9.37
1973	130	6.56	119.3	23.12
1974	131	0.77	117.1	- 1.84

资料来源：曲殿喜. 战后日本工业及其技术改造（三）[J]. 鞍钢技术，1985（7）：53 - 62.

4.2.5　四类要素对产业竞争力影响的比较

钢铁产业需要投入大量的资源、资本、劳动和技术类生产要素，钢铁产量取决于四类要素综合作用的结果。结合理论分析和数据支撑，初步得出如下判断：一方面，资源、技术和资本要素与钢铁产量呈正相关关系。作为黑色金属冶炼和压延加工业，铁矿石资源是钢铁生产的基础，冶炼和压延技术决定生产的效率；同时，钢铁产业规模效应明显，资本是大规模生产的必要条件。另一方面，劳动对钢铁产业的贡献度由正转负。随着工业技术的不断进步，以及劳动成本的持续上升，大量劳动被机器设备替代，即资本和技术要素替代劳动要素，冗余工人的裁员、分流、安置等问题成为钢铁企业的拖累。

要素贡献度变化的本质是钢铁产业生产属性的变化。在大量资源投入的基础上，钢铁产业逐渐由资本和劳动密集型产业，转变为资本和技术密集型产业，进而导致四类生产要素贡献度各自不同的变化。

4.3 消费需求对产业竞争力的影响

钢铁具有原材料工业品的属性，消费渠道广泛，既可以作为生产投入品，应用于机械制造、船舶和汽车制造等行业，又可以作为最终消费品，以钢板、钢管等各类型钢材被直接使用。钢铁产品使用范围广泛，依据不同消费主体，钢铁消费主要可分为四个渠道：居民收入增长刺激的居民需求、投资率高企拉动的投资需求、下游产业扩张带动的生产需求以及国外出口需求。

需指出，该分类方法旨在从多角度研究钢铁需求的变化，并非对钢铁需求划分明确界限，四类需求存在一定的交叉和重叠。例如，投资厂房所需设备的钢材投资需求与生产机械设备所投入的钢材生产需求存在较高重叠。

4.3.1 居民收入增长刺激钢铁居民需求

根据恩格尔（Engel）系数，随着居民收入的提升，食品占消费比重持续下降，而非食品类商品消费将不断上升，诸如工业制成品。钢铁号称工业的"骨骼"，工业制成品消费的提升，将显著拉动钢铁的居民需求。

中国钢铁产业消费量的高增长与居民收入持续增加息息相关。国民总收入（gross national income）可反映本地居民的总体收入，人均国民收入反映包括居民收入、企业收入和政府收入在内的平均收入水平。表观消费量（apparent consumption）是国内产量与净进口量的加总，人均钢铁表观消费量反映国内钢铁消费的平均水平（该指标已删去净出口）。改革开放以来，中国经济增长迅猛，从全球第 11 位经济体升至世界第二大经济体，居民收入水平快速上升，人均国民收入从 1978 年的 382 元骤升至 2018 年的 6.48 万元，高于中等收入国家平均水平[①]；同期，中国钢铁消费量也是大幅增长，连续多年位居世界首位，人均粗钢表观消费量从 1978 年的 46 公斤骤升至 2018 年的 609 公斤，超过美国的 342 公斤和日本的 560 公斤，如表 4 - 5 所示。

表 4 - 5   1978 ~ 2018 年中国人均国民收入和人均粗钢表观消费量

年份	人均国民收入（元）	人均收入增速（%）	人均表观消费量（公斤）	人均消费增速（%）
1978	382.17	—	46	—
1979	420.38	10.01	47	2.17
1980	464.78	10.56	45	- 4.26
1981	493.02	6.08	39	- 13.33
1982	529.30	7.36	41	5.13
1983	586.73	10.85	50	21.95
1984	700.88	19.46	52	4
1985	861.93	22.98	64	23.08
1986	965.09	11.97	66	3.13
1987	1113.14	15.34	63	- 4.55
1988	1366.74	22.78	61	- 3.17
1989	1525.09	11.59	61	0
1990	1655.10	8.52	59	- 3.28
1991	1903.79	15.03	60	1.69
1992	2322.09	21.97	72	20

---

① 国家统计局. 沧桑巨变七十载民族复兴铸辉煌［R］国家统计局，2019 年 7 月 1 日。

续表

年份	人均国民收入（元）	人均收入增速（%）	人均表观消费量（公斤）	人均消费增速（%）
1993	3003.72	29.35	108	50
1994	4050.75	34.86	98	-9.26
1995	4983.17	23.02	83	-15.31
1996	5783.17	16.05	91	9.64
1997	6374.30	10.22	92	1.10
1998	6718.25	5.40	98	6.52
1999	7104.65	5.75	108	10.20
2000	7816.30	10.02	108	0
2001	8562.15	9.54	133	23.15
2002	9379.34	9.54	160	20.30
2003	10568.71	12.68	199	24.38
2004	12417.72	17.50	229	15.08
2005	14224.88	14.55	277	20.96
2006	16662.75	17.14	299	7.94
2007	20487.86	22.96	330	10.37
2008	24188.60	18.06	350	6.06
2009	26072.30	7.79	422	20.57
2010	30602.66	17.38	447	5.92
2011	35877.30	17.24	485	8.50
2012	39683.39	10.61	497	2.47
2013	43222.79	8.92	555	11.67
2014	46943.14	8.61	529	-4.68
2015	49714.87	5.91	498	-5.86
2016	53306.48	7.22	502	0.80
2017	58996.57	10.67	567	12.95
2018	64277.52	8.95	609	7.41

资料来源：根据国家统计局和《钢铁工业年鉴》（*Steel Statistical Yearbook*）历年数据整理。

由表4-5可知：一是，人均国民收入和人均粗钢表观消费量都经历由低到高的过程，且共同呈现持续上涨的趋势；二是，人均国民收入和人均粗钢表观消费量变化趋势大致相同，40年以来前者平均增长11.93%、后者平均增长5.76%。由此可知，中国居民收入持续增长刺激钢铁居民需求的不断扩大。

4.3.2　投资率高企拉动钢铁投资需求

钢铁产品是基础建设、项目建造等固定资产投资的必需品，大规模固定资产投资成为钢铁产量的重要支撑。首先，基础设施投资拉动大量钢铁需求。道路、桥梁、港口、电力和能源等基础设施建设需要投入大量钢材。改革开放初期，面对基础设施短缺制约经济发展的困境，政府大力进行基础设施建设；进入21世纪以来，为应对国际经济波动和有效需求不足，国家对基础设施投资热度不减。其次，重工业建设投入钢铁规模较大。源于中国工业水平差距以及技术创新能力不足，在发展经济的自我驱动下，大量投资涌入资本密集型的钢铁、冶金、能源等重工业行业。无论是重工业自身建设所需的厂房、设备，还是重工业生产的大量生产装备，都需要投入大量钢铁产品。1978年中国轻、重工业比例为43∶57，而2008年该比例攀升至29∶71[1]。改革开放前30年，中国工业发展明显偏重工业化。可见，高水平的投资率和固定资产投资对钢铁产业形成大量的投资需求。

一方面，固定资产投资是钢铁产量的支撑。中国固定资本形成总额从1981年的1382亿元，持续快速增长至2018年的380772亿元，增长270倍。同期，中国粗钢产量从1981年的3560万吨，一路升至2018年的92830万吨，增长25倍，如表4-6所示。固定资本形成总额与粗钢产量

---

① 郭旭红，武力. 新中国产业结构演变述论（1949—2016）［J］. 中国经济史研究，2018（1）：133-142.

变化趋势相似度颇高，1995 年固定资本形成总额超过 2 万亿元，1996 年粗钢产量突破亿吨；2007 年固定资本形成总额超过 10 万亿元，2008 年粗钢产量超过 5 亿吨。两个指标间的变化，充分体现固定资产投资对钢铁产量的支撑作用。另一方面，投资率是钢铁产量的晴雨表。依据支出法计算①，1981 年中国固定投资率仅为 28%，而后一路持续攀升，2018 年高达到 43%。1981～2018 年间，固定投资率与钢铁产量的变化可分为三个阶段：1982～1996 年，粗钢产量破亿吨之前，1990 年和 1993 年，投资率波动和钢铁产量增长率同时出现低位和高位；1996～2008 年国际金融危机之前，投资率波动和钢铁产量增长率波峰都出现在 2005 年前后；2009～2018 年，二者波峰和波谷同时出现在 2010 年和 2016 年。由此可见，投资率波动和钢铁产量增长率变化趋势大致相同，如表 4 - 6 所示。

表 4 - 6　　1981～2018 年中国固定资本投资、投资率与粗钢产量变化

年份	支出法生产总值（亿元）	固定资本形成总额（亿元）	投资率（％）	投资率波动（％）	粗钢产量（万吨）	粗钢产量增长率（％）
1981	4957.3	1381.9	27.88	—	3560	—
1982	5426.3	1558.6	28.72	3.04	3716	4.38
1983	6078.7	1742.6	28.67	- 0.19	4002	7.70
1984	7345.9	2192.1	29.84	4.09	4348	8.65
1985	9180.5	2844.1	30.98	3.82	4679	7.61
1986	10473.7	3299.7	31.50	1.69	5220	11.56
1987	12294.2	3821.4	31.08	- 1.34	5628	7.82
1988	15332.2	4842	31.58	1.60	5943	5.60
1989	17359.6	4518.5	26.03	- 17.58	6159	3.63
1990	19067	4636.1	24.31	- 6.59	6635	7.73

———————

① 　参考吴海英和余永定（2019）分析，为研究固定投资对钢铁产量的驱动作用，剔除"存货"的影响，本书选择"固定投资率"，即固定资本形成总额占 GDP 的比重。

续表

年份	支出法生产总值（亿元）	固定资本形成总额（亿元）	投资率（%）	投资率波动（%）	粗钢产量（万吨）	粗钢产量增长率（%）
1991	22124.2	5794.8	26.19	7.72	7100	7.01
1992	27334.2	8460.9	30.95	18.18	8094	13.99
1993	35900.1	13574.4	37.81	22.16	8954	10.63
1994	48822.7	17187.9	35.20	-6.89	9261	3.43
1995	61539	20357.4	33.08	-6.03	9536	2.97
1996	72102.5	23319.8	32.34	-2.23	10124	6.16
1997	80024.8	25363.2	31.69	-2.00	10891	7.58
1998	85486.3	28751.4	33.63	6.12	11459	5.21
1999	90823.8	30241.4	33.30	-1.00	12395	8.17
2000	100576.8	33527.7	33.34	0.12	12850	3.67
2001	111250.2	38063.9	34.21	2.64	15226	18.49
2002	122292.1	43796.9	35.81	4.67	18225	19.70
2003	138314.7	53964.4	39.02	8.94	22234	22.00
2004	162742.1	65669.8	40.35	3.43	27280	22.70
2005	189190.4	75809.6	40.07	-0.70	35579	30.42
2006	221206.5	87223.3	39.43	-1.60	42102	18.33
2007	271699.3	105052.2	38.66	-1.94	48971	16.31
2008	319935.8	128001.9	40.01	3.48	51234	4.62
2009	349883.3	156734.5	44.80	11.97	57707	12.63
2010	410708.3	185827.3	45.25	1.00	63874	10.69
2011	486037.8	219670.9	45.20	-0.11	68388	7.07
2012	540988.9	244600.7	45.21	0.04	71654	4.78
2013	596962.9	270924.1	45.38	0.38	77904	8.72
2014	647181.7	290053.1	44.82	-1.25	82270	5.60
2015	699109.4	301503	43.13	-3.77	80383	-2.29
2016	745632.4	318083.7	42.66	-1.08	80837	0.56

续表

年份	支出法生产总值（亿元）	固定资本形成总额（亿元）	投资率（%）	投资率波动（%）	粗钢产量（万吨）	粗钢产量增长率（%）
2017	815260.3	349368.8	42.85	0.45	83173	2.89
2018	884426	380771.8	43.05	0.47	92830	11.61

资料来源：根据国家统计局和《中国钢铁工业年鉴》历年数据，笔者整理。

4.3.3 下游产业扩张带动钢铁生产需求

钢铁是工业的骨骼，钢铁产品面临着众多下游产业的生产需求。依据冶金工业规划研究院的分类，钢材的消费需求主要来自：建筑行业、工业制造和其他行业。建筑行业用钢包括房屋工程和基建工程，其中基建工程主要包括铁路建设、交通建设和能源建设三大类。工业行业用钢主要集中在机械行业、汽车行业、船舶行业和轻工家电四大行业。其中，建筑和机械是国内钢材消费主力军。2016～2020年，建筑和机械行业钢材消费量及其占国内钢材消费总量比重，如表4-7所示。

表4-7　　2016～2020年建筑和机械行业钢材消费量及其占比

用量及占比	2016年	2017年	2018年	2019年	2020年
建筑用钢量（亿吨）	3.61	3.87	4.33	4.78	5.74
机械用钢量（亿吨）	1.33	1.36	1.40	1.42	1.58
钢材消费总量（亿吨）	6.83	7.28	8.22	8.86	9.71
建筑用钢占比（%）	53.09	53.16	52.80	53.95	59.11
机械用钢占比（%）	19.56	18.68	17.07	16.03	16.27
建筑和机械合计占比（%）	72.65	71.84	69.87	69.98	75.38

资料来源：冶金工业规划研究院。

由表可知，2016～2020年，建筑行业用钢量稳步增长，从3.61亿吨增至5.74亿吨；机械工业用钢量也从1.33亿吨持续增长至1.58亿吨。同期，建筑行业和机械行业钢材消费数量占比分别为72.65%、71.84%、69.87%、69.98%和75.38%，五年均值为71.94%。由此可见，建筑行业和机械行业是国内钢材消费的主要下游行业，两行业支撑超七成的全国钢材消费。

4.3.4　国外出口需求的消费贡献较低

中国不仅是钢铁生产大国，也是钢铁出口大国，但中国钢铁产业需求主要来自国内消费，如表4-8所示。由表可知，一方面，中国钢材出口占世界比重不断提升但已进入下降通道。1990年中国钢材出口占比仅为1%，随着钢铁国际竞争力的不断增强，2000年钢材出口占比升至2%，2017年达到峰值14%，随着国际金融危机的出现，2009年出口占比下探至7%。随着世界经济复苏，中国钢材出口占比于2015年达到顶峰值24%，接近全球钢材出口量1/4。之后，随着钢铁贸易保护主义不断抬头，中国出口占比开始逐年下降，2018年降至15%，2019年降到14.6%。另一方面，钢材净出口占中国产量比重由负转正，且趋于平缓。由于中国钢铁生产能力较长时期内落后于钢铁强国，大量高加工精度钢材需要进口，中国钢材净出口长期为负，1993年净出口占比高达－38%。2006年，净出口首次为正，净出口钢材2449万吨，净出口占国内生产比重达5%。2007年钢材净出口占国内钢材生产比重进一步提升至8%。随着2015年钢材净出口达到峰值9838万吨，同期净出口占比达到峰值10%。之后，净出口占比连年下降，2018年降至5%，相当于2006年水平。2019年净出口占比进一步降至4%。由此可见，出口需求对钢材消费的贡献较低，中国国内消费绝大部分的钢材产品。

表 4 - 8　　　　1990～2019 年中国钢材出口占世界比重和钢材

净出口占国内产量比重

年份	中国钢材出口量（万吨）	世界钢材出口（万吨）	中国钢材出口占世界出口比重（%）	钢材产量（万吨）	钢材净出口（万吨）	钢材净出口占中国比重（%）
1990	209	17100	1.22	5153	-159.28	-3.09
1991	329	17710	1.86	5638	-3.26	-0.06
1992	327	19610	1.67	6697	-291.11	-4.35
1993	112	22250	0.50	7716	-2914.00	-37.77
1994	174	23860	0.73	8428	-2108.49	-25.02
1995	593	24660	2.40	8980	-804.41	-8.96
1996	422	23640	1.78	9338	-1176.85	-12.60
1997	462	26791	1.72	9979	-860.56	-8.62
1998	357	26871	1.33	10738	-884.95	-8.24
1999	368	28083	1.31	12110	-1117.83	-9.23
2000	621	30710	2.02	13146	-975.54	-7.42
2001	474	30040	1.58	16068	-1247.59	-7.76
2002	546	31900	1.71	19252	-1903.31	-9.89
2003	696	33230	2.09	24108	-3021.28	-12.53
2004	1423	36613	3.89	31976	-1507.17	-4.71
2005	2052	37430	5.48	37771	-529.36	-1.40
2006	4301	41969	10.25	46893	2449.70	5.22
2007	6265	44790	13.99	56561	4577.57	8.09
2008	5918	43850	13.50	58488	4380.27	7.49
2009	2397	33011	7.26	69405	162.00	0.23
2010	4165	39294	10.60	80277	2447.00	3.05
2011	4790	41866	11.44	88620	3155.00	3.56
2012	5479	41601	13.17	95190	4064.00	4.27
2013	6154	41269	14.91	106762	4677.00	4.38
2014	9291	45730	20.32	112557	7801.00	6.93
2015	11156	46500	23.99	103468	9838.00	9.51

年份	中国钢材出口量（万吨）	世界钢材出口（万吨）	中国钢材出口占世界出口比重（%）	钢材产量（万吨）	钢材净出口（万吨）	钢材净出口占中国比重（%）
2016	10807	47658	22.68	104813	9449.00	9.02
2017	7481	46289	16.16	104642	6090.00	5.82
2018	6877	45758	15.03	110600	5440.00	4.92
2019	6380	43770	14.58	120500	4830.00	4.01

资料来源：根据《中国钢铁工业年鉴》和《钢铁工业年鉴》（*Steel Statistical Yearbook*）历年数据，笔者整理。

4.4　生产和消费平衡是竞争力的必要条件

产品竞争力是一种衡量生产者对生产要素的使用和组织能力，以及消费者对产品满足程度的综合指标。从价格和数量看，一方面，生产要素使用效率越高，则企业生产能力越强，表现为产品生产成本下降和生产数量上升；另一方面，消费者满足程度越高，则消费需求增加，表现为产品消费价格提升和消费数量扩大。无论是生产要素的提升，还是消费需求的扩大，都有利于产业竞争力的增进，但不必然形成产业竞争力。

生产和消费平衡是竞争力的必要条件。若企业生产能力与消费者消费需求存在过大差距，前者高于后者，则出现产能过剩，反之，则出现供不应求。产能过剩将导致产值滞销，迫使生产者之间低价竞争，销售利润不断受到挤压，行业运行陷入泥沼。供不应求将导致产品价格快速上升，产品竞争力逐步受到削弱，甚至倒逼消费者选择国外商品。

从中国钢铁产业发展历程看，生产和消费之间曾出现较严重的失衡。2006年，中国钢材净出口首次为正，大致表明中国钢铁生产首次满足钢铁需求，中国钢铁生产从产销失衡迈入产销平衡。好景不长，2006～2015

年，十年间中国粗钢产量不断提升，由 4 亿吨扩张至 8 亿吨，产量翻一番。同期钢铁产业销售利润率[①]却从 6.68% 骤降至 -2.73%，钢铁产业猛然从竞相投资的香饽饽跌入全行业亏损的境地，如表 4-9 所示。

表 4-9   2006~2015 年中国钢铁产业产量和销售利润率

年份	2006	2007	2008	2009	2010	2011	2012	2013	2014	2015
粗钢产量（万吨）	42102	48971	51233	57707	63874	68388	71654	77904	82269	80383
销售利润率（%）	6.68	7.73	3.43	2.48	3.02	2.58	0.05	0.61	0.72	-2.73

资料来源：根据中国钢铁工业年鉴历年数据整理。

由表可知，2006~2015 年中国钢铁产业产销失衡严重，粗钢产量与钢铁产业销售利润率呈显著负相关。一方面，粗钢产量节节攀升，表明钢铁产业生产要素持续积累和增进，生产能力的不断提升；另一方面，由于钢铁消费需求赶不上生产能力提升的速度，钢铁产业产能过剩逐步恶化，钢铁产品价格大幅下滑，甚至出现"钢铁价格不如白菜"[②] 的境况，众多企业陷入破产边缘，产业竞争力更是无从谈起。

4.5   环境约束对产业竞争力的影响

4.5.1 钢铁产业环境污染较严重

钢铁行业工艺流程长、产污环节多，排放污染物主要为以下几类：第

---

① 销售利润率 = 利润总额/销售收入，数据来源于中国钢铁工业年鉴，通过中国钢铁协会会员企业财务数据整理。

② 2015 年下半年螺纹钢价格跌破 2000 元/吨，每 500 克钢材不足 1 元，甚至不如大白菜价格。

一，固体颗粒污染物。固体污染物主要来自钢铁制备、燃烧和煤气净化过程。制备过程产生的固体颗粒污染物来自原煤的堆放、破碎和输送。燃烧过程产生的污染是煤在燃煤锅炉、气化炉、焦炉等设备燃烧过程排出的微小灰粒。煤气净化过程的污染主要来自烘干物料所形成的固体颗粒污染物。第二，氮氧化物，钢铁生产中排放的氮氧化物主要是一氧化氮（NO）和二氧化氮（NO$_2$），主要来自煤的燃烧。煤燃烧过程产生的氮氧化物中，NO 占 90% 以上，其余为 NO$_2$。钢铁项目氮氧化物排放途径：一是原煤燃烧产生，如气化炉、燃煤锅炉等；二是煤气燃烧产生，如焦炉加热煤气燃烧、管式炉煤气燃烧等；三是二氧化硫，钢铁项目二氧化硫排放途径主要来自原煤燃烧和煤气燃烧，占二氧化硫排放总量的 80% ~ 90%，如燃煤锅炉、焦炉、加热炉等。还有一部分来自生产过程和开停车、事故状态下的排放。另外，还有挥发性有机化合物和氨气。前者主要来源于焦炉、焦油槽、甲醇合成塔、甲醇储槽、污水处理池等，多为无组织排放。后者主要来源于煤气净化单元的各类含氨物料挥发，以及氨回收过程排放的氨气。

钢铁行业已成为中国主要的大气污染排放源之一。2017 年，中国钢铁行业二氧化硫、氮氧化物和颗粒物排放量分别为 106 万吨、172 万吨、281 万吨，约占全国排放总量的 7%、10%、20%[1]。钢铁行业主要污染物排放量已超过电力行业，成为工业部门最大的污染物排放来源。

钢铁污染物排放对大气环境产生显著的影响。2019 年，中国钢铁产能前 20 位的城市空气质量无一达标，平均 PM2.5 浓度比全国平均浓度高 28%。同时，中国钢铁产能布局集中的地区，大气污染更为严重，京津冀及周边地区、长三角地区、汾渭平原等大气污染防治重点区域的钢铁产能占全国总产能的 55%，其平均 PM2.5 浓度也比全国平均浓度高 38% 左右[2]。

---

① 曹红艳. 我国将大幅削减钢铁行业排放 [N]. 经济日报，2019 – 05 – 06.

② 邓琦. 工程院院士：我国钢铁产能前 20 位城市无一空气达标 [N]. 新京报，2019 – 05 – 05.

4.5.2　环境约束显著增加产业成本

随着国家和社会对环境需求的不断提升，国家对环境管制也是越发重视，高污染的钢铁产业自是首当其冲。2010 年国务院发布《关于进一步加大节能减排力度加快钢铁工业结构调整若干意见》；2018 年工业和信息化部发布《坚决打好工业和通信业污染防治攻坚战三年行动计划》，提出运用质量、环保、能耗、安全等标准依法依规淘汰落后钢铁产能；2019 年生态环境部等五部委联合印发《关于推进实施钢铁行业超低排放的意见》，明确推进实施钢铁行业超低排放工作。环境约束对钢铁产业成本的冲击主要反映在两个方面：一是，部分钢铁企业由于环保不达标，被取缔或限制生产；二是，导致环保成本加大，部分竞争力较差的钢铁企业被迫退出市场。

以"钢铁第一市"唐山为例，2019 年唐山对钢铁企业进行评级标准，研究制度《绩效分类 C 类钢铁企业细化评价表》，将评级 C 类的钢铁企业细分为 C1、C2、C3 三类，分别为 9 家、16 家、5 家。三类企业在秋冬季实施时段限产，或按照 20% 至 55% 不等的比例进行差异化停限产。2020 年 9 月，为有效执行《空气质量保障方案》，唐山市对市内大批钢铁企业进行限产和停产，涉及开平区、古冶区和曹妃甸区等 11 个区县，以及首钢京唐、唐钢不锈钢和德龙钢铁等 24 家钢铁企业（7 月涉及 27 家钢铁企业）。

4.6　数字创新对产业竞争力的影响

4.6.1　数字的技术特征和支撑基础

数字创新是以人工智能、大数据、区块链等为特征的数字技术，该类数字技术正在不断渗透到制造业活动的方方面面，从而不断涌现出数字化的产业、服务和商业模式。伴随新一轮工业革命，工业互联网助推制造企业从传统模式转向数字化与智能化发展模式成为必然趋势①。

数字技术具有数据同质性、数据可重复编程性和数据自我参照性三个主要特征②。第一，数据同质性，即数字技术将信息以相同的二进制形式进行同质化处理，即将信息转化为 0 和 1；第二，可重复编程性，由于数字设备在编码运行和命令执行的过程中，秉承相同的处理方式和存储手段，进而可以便捷地对数字编码进行复制和修改，减少投入成本；第三，自我参照性，可理解为一种机器的自我学习特征，即数据通过不同场景、不同人群、不同环境的运行和处理，可以产生相关的其他数据，而这些数据可以成为新的数据要素投入生产之中。

要实现数字技术对制造业的创新促进，数字技术依赖于数字基础设施、数字组件、数字平台三方面的硬件和软件支撑。第一，数字基础设施的硬件支撑，即一系列可以提供计算、储存、通讯、影像等数字运行和接收的设备，为数字的产生和使用提供设备支撑，如电脑、储存器、感应器等；第二，数字组件，指为数字产品提供应用程序和操作系统，进而实现消费者的应用功能，如各种 APP 应用；第三，数字平台，指一种集合了商流、物流、资金流、信息流、数据流等数据要素，并通过大数据实现数据服务和应用的新型生产组织形式，如常见的淘宝和京东购物平台，以及海尔卡奥斯和忽米网等工业互联网平台。

4.6.2　数字创新驱动制造业转型升级

数字创新对制造业竞争力的影响，可以体现在生产和服务的方方面

---

① 杜勇等. 平台化如何助力制造企业跨越转型升级的数字鸿沟？［J］. 管理世界，2022.

② 杨仲基，綦良群. 国外数字创新研究评述及对我国制造企业数字化转型的启示［J］. 科学管理研究，2021，4：120－124.

面。按照"企业生产—产业链协作—消费者消费"的制造业产销流程，数字创新对制造业竞争力的提升，可以归纳为三个方面：

第一，数字创新对产品的生产端赋能。通过将一系列数字技术广泛运用到企业生产运营之中，促使生产企业流程信息化、管理数字化和流程智能化。一方面，数字创新使得企业各部门从之前的信息孤岛转变为企业内信息联动，实现企业运营效率和管理质量的提升；另一方面，通过企业各种生产数据的采集、处理、分析和监控，数字创新可以优化企业生产流程，并通过对反馈数据的分析和优化，提升企业生产效率。同时，通过智能化操作替代人工操作，还可以提升产业质量的稳定性和可控性。例如，数字平台通过打通钢铁企业数据孤岛，帮助钢铁企业实现数字孪生应用、全流程透明工厂整体分析图谱，实现转炉冶炼节奏及成本优化、锅炉燃烧优化控制等，并通过推进钢铁企业精益化、数字化融合管理，从运营效率和生产效率两方面提升钢铁企业竞争力。

第二，数字创新对产品的产业链赋能。随着产品复杂度的提升，产业链分工越发复杂，产业链协同管理难度不断提升。尤其在全球经济一体化的背景下，产业链布局空间距离越发遥远，产业链安全风险倍增。基于数字创新的产业链平台，如工业互联网平台，为产业链效率优化和风险管控提供了技术支撑。可将数字创新对产业链的赋能归纳为产业链协同创新和产业链协同管理。一方面，通过大数据分析和数字平台演化，生产企业可以有效探索消费者个性化需求，同时，通过数字平台可以聚集多个企业，通过企业间信息和技术的交流，促进技术整合和技术创新，实现产业链协同创新；另一方面，通过数字平台中人工智能技术的应用，实现了设计、原材料供应、生产制造、产品运输、产品销售等环节的有机结合，大幅提升了产业链的运行效率。同时，通过基于数字平台的多企业间生产流程监控和库存材料监控，可以快速发现产业链风险，并通过产业链其他企业的快速响应，降低产业链风险。例如依据流程驱动和数据驱动，打造工业互联网平台，点对点地连通钢铁企业，同时在数字平台开展钢铁产业业务场景的建模和仿真，提升钢铁企业协同竞争能力。

第三，数字创新对产品的消费端赋能。消费端赋能，体现在数字化产品、数字化服务和数字化反馈三个层面。首先，通过提供包含传感器、处理器、存储器等电子设备的产品，以及互联网和物联网等应用平台，为消费者提供数字化产品，拓展产品服务链；其次，通过数字化产品附带的软件应用，为消费者提供各类数字化服务，诸如个性化定制、系统化解决方案，以及系统集成服务等；最后，通过采集产品运行和使用数据，给企业分析消费者习惯和消费者需求动态变化提供参考，实现产品的数字化反馈，帮助企业改进和优化产品。虽然钢铁消费的数字化服务较为有限，不像诸如智能手表、智能汽车等制造品，但钢铁产品依然可以通过数字监控和数字反馈实现消费端赋能，比如钢结构产品的腐蚀程度监控、消费者对钢铁制品的满意度反馈。

第 5 章

制造业竞争力可持续的理论模型

5.1 持续竞争力优势理论

5.1.1 产业可持续竞争优势研究

国际竞争力理论的渊源可追溯至古典经济学，即绝对成本学说和比较成本学说。为解决比较优势陷阱，竞争力研究从比较优势跨入竞争优势，国家竞争优势理论（Michael Porter，1990）成为该领域经典。随着经营环境不确定性的增强，持续竞争优势成为研究热点。基础资源论（resource-based view）从企业内部资源探寻竞争优势（Birger Wernerfelt，1984），异质性、竞争限制和不完全流动性（Peteraf，1993）是资源带来持续竞争优势的前提。"资源"涵盖范围偏宽泛，核心资源有待聚焦。具有使用价值、可延展性和不可复制性的核心能力（core competence）是竞争力本质（Prahalad and Hamel，1990），产业组织和产业集群等被纳入产业核心竞争力的范畴（裴长洪，2002；金碚，2003）。持续强化"原始"核心能力，将导致核心能力僵化，致使竞争力不可持续（Leonard Barton，1992），核心能力有待动态化。动态能力（dynamic capabilities theory）促使企业通过整合、建构和重新构造组织内外的能力以应对环境变化（Teece and Pisano 1997；Arndt，Pierce and Teece 2018），该理论有效解释宝钢集团（路风等，2002）、索尼公司（王京伦和邹国庆，2016）和葡萄酒企业（Abel Alonso and Seng Kok，2019）持续竞争优势的保持和衰退。

作为研究前沿，持续竞争优势理论研究尚处发展之中，同时研究多从企业出发，但产业和企业的研究主体和研究边界差异显著，产业可持续竞争优势研究亟待推进。

5.1.2　钢铁产业竞争优势研究

竞争优势的动态变化驱动着钢铁产业竞争力全球迭代。从钢铁产业演变历程看，钢铁产业竞争力迭代路径是从英国到美国，再到日本和中国（李凯，2003）。19 世纪 50 年代，随着英国发明转炉炼钢法，钢铁产业迈入现代工业。卓越的技术效率和较低的原材料价格支撑英国钢铁工业的繁荣，后期英国技术的领先地位被美国取代（Robert Allen，1979）。1980 年日本实现生产设备自动化，钢铁生产技术中心从美国和西欧向日本转移（Richard F and Martin K，1992）。随着发达国家生产要素价格上升，资本为实现与低成本生产要素结合的目标，发达国家钢铁产业逐步向生产要素价格低的发展中国家转移（Reinders A et al.，2003）。中国钢铁产业建立之初，生产技术受惠于日本技术转移（Penelope Francks，1988）。英国、美国和日本之所以能够在世界钢铁产业竞争力迭代中独领风骚，与它们曾经的世界制造业中心地位密不可分（Inwood K，2013）。同时作为重污染工业，环保成本对发达国家钢铁产业竞争力的消极影响不容忽视（中国钢铁工业协会，2019）。前期研究从不同角度解释钢铁产业国际竞争力崛起或衰败的原因，但国际竞争力迭代已近两个世纪，钢铁产业竞争力可持续性的经济规律尚未探明。

自 20 世纪末起，中国钢铁产业国际竞争力崛起引发众多学者关注。

市场化改革之初，钢铁产业结构与市场竞争尚不适应（孙立，1998）。1996 年粗钢产量突破亿吨，钢铁工业燃料和劳动成本优势逐步减弱（刘淇，1997）。随着入世临近，钢铁产业以提高规模经济和培育高级要素为路线提升国际竞争力（王其藩等，2000）。21 世纪初中国产钢量跃居世界首位，但对比美国和日本，中国钢铁产业在产品、资本、技术和国际市场等方面全面落后，反映中国急于赶超钢铁大国和解决数量短缺问题，粗放式增长局限性凸显（何维达等，2009）。2005 年国务院提出"抑制钢铁生产能力盲目扩张"，产能过剩问题愈演愈烈（马红旗等，2018）。与提高市场集中度的呼声不同，有研究发现企业生产可能性边界上升的同时，其技术效率并未显著提高（Movshuk O，2004）。一波未平一波又起，2012 年《钢铁行业环境保护政策法规》出台，钢铁产业环保压力陡然上升，低碳技术成为产业竞争力的风向标（World Steel Association，2019）。2015 年钢铁行业主营业务亏损超千亿，产业竞争力跌入谷底（李新创，2019）。2019 年钢铁产量直逼 10 亿吨，以铁矿石为核心的原材料保障战略有待建立①。学者们多聚焦产业内部条件研究竞争力的提升，如降成本和调结构等，但对于外部环境的动态影响和产业竞争力的可持续性研究甚少。

5.1.3　文献评述和下一步工作

综上所述，产业国际竞争力可持续性的理论研究表明，研究焦点由比较优势迈入竞争优势，并拓展为持续竞争优势。持续竞争优势理论在发展中不断完善，相继涌现基础资源理论、核心能力理论和动态能力理论。钢铁产业国际竞争力迭代的实证研究表明，要素比较优势减弱、产业结构升级和宏观政策消极调整，将导致钢铁产业衰退和转移；而政府支持、规模优势、产品结构和工艺结构升级将有助于竞争力的培养和持续。

---

① 《中国钢铁工业年鉴》。

由于研究时代和研究视角不同，研究文献尚存四点不足：第一，持续竞争优势理论尚在发展之中，且多以企业为研究主体，产业持续竞争优势的理论研究和实证研究尚需探索；第二，以钢铁产业为例，钢铁产业发展历经近两个世纪，鲜有文献用统一框架分析各国竞争力迭代的原因，进而探寻产业可持续发展的规律；第三，钢铁竞争力研究中缺乏产量和价格的平衡机制，造成生产效率和生产规模等指标与竞争力持续正相关的错觉，部分研究对低价竞争和产能过剩等问题解释力度不足；第四，随着绿色经济和数字经济的到来，绿色制造和数字制造是制造业可持续发展的驱动力，受制于经济社会发展条件，前期文献对绿色经济和数字经济的分析不足，有待深入。

结合研究文献不足，本书工作聚焦三个层面，并依次推进：一是以钢铁产业为例，依据钢铁产业竞争力迭代的演进，围绕要素供给、消费需求、产业利润、绿色制造和数字制造五类支撑基础，结合基础资源论、核心能力论和动态能力论，构建钢铁产业持续竞争优势理论和模型；二是分别依据资源要素、资本要素、劳动要素和技术要素，以及居民需求、投资需求、生产需求和出口需求，加之产能利用率和销售利润率，分析中国钢铁产业生产要素可持续性、消费需求可持续性和产业利润可持续性，同时考虑制造业的环境约束可持续和产业数字化发展可持续，进而研判钢铁产业国际竞争力可持续性；三是结合国内外经济形势和产业结构的变化，分别基于生产要素、消费需求、产业利润、环保约束和产业数字化，构建产业竞争力可持续的动态能力。

5.2　产业可持续竞争力的理论逻辑

持续竞争优势属于研究前沿，主流成果为基础资源论、核心能力论和动态能力论。依据文献综述可知，基础资源论、核心能力论和动态能力论虽各自独立，但存在理论间的演进逻辑：基础资源涵盖范围偏宽泛，基础资源聚焦为核心能力；核心能力存在核心僵化的局限，能力有待"动态化"。即基础资源和核心能力实现竞争力短期可持续，动态能力实现竞争力长期可持续。

依据制造业可持续竞争力的内涵，结合持续竞争优势理论演进逻辑，本书将制造业持续竞争优势理论表述为：相对于其他国家制造业，本国制造业立足产业竞争力支撑基础，通过获取和协调基础资源、凝聚和创造核心能力，形成短期的比较优势，并通过基础资源和核心能力的重新构造，进而衍生动态能力以应对产业环境的动态变化，最终实现持续的竞争优势。

由于制造业涵盖多个产业部门，且部门间要素禀赋和技术密集度各不相同，因此，本部分以钢铁产业为例探讨产业持续竞争优势理论。钢铁产业持续竞争优势理论具体包含四个层次。

第一层次：支撑基础。生产可持续和消费可持续是产业可持续竞争力的核心支撑，利润可持续是竞争力可持续的必要条件，环境可持续是产业可持续的约束条件，数字可持续是产业创新的驱动力，五者共同决定着竞争力的强度和持续性。生产可持续指生产要素持续供给和质量提升，生产能力得以持续增进。消费可持续指消费需求得以支撑钢铁产业大规模生产，促成规模效应。利润可持续指生产和消费处于平衡区间，产业保持合理利润，维持产销循环。环境可持续指钢铁产业污染物排放规模满足环境保护的约束标准，达到"碳峰值和碳中和"双碳目标。数字可持续指钢铁产业能紧跟第四次工业技术浪潮，实现产业数字化转型升级，通过数字技术持续提升产业生产效率和经营效率。

需强调，五个支撑基础之间具备逻辑联系：一是生产与消费应保持平衡，若二者之间偏离过大，生产要素或消费需求任何单方面推进，将对可持续竞争力造成损害，甚至出现产能过剩和需求不足。二是利润可持续则为生产与消费平衡的衡量标准。三是在一系列环保目标和排放标准的约束下，如"碳中和"目标和《关于推进实施钢铁行业超低排放的意见》，钢铁企业污染排放由外部环境约束向内生生产成本转化，即环境约束的减排投入可视为企业生产的环保成本。四是数字要素可以视为一类单独的生产要素，数字技术也可以视为生产技术的一部分，但鉴于数字创新是第四次工业革命的典型标志，故此本书将数字创新单列为产业竞争力可持续性的一个独立支撑基础。

第二层次：基础资源。基础资源论认为企业竞争优势来源于企业所控制的战略性资源，同时战略性资源应具备异质性和流动刚性。钢铁产业竞争力的基础资源来源于五类支撑基础。生产要素主要包括四类：资源、资本、劳动和技术。消费需求具体为居民需求、投资需求、生产需求和出口需求。利润可持续从产业利润和产销平衡两个角度进行衡量。环境可持续由环境约束目标和生产排放规模决定。数字创新由获取和传输数字的硬件设备，以及应用和分析数字的操作软件共同决定。

第三层次：核心能力。核心能力是通过学习和创新，企业协调和整合多重生产技术的能力，核心能力具有使用价值、可延展性和不可复制性。资源、资本、劳动和技术等生产类基础资源，核心能力表现为铁矿石、焦炭和废钢供给，资本规模和资本成本，劳动数量和劳动成本，以及规模经济和能耗比等生产指标。利润类基础资源核心能力表现为销售利润率、总利润、产能利用率等财务指标。居民需求、投资需求、生产需求和出口需求等消费类基础资源，核心能力表现为人均国民收入、固定资产投资和投资率、建筑用钢量和机械用钢量、钢材出口占中国产量比重和占世界比重等消费指标。环境约束目标和生产排放规模的核心能力分别表现为污染物排放标准和企业减排设备与减排技术（环保投资）。数字创新的核心能力分别表现为数字基础设施、数字组件以及数字平台。

第四层次：动态能力。动态能力指企业通过整合、建构和重新构造初始能力以应对环境变化的能力。针对生产可持续，生产要素动态能力为：资源、资本、劳动和技术等生产要素的持续供给和效率提升。针对利润可持续，产业利润动态能力为：面对产业环境的动态变化，通过产业产量的自我调节，长期保持合理利润率的能力。针对消费可持续，消费需求动态能力为：居民需求、投资需求、生产需求和出口需求等消费需求的持续支撑，以及消费引导和消费扩张。具体表现为：单位 GDP 耗钢量变化、内需型经济建设和宏观投资水平、城镇化建设和制造业发展趋势，以及进口国的进口替代和进口需求变化。环境可持续的动态能力体现为：环境约束（减排标准）的动态调整，以及减排成本的持续优化。数字可持续的动态能力可归纳为：数字存储和通信设备的持续投入，以及数字应用和操作平台的持续扩张。

5.3　制造业可持续竞争力的理论模型

依据制造业可持续竞争力的理论逻辑，以支撑基础、基础资源、核心能力和动态能力四层次指标，以钢铁产业为例，构建制造业可持续竞争力的理论模型，研判中国制造业竞争力的可持续性。钢铁产业可持续竞争力模型，如表 5 – 1 所示。

表 5 – 1　　　　　　　　　钢铁产业竞争力可持续的理论模型

第一层次	第二层次	第三层次	第四层次
支撑基础	资源基础	核心能力	动态能力
生产可持续	资源要素	铁矿石，焦炭，废钢	资源动态能力
	资本要素	资本规模，资本成本	资本动态能力
	劳动要素	劳动数量，劳动成本	劳动动态能力
	技术要素	规模经济，能耗比	技术动态能力
消费可持续	居民需求	人均国民收入	单位 GDP 耗钢量
	投资需求	固定资产投资，投资率	内需型经济，投资水平
	生产需求	建筑用钢，机械用钢	城镇化建设，制造业发展
	出口需求	产业出口依存度	进口替代，进口需求

续表

第一层次	第二层次	第三层次	第四层次
利润可持续	产业利润	销售利润率，总利润	合理利润率
	产销平衡	产能利用率	合理产量
环境可持续	环保约束	污染物排放标准	环保约束动态调整
	排放规模	企业环保投资	减排成本动态优化
数字可持续	数字硬件	数字基础设施	数字设施持续广化
	数字软件	数字组件，数字平台	数字应用持续深化

结合表 5 - 1，钢铁产业可持续竞争力（sustainable competitiveness of the steel industry）用 SCI 表示，生产可持续（sustainable production）、利润可持续（sustainable finance）、消费可持续（sustainable demand）、环境可持续（sustainable environment）和数字可持续（sustainable digitalization）分别用 SPR、SFI、SDE、SEN 和 SDI 表示，则钢铁产业可持续竞争力模型可表达为方程组：

$$SCI = f(SPR, SFI, SDE, SED, SDI) \qquad (5-1)$$
$$SPR = f(spr_1, spr_2, spr_3, spr_4) \qquad (5-2)$$
$$SDE = f(sde_1, sde_2, sde_3, sde_4) \qquad (5-3)$$
$$SFI = f(SPR, SDE) = f(sfi_1, sfi_2) \qquad (5-4)$$
$$SEN = f(sen_1, sen_2) \qquad (5-5)$$
$$SDI = f(sdi_1, sdi_2) \qquad (5-6)$$

方程组中，式（5 - 1）表示生产可持续、利润可持续、消费可持续、环境可持续和数字可持续对可持续竞争力的支撑；式（5 - 2）、式（5 - 3）、式（5 - 4）、式（5 - 5）和式（5 - 6）分别表示生产可持续、消费可持续、利润可持续、环境可持续和数字可持续；且式（5 - 4）表示利润可持续由生产和消费共同决定。其中，spr_1、spr_2、spr_3 和 spr_4 分别表示资源、资本、劳动和技术；sde_1、sde_2、sde_3 和 sde_4 分别表示居民需求、投资需求、生产需求和出口需求；sfi_1 和 sfi_2 分别表示销售利润率和产能利用率；sen_1 和 sen_2 分别表示环境约束目标和生产排放规模；sdi_1 和 sdi_2 分别表示数字硬件和数字软件。

5.4 基于生产要素的竞争力可持续模型实证

产业竞争力可持续涉及五个层面的支撑基础，即生产可持续、消费可持续、利润可持续、环境可持续和数字可持续。一方面，基于柯布－道格拉斯（Cobb－Douglas）生产函数（CD 函数）可知，生产要素是产业竞争力的首要支撑；另一方面，考虑到可持续竞争力涵盖五个层面的支撑基础，实证指标过多，难以有效检验产业竞争力可持续的理论模型。故此，选取生产要素对竞争力可持续模型进行实证检验，生产要素主要包括资源、资本、劳动和技术。以钢铁产业为例，结合世界各国钢铁产业发展历史，本部分探寻资源、资本、劳动和技术四类生产要素对钢铁产业的贡献，及其可持续性。

5.4.1 检验目的、模型和数据

钢铁产业转移是各国钢铁产业竞争力的更替，表现为产钢大国在世界范围的更替。生产要素对钢铁产业转移的影响，可表示为生产要素对钢铁产量的影响。其中，各个生产要素对钢铁产业的贡献度，以及各类要素贡献度的变化，还需通过实证模型进行探索。

CD 生产函数在经济学中使用最为广泛，该函数的基本形式为：

$$Q = AK^{\partial}L^{\beta}e^{\mu} \tag{5-7}$$

其中，Q 代表钢铁产出量，A 代表技术进步系数，K 代表资本投入量，L 代表劳动投入量，α、β 为参数，并且 $\alpha > 0$，$\beta > 0$。由于钢铁产业属于资源密集型产业，需要投入大量的铁矿石等资源，故此将 CD 函数进行扩展（加入资源要素 T）为：

$$Q = AK^{\partial}L^{\beta}T^{\gamma}e^{\mu} \qquad (5-8)$$

其中，T 代表资源投入量，且 $\gamma > 0$，其他变量与式（5-6）相同。通过对 CD 生产函数的估计，可得到钢铁产量与资源、资本、劳动和技术等生产要素之间的关系。同时，通过分阶段回归的思路，考查各类要素贡献度的变化。

鉴于中国钢铁产业数据较为系统，且易于收集，依据中国钢铁产业发展状况，进行实证检验。根据历年《中国钢铁统计年鉴》，选取 1980~2016 年中国钢铁产业数据，以全国粗钢产量来代表钢铁产量，以铁矿石投入数量代表资源要素投入量，以固定资产投资代表资本要素投入量，以年末职工人数代表劳动要素投入量，以规模报酬代表技术要素（用平均销售收入表示）①。上述生产要素指标，如表 5-2 所示。

表 5-2　　　　　1980~2016 年中国钢铁产业的生产要素指标

年份	粗钢产量（万吨）	铁矿石投入量（万吨）	固定资产投资（亿元）	劳动人口（万人）	销售收入（亿元）
1980	3712.3	11983.36	46.31	244.10	319.80
1981	3560.6	10792.60	41.63	217.17	301.80
1982	3716.1	11077.20	55.12	250.15	344.50
1983	4002.2	11777.50	53.74	252.19	375.90
1984	4384.7	13473.03	62.78	258.32	412.30
1985	4679.4	14746.40	78.42	268.14	514.30
1986	5221.3	16145.50	92.32	230.75	615.77

---

① 单纯从技术角度，连铸比可以反映钢铁产业的技术进步。但反观世界钢铁产业的现状，连铸比多在 90% 以上，显然连铸比的高低与各国钢铁产业的可持续发展的因果关系不显著。笔者认为，钢铁产业属于规模经济型产业，规模效应属于核心技术指标。平均销售收入可反映企业的生产规模，替代解释钢铁企业技术要素的投入。

续表

年份	粗钢产量 （万吨）	铁矿石投入量 （万吨）	固定资产投资 （亿元）	劳动人口 （万人）	销售收入 （亿元）
1987	5628.2	17352.80	131.93	288.08	724.07
1988	5943.4	17845.60	158.88	304.40	865.58
1989	6159.9	18426.40	147.26	309.82	1003.01
1990	6635.5	19353.12	127.46	315.23	1087.19
1991	7100.0	20959.50	163.39	321.82	1371.21
1992	8093.5	23492.20	215.10	328.33	1884.67
1993	8953.9	25674.08	327.51	333.28	2841.72
1994	9261.3	11255.30	462.75	337.81	2880.88
1995	9536.0	30306.86	574.25	342.34	2920.03
1996	10123.7	29615.07	553.96	332.98	2854.20
1997	10891.1	32371.76	449.17	310.52	2919.45
1998	11458.8	29866.07	410.44	288.05	2911.64
1999	12395.4	29250.41	282.70	269.82	3051.63
2000	12850.0	29253.35	366.96	251.59	3743.45
2001	15226.3	32492.77	505.60	215.83	3792.69
2002	18224.9	34411.53	704.28	180.07	4707.09
2003	22233.6	40979.96	1453.11	170.40	7134.35
2004	27279.8	51939.51	1920.95	171.43	11045.04
2005	35579.0	69575.33	2583.37	159.74	13160.56
2006	42102.4	92332.32	2642.26	169.62	15542.46
2007	48971.2	109047.87	2616.71	178.18	20699.97
2008	51233.9	122379.85	3248.91	186.74	27030.13
2009	57707.0	151234.68	3246.93	195.31	24187.12
2010	63874.3	169880.57	3494.24	188.72	30818.85
2011	68388.3	202110.98	4118.39	182.12	34668.76
2012	71654.2	207085.31	5167.13	174.75	36419.66

年份	粗钢产量 （万吨）	铁矿石投入量 （万吨）	固定资产投资 （亿元）	劳动人口 （万人）	销售收入 （亿元）
2013	77904.6	234154.25	5098.67	180.63	35316.07
2014	82270.9	245941.10	4781.30	176.65	34097.03
2015	80382.7	233413.30	4257.20	162.02	25548.85
2016	80837.2	229585.52	4161.50	148.21	25369.46

资料来源：根据《中国钢铁工业年鉴》，自行整理。

针对表 5-2 数据，进行两步处理：一是由于各项样本数据的单位不同，为降低多重共线性，将所有样本数据对数化。二是由于资产投入对产量影响存在滞后，在回归分析中，将固定资产投入的样本数据滞后两期。故此，得到表 5-3。

表 5-3　　　　1982~2016 年基于生产要素的竞争力可持续实证数据

年份	粗钢产量	铁矿石投入量	固定资产投资	劳动人口	销售收入
1982	8.2204	9.3126	3.8354	5.5221	5.8421
1983	8.2945	9.3739	3.7288	5.5302	5.9293
1984	8.3857	9.5084	4.0095	5.5542	6.0218
1985	8.4508	9.5988	3.9842	5.5915	6.2428
1986	8.5604	9.6894	4.1396	5.4413	6.4229
1987	8.6355	9.7615	4.3621	5.6632	6.5849
1988	8.6900	9.7895	4.5253	5.7183	6.7634
1989	8.7257	9.8215	4.8823	5.7360	6.9108
1990	8.8001	9.8706	5.0681	5.7533	6.9914
1991	8.8679	9.9503	4.9922	5.7740	7.2234
1992	8.9989	10.0644	4.8478	5.7940	7.5415
1993	9.0999	10.1532	5.0961	5.8090	7.9522

续表

年份	粗钢产量	铁矿石投入量	固定资产投资	劳动人口	销售收入
1994	9.1336	9.3286	5.3711	5.8225	7.9659
1995	9.1628	10.3191	5.7915	5.8358	7.9793
1996	9.2227	10.2960	6.1372	5.8081	7.9565
1997	9.2957	10.3850	6.3531	5.7382	7.9792
1998	9.3465	10.3045	6.3171	5.6631	7.9765
1999	9.4250	10.2836	6.1074	5.5978	8.0234
2000	9.4611	10.2837	6.0172	5.5278	8.2278
2001	9.6308	10.3888	5.6444	5.3745	8.2408
2002	9.8105	10.4461	5.9053	5.1933	8.4568
2003	10.0094	10.6208	6.2257	5.1381	8.8727
2004	10.2139	10.8578	6.5572	5.1442	9.3097
2005	10.4795	11.1502	7.2815	5.0735	9.4850
2006	10.6479	11.4331	7.5606	5.1336	9.6513
2007	10.7990	11.5995	7.8569	5.1828	9.9379
2008	10.8442	11.7149	7.8794	5.2297	10.2047
2009	10.9631	11.9266	7.8697	5.2746	10.0936
2010	11.0647	12.0429	8.0861	5.2402	10.3359
2011	11.1330	12.2166	8.0855	5.2047	10.4536
2012	11.1796	12.2409	8.1589	5.1634	10.5029
2013	11.2632	12.3637	8.3232	5.1965	10.4721
2014	11.3178	12.4128	8.5501	5.1742	10.4370
2015	11.2945	12.3606	8.5367	5.0877	10.1483
2016	11.3002	12.3440	8.4725	4.9986	10.1413

5.4.2　长周期回归和分阶段回归

一方面，为考察各生产要素对钢铁生产力产生的影响，对 1982 ~ 2016 年的数据进行回归分析，被解释变量为 $\ln Q$，解释变量为 $\ln T$、$\ln K$、

lnL、lnA。依据前文分析，预期资源、资本和技术要素贡献度为正，劳动要素贡献为负；另一方面，为考察各类生产要素贡献率的变化，将 1982~2016 年数据分为 1982~1999 年和 2000~2016 年两个阶段。第一阶段，中国钢铁产业发展尚属于初期，1996 年产量达到亿吨水平，步入世界产钢大国行列；第二阶段，中国钢铁产业进入成熟期，产钢数量从 2000 年的 1.29 亿吨升至 2016 年的 8.1 亿吨，占全球产钢数量五成水平。依据扩展的 CD 模型，长周期回归和分阶段回归结果如表 5-4 所示。

表 5-4 1982~2016 年长周期回归和分阶段回归结果

变量	1982~2016 年		1982~1999 年		2000~2016 年	
	系数	P 值	系数	P 值	系数	P 值
lnT	0.6312	0	0.4637	0.0062	0.5869	0
lnK	0.0739	0.0305	0.0272	0.4497	0.1071	0.1335
lnL	-0.7634	0	-0.1124	0.3402	-0.5364	0.0006
lnA	0.2073	0.0002	0.2615	0.0004	0.0995	0.2302
C	4.6939	0	2.3771	0.0085	4.8791	0.0010
R^2	0.9956		0.9931		0.9959	
R^2 调整值	0.9951		0.9909		0.9945	
AIC	-2.249005		-3.58349		-3.073634	

通过表 5-4 可知：第一，长周期模型 $R^2 = 0.99$，说明该模型对样本拟合度非常好。在 5% 的显著水平下，lnT、lnK、lnL 和 lnA 的 t 统计量分别为 9.38、3.27、-9.75 和 4.23，说明在其他条件不变的条件下，解释变量"钢铁产业铁矿石投入量""钢铁产业固定资产投资""钢铁企业年末职工人数"以及"钢铁企业平均销售收入"分别对被解释变量"全国粗钢产量"有显著影响。并且，技术要素、资本要素和资源要素有正向影响，而劳动要素呈负向影响，符合理论预期。第二，1982~1999 年分阶段回归模型中，$R^2 = 0.99$，说明该模型对样本拟合度非常好。在 5% 的显

著水平下，四类生产要素对被解释变量"粗钢产量"均有显著影响，其中 $\ln K$ 和 $\ln L$ 拒绝概率稍高，但仍在可接受范围。同时，回归结果符合理论预期。第三，2000 ～ 2016 年分阶段回归模型中，$R^2 = 0.99$，说明该模型对样本拟合度非常好。在 5% 的显著水平下，四类生产要素对被解释变量"粗钢产量"均有显著影响。同时，回归结果符合理论预期。

5.4.3　生产要素对产业竞争力贡献度的比较

三个回归模型都符合理论预期。在总体回归（1982 ～ 2016 年回归）和分阶段回归模型中，虽然各个生产要素的贡献度不同，但生产要素与钢铁产量的相关性都相同：资源、资本和技术要素与钢铁产量正相关，劳动要素与钢铁产量负相关。各类生产要素贡献度变化如下：

第一，资源要素贡献度小幅提升。作为投入的主要资源，铁矿石对钢铁产量的贡献度由第一阶段的 0.46% 增加到第二阶段的 0.58%，出现小幅增长。可见，钢铁生产长期需要大量铁矿石投入，且要素贡献度较为稳定；同时，贡献度小幅上升，说明等量铁矿石可生产出更多钢铁，体现铁矿石使用效率小幅提高。

第二，资本要素贡献度提升较大。固定资产投入量对粗钢产量贡献度由第一阶段的 0.02% 增加到第二阶段的 0.11%，增长 4.5 倍。该变化表明，资本要素对钢铁生产促进作用不断提高，中国钢铁产业发展对资本要素依赖程度在提升。

第三，技术要素贡献度趋于下降。钢铁企业平均销售收入对粗钢产量贡献度由第一阶段的 0.26% 增加到第二阶段的 0.09%，下降六成左右。该现象说明以规模经济为代表的技术要素，对中国钢铁产量的促进作用在不断减弱。换句话说，中国钢铁企业已大多实现规模经济，简单的扩大化生产，对钢铁产量的刺激作用已大不如前。

第四，劳动要素贡献度为负，且不断下降。劳动要素贡献度由第一阶

段的 −0.11% 恶化为第二阶段的 −0.53%，下降 3.5 倍。该变化说明，随着中国钢铁产业从发展初期进入成熟期，钢铁生产对劳动要素的需求在不断下降。现阶段，劳动数量增加已不能促进钢铁产业发展，钢铁产业劳动过剩现象凸显，部分企业苦恼于工人的分流与安置。

综上所述，资源、资本、技术和劳动四类生产要素对钢铁产业生产力影响显著，理论预期得以验证。钢铁产业转移在英国、美国、日本和中国之间依次转换，正是四类生产要素共同作用的结果，且资源、资本和技术要素贡献为正，而劳动要素贡献为负。

第6章

生产要素的基础资源、核心能力和可持续性

由理论分析和实证检验可知，制造业生产要素由资源、资本、劳动和技术构成。聚焦钢铁产业，各国钢铁产业间资源、资本、劳动和技术四类生产要素禀赋的变化，以及钢铁产业要素密集度的转变，导致世界钢铁产业转移不断演进，从英国、美国、日本，进而来到中国。面对产业转移的不断演进，笔者不禁深思，作为世界钢铁第一大生产国和出口国，以及全球铁矿石第一进口国，中国钢铁产业国际竞争力能否保持？追赶者印度，短期内能否赶超中国[①]？基于生产要素成本，分析中国钢铁产业和典型企业国际竞争力及其变化趋势，进而以钢铁产业为例，探讨中国制造业国际竞争力的可持续性。

6.1 生产要素基础资源的分析

6.1.1 基础资源的国内比较

生产要素的基础资源，主要涵盖资源、资本、劳动和技术四个方面。

①　2015年4月，印度总理莫迪表示"中国在制造钢铁方面领先于印度，印度的目标是赶超中国"。

作为制造业中资源加工工业的典型代表，钢铁产业生产对资源、资本、劳动和技术四类基础资源都较为依赖。从资源看，钢铁产业生产需要投入大量的铁矿石和焦炭；从资本看，钢铁产业属于资本密集型产业，资本投入量大，但资本回报率偏低；从劳动看，钢铁产业需要大量员工，在中国不乏10万人规模的钢铁厂；从技术看，近代钢铁产业作为一个历经19世纪、20世纪和21世纪的产业，但始终是各国工业的基础支撑，钢铁产业技术更新、产业升级从未停滞。以下，分别从资源、资本、劳动和技术四个方面，分析钢铁产业的基础资源。

6.1.1.1 基础资源的资源分析

钢铁产业对资源投入依赖较高，钢铁冶炼过程中，需投入以铁矿石和焦炭为代表的一系列资源。1949～2020年，中国粗钢产量、铁矿石产量和焦炭产量及其增长率，如表6-1所示。由表可知：第一，在1980年之前，粗钢、铁矿石和焦炭增长率相似度极高，在"一五时期"大幅上涨，在"调整时期"皆出现下降，在"五五时期"涨幅均为20%左右；第二，从波峰看，钢铁产量、铁矿石产量和焦炭产量增长率的波峰皆出现在2003～2006年的区间，2005年粗钢产量增长率为30.42%，2006年铁矿石产量增长率为42%，2003年焦炭产量增长率为52.88%，四年间钢铁产量、铁矿石产量和焦炭产量增长率分别为23.36%、27.13%和27.6%；第三，从峰谷看，除2018年铁矿石产量巨幅下降外，2000年以来，粗钢产量、铁矿石产量和焦炭产量增长率的波谷皆出现在2015年，三者产量增长率分别为-2.29%、-9.53%和-6.58%；第四，从1981～2020年的长周期看，四十年以来粗钢产量、铁矿石产量和焦炭产量增长率的均值分别为8.93%、6.09%和6.63%，同样较为接近。由此可知，铁矿石和焦炭作为资源要素，是钢铁产业生产的重要支撑。

表 6 – 1　　1949～2020 年中国粗钢、铁矿石和焦炭产量及其增长率

时间	粗钢产量（万吨）	铁矿石产量（万吨）	焦炭产量（万吨）	粗钢产量增长率（%）	铁矿石产量增长率（%）	焦炭产量增长率（%）
1949 年	15.6	59.0	53.6	—	—	—
恢复时期（1950～1952 年）	286.0	934.0	642.0	—	—	—
一五时期（1953～1957 年）	1667.0	5750.0	2819.9	482.87	515.63	339.24
二五时期（1958～1962 年）	5590.0	36175.0	16476.9	235.33	529.13	484.31
调整时期（1963～1965 年）	2949.0	8245.0	3551.9	-47.25	-77.21	-78.44
三五时期（1966～1970 年）	6577.0	20325.0	7841.4	123.02	146.51	120.77
四五时期（1971～1975 年）	11494.0	44145.0	16693.1	74.76	117.20	112.88
五五时期（1976～1980 年）	14758.0	53267.0	21112.7	28.40	20.66	26.48
1980 年	3712.0	11258.0	4343.0	—	—	—
1981 年	3560.0	10459.0	4423.0	-4.09	-7.10	1.84
1982 年	3716.0	10732.0	4530.0	4.38	2.61	2.42
1983 年	4002.0	12894.0	4612.0	7.70	20.15	1.81
1984 年	4348.0	13735.0	4695.0	8.65	6.52	1.80
1985 年	4679.0	13748.5	4794.7	7.61	0.10	2.12
1986 年	5220.0	14945.0	5301.4	11.56	8.70	10.57
1987 年	5628.0	16143.0	5861.7	7.82	8.02	10.57
1988 年	5943.0	16770.0	6481.2	5.60	3.88	10.57
1989 年	6159.0	17185.0	7166.1	3.63	2.47	10.57
1990 年	6635.0	17934.0	7328.3	7.73	4.36	2.26

续表

时间	粗钢产量（万吨）	铁矿石产量（万吨）	焦炭产量（万吨）	粗钢产量增长率（%）	铁矿石产量增长率（%）	焦炭产量增长率（%）
1991 年	7100.0	19056.0	8563.0	7.01	6.26	16.85
1992 年	8093.5	20976.0	10005.7	13.99	10.08	16.85
1993 年	8953.9	22635.0	11691.6	10.63	7.91	16.85
1994 年	9261.3	25070.0	12861.4	3.43	10.76	10.01
1995 年	9536.0	26191.9	13501.8	2.97	4.47	4.98
1996 年	10123.7	25228.3	13643.1	6.16	-3.68	1.05
1997 年	10891.1	26861.2	13902.0	7.58	6.47	1.90
1998 年	11458.8	24689.1	12214.3	5.21	-8.09	-12.14
1999 年	12395.4	23723.0	11989.1	8.17	-3.91	-1.84
2000 年	12850.0	22256.2	12184.0	3.67	-6.18	1.63
2001 年	15226.0	21701.5	13130.8	18.49	-2.49	7.77
2002 年	18224.9	23261.9	11627.3	19.70	7.19	-11.45
2003 年	22233.6	26271.9	17775.7	22.00	12.94	52.88
2004 年	27279.8	31130.7	20966.4	22.70	18.49	17.95
2005 年	35579.0	42049.3	25470.9	30.42	35.07	21.48
2006 年	42102.4	59712.0	30074.4	18.33	42.00	18.07
2007 年	48971.2	70738.5	33105.3	16.31	18.47	10.08
2008 年	51233.9	78014.1	32313.9	4.62	10.29	-2.39
2009 年	57707.0	88456.8	35744.1	12.63	13.39	10.61
2010 年	63874.3	108016.1	38657.8	10.69	22.11	8.15
2011 年	68388.3	133502.5	43433.0	7.07	23.59	12.35
2012 年	71654.2	132730.0	43831.5	4.78	-0.58	0.92
2013 年	77904.0	152212.9	48179.4	8.72	14.68	9.92
2014 年	82269.8	152671.7	47980.9	5.60	0.30	-0.41
2015 年	80383.0	138128.9	44822.5	-2.29	-9.53	-6.58
2016 年	80837.0	127173.1	44911.5	0.56	-7.93	0.20

续表

时间	粗钢 产量 （万吨）	铁矿石 产量 （万吨）	焦炭 产量 （万吨）	粗钢产量 增长率 （%）	铁矿石产量 增长率 （%）	焦炭产量 增长率 （%）
2017 年	83173.0	122937.3	43142.6	2.89	−3.33	−3.94
2018 年	92830.0	76337.4	44834.2	11.61	−37.91	3.92
2019 年	99634.0	84435.6	47126.2	7.33	10.61	5.11
2020 年	105300.2	86671.7	47116.1	5.69	2.65	−0.02
年均值	—	—	—	8.93	6.09	6.63

资料来源：根据《中国钢铁工业年鉴》和《中国统计年鉴》，笔者整理。

另外，由表 6 - 1 发现，自 2016 年起，钢铁产量是正增长但铁矿石产量却是多年负增长，例如，2018 年粗钢产量增长 11.61%，但铁矿石增长率为 −37.91%，似乎违背资源支撑生产的逻辑。究其原因在于，中国铁矿石大量依赖进口。而中国作为铁矿石缺乏的国家，铁矿石进口依存度长期较高。同时，全球铁矿石出口被澳大利亚和巴西的力拓、必和必拓和淡水河谷三家公司垄断，致使中国铁矿石进口价格长期居于高位，钢铁企业生产利润空间被严重挤压。1980 ~ 2020 年中国铁矿石进口量、产铁量及其产量占比，如表 6 - 2 所示。

表 6 - 2　　1980 ~ 2020 年中国铁矿石进口量、产铁量及其产量占比

年份	铁矿石 进口量 （万吨）	铁矿石 进口额 （百万 美元）	进口 铁矿石 产铁量 （万吨）	全国生 铁产量 （万吨）	铁矿石 进口额 增长率 （%）	进口铁矿 石产铁量 增长率 （%）	全国生 铁产量 增长率 （%）	进口铁矿 产铁量占 生铁比重 （%）
1980	725	—	467.97	3802	—	—	—	12.31
1985	1011	—	652.52	4679	39.44	23.07	13.95
1990	1419	—	915.56	6237	—	40.31	33.30	14.68
1995	4115	1226.91	2654.84	10529	—	189.97	68.82	25.21

续表

年份	铁矿石进口量（万吨）	铁矿石进口额（百万美元）	进口铁矿石产铁量（万吨）	全国生铁产量（万吨）	铁矿石进口额增长率（％）	进口铁矿石产铁量增长率（％）	全国生铁产量增长率（％）	进口铁矿石产铁量占生铁比重（％）
1996	4387	1320.59	2830.32	10721	7.64	6.61	1.82	26.40
1997	5511	1614.84	3555.21	11511	22.28	25.61	7.37	30.89
1998	5177	1467.76	3340.05	11852	− 9.11	− 6.05	2.96	28.18
1999	5527	1378.99	3566.06	12533	− 6.05	6.77	5.75	28.45
2000	6997	1857.70	4514.29	13101	34.71	26.59	4.53	34.46
2001	9231	2502.75	5955.36	15554	34.72	31.92	18.72	38.29
2002	11149	2769.07	7193.27	17079	10.64	20.79	9.80	42.12
2003	14813	4856.21	9556.65	21367	75.37	32.86	25.11	44.73
2004	20808	12699.13	13525.76	25674	161.50	41.53	20.16	52.68
2005	27523	18379.48	17758.70	34473	44.73	31.30	34.27	51.51
2006	32629	20913.15	21051.83	41364	13.79	18.54	19.99	50.89
2007	38309	33795.57	24715.70	47660	61.60	17.40	15.22	51.86
2008	44356	60531.63	28623.06	48323	79.11	15.81	1.39	59.23
2009	62778	50140.40	40501.88	56863	− 17.17	41.50	17.67	71.23
2010	61863	79427.01	39914.96	59560	58.41	− 1.45	4.74	67.02
2011	68608	112406.54	44252.16	64050	41.52	10.87	7.54	69.09
2012	74360	95739.60	47962.20	66354	− 14.83	8.38	3.60	72.28
2013	81910	106175.38	52831.95	71149	10.90	10.15	7.23	74.26
2014	93234	93439.15	60136.05	71374	− 12.00	13.83	0.32	84.25
2015	95272	57620.30	61450.63	80382	− 38.33	2.19	12.62	76.45
2016	102395	58032.58	66044.78	80760	0.72	7.48	0.47	81.78
2017	107474	76277.80	69320.73	87074	31.44	4.96	7.82	79.61
2018	106412	75922.18	68635.74	92903	− 0.47	− 0.99	6.69	73.88
2019	106865	101331.39	68928.22	99541	33.47	0.43	7.15	69.25
2020	116950	123732.36	75433.07	88897	22.11	9.44	− 10.69	84.85
年均值	—	—	—	—	25.87	23.08	12.77	—

注：2011 年起，铁矿石产铁量按 64.5％ 的矿石含铁量估算。

资料来源：根据《中国钢铁工业年鉴》和《中国统计年鉴》，笔者整理。

由表可知：第一，铁矿石进口量和铁矿石进口额持续增长。1980～2020 年的 40 年间，铁矿石进口量和铁矿石进口额持续增长，铁矿石进口量从 1980 年的 725 万吨增至 2020 年的 116950 万吨，铁矿石进口额从 1995 年的 122691 万美元增至 2020 年的 12373236 万美元。其中，铁矿石进口量和铁矿石进口额年均增长率分别为 25.87% 和 23.08%。第二，铁矿石进口量和铁矿石进口额的增长率高于生产产量增长率。1980～2020 年，铁矿石进口量和铁矿石进口额年均增长率分别为 25.87% 和 23.08%，皆大幅高于生铁产量增长率 12.77%，体现进口铁矿石对国内生产铁矿石短缺的弥补；第三，进口铁矿产铁量占全国生铁产量比重不断提升。1980～2020 年，进口铁矿产铁量占全国生铁产量的比重从 12.31% 升至 84.85%，足以解释为何在铁矿石产量降低的背景下，粗钢产量不断提升。因为，进口铁矿石支撑着钢铁产业的生产。由此可见，以铁矿石为代表的资源要素，对钢铁产业的重要性。

6.1.1.2　基础资源的资本分析

作为重工业的门类一种，钢铁产业属于资本密集型产业。中华人民共和国成立初期，中国资本缺乏，中国推行"以钢为纲"，钢铁产业是在举全国之力的情况下，一步步成长而成。1980～2020 年，中国钢材产量和钢铁产业固定资产投资额及其变化，如表 6-3 所示。由表可知，钢材产量和固定资产投资额发展趋势较为接近，结合两个指标及其增长率变化，可以分为三个发展阶段：第一，1980～2002 年萌芽期，钢材产量从 1980 年的 2716 万吨涨至 2002 年的近 2 亿吨，同期固定资产投资额从 46.31 亿元增至 704.28 亿元；第二，2003～2014 年发展期，钢材产量从 2003 年的 24108 万吨增至 2014 年的 112557 万吨，达到第一个波峰，同期，固定资产投资额从 2003 年的 1453.11 亿元增至 2014 年的 4781.3 亿元，且在 2012 年达到第一个波峰；第三，2015～2020 年调整期，钢材产量在 2015 年出现首次下降，2016 年和 2017 年连续处于波谷位置调整，2019 年超过 2014 年产量，2020 年达到 132489 万吨的新高点，同期，固定资产投资额在 2015 年开始下降，2018 年更是出现 – 27.9% 的较大降幅，2020 年投资额回升至 4345.71 亿元，仍低于 2012 年的峰值 5167.13 亿元。总体来看，1980～2020 年的 40 年间，中国钢材产量增长率均值为 10.48%，固定资产投资额增长率均值为 14.41%，两者同样较为接近，体现了固定资产投资对钢铁产业发展的支撑作用。

表 6 – 3   1980～2020 年中国钢材产量、钢铁产业固定资产投资额及其变化

年份	中国钢材产量（万吨）	固定资产投资额（亿元）	钢材产量增长率（%）	固定资产投资增长率（%）
1980	2716	46.31	—	—
1981	2870	41.63	5.67	– 10.11
1982	2902	55.12	1.11	32.40
1983	3072	53.74	5.86	– 2.50
1984	3372	62.78	9.77	16.82
1985	3692	78.42	9.49	24.91
1986	4058	92.32	9.91	17.73
1987	4386	131.93	8.08	42.91
1988	4689	158.88	6.91	20.43
1989	4859	147.26	3.63	– 7.31
1990	5153	127.46	6.05	– 13.45
1991	5638	163.39	9.41	28.19
1992	6697	215.10	18.78	31.65
1993	7716	327.51	15.22	52.26
1994	8428	462.75	9.23	41.29
1995	8980	574.25	6.55	24.10
1996	9338	553.96	3.99	– 3.53
1997	9979	449.17	6.86	– 18.92
1998	10738	410.44	7.61	– 8.62
1999	12110	382.70	12.78	– 6.76

续表

年份	中国钢材产量 （万吨）	固定资产投资额 （亿元）	钢材产量增长率 （%）	固定资产投资增长率 （%）
2000	13146	366. 96	8. 55	- 4. 11
2001	16068	505. 60	22. 23	37. 78
2002	19252	704. 28	19. 82	39. 30
2003	24108	1453. 11	25. 22	106. 33
2004	31976	1920. 95	32. 64	32. 20
2005	37771	2583. 37	18. 12	34. 48
2006	46893	2642. 26	24. 15	2. 28
2007	56560	2616. 71	20. 62	- 0. 97
2008	58488	3248. 91	3. 41	24. 16
2009	69405	3246. 93	18. 67	- 0. 06
2010	80277	3494. 24	15. 66	7. 62
2011	88620	4118. 39	10. 39	17. 86
2012	95190	5167. 13	7. 41	25. 46
2013	106762	5098. 67	12. 16	- 1. 32
2014	112557	4781. 30	5. 43	- 6. 22
2015	103468	4257. 20	- 8. 08	- 10. 96
2016	104813	4161. 50	1. 30	- 2. 25
2017	104642	4555. 39	- 0. 16	9. 47
2018	110600	3284. 21	5. 69	- 27. 90
2019	120477	4240. 45	8. 93	29. 12
2020	132489	4345. 71	9. 97	2. 48
均值	—	—	10. 48	14. 41

资料来源：根据《中国钢铁工业年鉴》和《中国统计年鉴》，笔者整理。

　　2004 年之前，钢铁产业固定资产投资分为基本建设投资和更新改造投资两类。1953 ~ 2003 年 50 年间，中国钢铁产业固定投资分类如表 6 - 4 所示。由表可知：第一，从投资总量看，基本建设投资和更新改造投资额都大幅增加，基本建设投资从"一五"时期的 37.93 亿元增至 2003 年的 333.75 亿元，更新改造投资从"一五"时期的 2.29 亿元增至 2003 年的 988.6 亿元；第二，从投资占比看，"六五"时期之前，基本建设投资占比一直高于更新改造投资，之后，更新改造投资占比反超基本建设投资；第三，从投资增速看，与投资占比类似，也是"六五"时期之后，更新改造投资增速开始超过基本建设。通过投资占比变化，折射钢铁产业从资本密集型向技术密集型转型升级。

表 6－4　　　　1953～2003 年钢铁产业固定投资分类及其比重

时间	固定资产投资（亿元）	基本建设投资（亿元）	更新改造投资（亿元）	基本建设占比（％）	更新改造占比（％）	基本建设投资增速（％）	更新改造投资增速（％）
"一五"时期（1953～1957 年）	40.22	37.93	2.29	94.31	5.69	—	—
"二五"时期（1958～1962 年）	139.61	131.67	7.94	94.31	5.69	131.67	7.94
调整时期（1963～1965 年）	24.01	20.70	3.31	86.21	13.79	20.70	3.31
"三五"时期（1966～1970 年）	96.12	82.65	13.47	85.99	14.01	82.65	13.47
"四五"时期（1971～1975 年）	177.86	143.34	34.52	80.59	19.41	143.34	34.52
"五五"时期（1976～1980 年）	220.85	165.89	54.96	75.11	24.89	165.89	54.96
"六五"时期（1981～1985 年）	291.69	169.76	121.93	58.20	41.80	169.76	121.93
"七五"时期（1986～1990 年）	657.85	301.36	356.49	45.81	54.19	301.36	356.49
"八五"时期（1991～1995 年）	1743.96	778.23	965.73	44.62	55.38	778.23	965.73

续表

时间	固定资产投资（亿元）	基本建设投资（亿元）	更新改造投资（亿元）	基本建设占比（%）	更新改造占比（%）	基本建设投资增速（%）	更新改造投资增速（%）
"九五"时期（1996～2000年）	2163.23	859.84	1275.85	39.75	58.98	859.84	1275.85
2001 年	505.60	79.18	398.39	45.66	78.80	79.18	398.39
2002 年	704.28	117.91	572.36	16.74	81.27	117.91	572.36
2003 年	1453.11	333.75	988.60	22.97	68.03	333.75	988.60

资料来源：根据《中国钢铁工业年鉴》和《中国统计年鉴》，笔者整理。

随着钢铁产业对产能、节能和环保等建设的关注，2016 年开始，钢铁产业固定投资流向受到关注。2016～2020 年钢铁产业固定投资流向比重，如表 6-5 所示。由表可知，一是，增加产能投资比重历经下滑后有所恢复，但尚未恢复至 2016 年的比重；二是，改进工艺占比不断提升；三是，保护环境投资比重大幅增长，从 2016 年的 15.06% 大幅增至 2020 年的 24.95%。可见环保约束对钢铁产业产生的影响，以及钢铁产业绿色化的发展趋势。

表 6-5　　　　2016～2020 年钢铁产业固定投资流向比重　　　　单位：%

年份	增加产能	增加新产品	改进工艺	节约能源（材料）	提高产品质量	保护环境	其他
2016	24.63	19.05	9.41	5.42	9.26	15.06	17.17
2017	12.18	6.15	9.60	6.65	10.13	26.16	29.13
2018	14.04	8.94	15.16	7.93	10.46	21.64	21.84
2019	17.62	9.14	18.30	5.23	9.66	18.05	22.01
2020	20.55	9.51	12.54	3.12	6.87	24.95	22.46

资料来源：根据《中国钢铁工业年鉴》和《中国统计年鉴》，笔者整理。

6.1.1.3 基础资源的劳动分析

相比于其他制造业，钢铁产业生产规模大，所需劳动投入较多。1978～2020 年，中国钢铁产业职工人数和人均钢铁产量及其增长率，如表 6－6 所示。由表可知，第一，职工人数并没有随着粗钢产量不断提升而提升，1978～2020 年的 43 年间，产业职工人数峰值出现在 1995 年，该年职工人数达到 342.34 万人。之后，职工人数逐步走低。对比看，1978 年职工人数为 211.05 万人，而 2020 年为 132.18 万人，40 多年发展，产业工人减少了 37.37%。第二，经过 40 多年发展，钢铁产业职工人均产钢量不断提升，由 1978 年的 15.06 吨/人升至 2020 年的 783.01 吨/人，人均产钢量增长率达到 10.33%。第三，对比粗钢产量和职工人数增长率，1978～2020 年二者增长率均值分别为 8.85% 和 － 0.94%。由此可见，中国钢铁产业对劳动的依赖程度不断下降，且产业工人劳动生产率不断提升。

表 6－6　　　　　　　　1978～2020 年钢铁产业产量和职工人数

年份	粗钢产量（万吨）	钢铁企业职工人数（万人）	企业职工人均产钢量（吨/人）	粗钢产量增长率（%）	职工人数增长率（%）	人均产钢量增长率（%）
1978	3178	211.05	15.06	—	—	—
1979	3448	226.11	15.25	8.51	7.14	1.27
1980	3712	244.08	15.21	7.64	7.95	－ 0.28
1981	3561	247.17	14.41	－ 4.09	1.27	－ 5.28
1982	3716	250.15	14.86	4.38	1.21	3.12
1983	4003	252.19	15.87	7.70	0.82	6.84
1984	4348	258.32	16.83	8.65	2.43	6.06
1985	4679	268.14	17.45	7.61	3.80	3.66
1986	5221	280.75	18.60	11.56	4.70	6.57
1987	5628	288.08	19.54	7.82	2.61	5.06
1988	5943	304.40	19.52	5.60	5.67	－ 0.06

续表

年份	粗钢产量（万吨）	钢铁企业职工人数（万人）	企业职工人均产钢量（吨/人）	粗钢产量增长率（%）	职工人数增长率（%）	人均产钢量增长率（%）
1989	6159	309.82	19.88	3.63	1.78	1.82
1990	6635	315.23	21.05	7.73	1.75	5.88
1991	7100	321.82	22.06	7.01	2.09	4.82
1992	8094	328.33	24.65	13.99	2.02	11.73
1993	8954	333.28	26.87	10.63	1.51	8.99
1994	9261	337.81	27.42	3.43	1.36	2.05
1995	9536	342.34	27.86	2.97	1.34	1.60
1996	10124	332.98	30.40	6.16	−2.73	9.15
1997	10891	310.52	35.07	7.58	−6.75	15.36
1998	11459	288.05	39.78	5.21	−7.24	13.42
1999	12395	269.82	45.94	8.17	−6.33	15.48
2000	12850	251.59	51.08	3.67	−6.76	11.18
2001	15226	215.83	70.55	18.49	−14.21	38.12
2002	18225	180.07	101.21	19.70	−16.57	43.47
2003	22234	170.40	130.48	22.00	−5.37	28.92
2004	27280	171.43	159.13	22.70	0.60	21.96
2005	35579	159.74	222.73	30.42	−6.82	39.97
2006	42102	169.62	248.22	18.33	6.19	11.44
2007	48971	178.18	274.84	16.31	5.05	10.73
2008	51234	186.74	274.36	4.62	4.80	−0.18
2009	57707	195.31	295.46	12.63	4.59	7.69
2010	63874	188.72	338.46	10.69	−3.37	14.55
2011	68388	182.12	375.51	7.07	−3.50	10.95

续表

年份	粗钢产量（万吨）	钢铁企业职工人数（万人）	企业职工人均产钢量（吨/人）	粗钢产量增长率（%）	职工人数增长率（%）	人均产钢量增长率（%）
2012	71654	174.75	410.04	4.78	-4.05	9.19
2013	77904	180.63	431.29	8.72	3.36	5.18
2014	82270	176.65	465.72	5.60	-2.20	7.98
2015	80383	162.02	496.13	-2.29	-8.28	6.53
2016	80837	148.21	545.42	0.56	-8.52	9.94
2017	83174	139.53	596.10	2.89	-5.86	9.29
2018	92830	127.75	726.67	11.61	-8.44	21.90
2019	99634	127.64	780.60	7.33	-0.09	7.42
2020	103500	132.18	783.01	3.88	3.56	0.31
均值	—	—	—	8.85	-0.94	10.33

资料来源：根据《中国钢铁工业年鉴》和《中国统计年鉴》，笔者整理。

虽然得知，钢铁产业职工人数下降且人均产钢量上升，但职工工资变化还需进一步分析。另外，由于钢铁产业规模较大，也存在较多的钢铁产业的辅助行业，其从业人员不在少数。2013～2020 年钢铁产业人均工资和人均产钢量变化，如表 6-7 所示。由表可知：第一，主业人员占职工人数比例较为稳定，从 2013 年的 74.08% 略降至 2020 年的 71.11%；第二，钢铁产业职工人均工资不断上升，从 2013 年的 58133 元升至 2020 年的 101487 元，增长率均值达到 9.05%；第三，比较人均产钢量和人均工资增长率可知，两者变化趋势较为接近，先后在 2017 年和 2018 年出现峰值，且增长率均值分别为 9.05% 和 8.83%。由此可知，虽然产业工人总数不断下降，但产业工人工资额不断上升，且人均工资增长率与人均产钢量增长率的发展趋势接近。

表6-7　　　　　　　　2013～2020年钢铁产业人均工资和人均产钢量

年份	从业人员总数（万人）	主业从业人员（万人）	主业人员占比（%）	职工工资总额（万元）	职工人均工资（元）	人均产钢量（吨/人）	人均产钢量增长率（%）	人均工资增长率（%）
2013	180.63	133.80	74.08	10500536	58133	431.29	—	—
2014	176.65	130.94	74.12	12799220	72455	465.72	7.98	24.64
2015	162.02	122.51	75.61	12125804	74841	496.13	6.53	3.29
2016	148.21	103.55	69.87	10241639	69102	545.42	9.94	-7.67
2017	139.53	97.72	70.03	11562243	82866	596.10	9.29	19.92
2018	127.75	88.40	69.20	11094406	86847	726.67	21.90	4.80
2019	127.64	90.01	70.52	12935077	101342	780.60	7.42	16.69
2020	132.18	93.99	71.11	13414804	101487	783.01	0.31	0.14
均值	—	—	71.82	—	—	—	9.05	8.83

资料来源：根据《中国钢铁工业年鉴》和《中国统计年鉴》，笔者整理。

6.1.1.4　基础资源的技术分析

钢铁产业是工业发展的基础，汽车、轮船、建筑等一系列工业产品离不开钢铁产业的支撑。随着下游用钢企业对钢铁技术需求的不断提升，如硬度、防腐蚀等，钢铁产业生产技术也是不断提升。中国虽然长期位居第一产钢大国地位，但在高精钢铁产品方面，中国依然还需要从日本、韩国等国进口，钢铁产业技术尚未进入第一梯队。结合《中国钢铁工业年鉴》，依据指标的可得性，分别从生产规模、生产设备、生产能耗三个方面，选取企业平均产钢规模、连铸比和吨钢综合能耗三个指标，分析中国钢铁产业的生产技术。

1980～2020年，钢铁产业生产规模、生产设备和生产能耗，如表6-8所示。由表可知，第一，钢铁工业企业数从1980年的1332个升至2012年的峰值14377个，随后逐步减少，至2020年降至5307个。九年时间里，钢铁企业数量下降63%，反衬中国钢铁产业集中度提升的成效。第二，作为典型的重工业，钢铁产业规模效应尤为明显，规模效应也是中国钢铁企业国际竞争力的重要来源。1980 年企业平均生产规模仅为 2.79 万吨，随着中国迈入亿吨钢铁的产钢大国，1996 年企业平均产钢量达到 6.73 万吨，1999 年达到峰值 11.9 万吨。之后，随着钢铁产业的蓬勃发展，钢铁企业数量迅速扩容，2000 年企业平均生产规模大幅降至 4.29 万吨。后期，企业平均产钢规模缓慢提升，特别是 2012 年企业数量开始大幅下降后，企业平均生产规模不断提升，2020 年升至 19.5 万吨。第三，连铸比是指连铸合格坯产量占钢总产量的百分比，连铸比是重要的炼钢生产工艺水平和效益指标。中国钢铁产业连铸比从 1980 年的 6.2%，40 年来持续上升，2020 年已经升至 99.68%。第四，吨钢综合能耗直接反映钢铁产业的能耗技术，该指标是指企业在报告期内平均每生产一吨钢所消耗的能源，折合成标准煤的数量。随着钢铁产业能耗技术的不断提升，中国钢铁产业吨钢综合能耗从 1990 年的 1611 千克标准煤/吨，逐年下降，至 2020 年钢铁产业吨钢能耗已经下降至 536 千克标准煤/吨。

表 6－8   1980～2020 年钢铁产业技术指标变化趋势

年份	粗钢产量 （万吨）	钢铁工业企业数 （个）	企业平均产钢规模 （万吨）	连铸比 （%）	吨钢综合能耗 （千克标准煤/吨）
1980	3712	1332	2.79	6.20	—
1985	4679	1318	3.55	10.83	—
1990	6635	1589	4.18	22.37	1611
1991	7100	1637	4.34	—	1601
1992	8094	1744	4.64	—	1574
1993	8954	1692	5.29	—	1545
1994	9261	1665	5.56	—	—
1995	9536	1639	5.82	46.48	—
1996	10124	1505	6.73	53.27	1392
1997	10891	1363	7.99	61.10	—

年份	粗钢产量（万吨）	钢铁工业企业数（个）	企业平均产钢规模（万吨）	连铸比（%）	吨钢综合能耗（千克标准煤/吨）
1998	11459	1078	10.63	68.80	1120
1999	12395	1042	11.90	77.38	1080
2000	12850	2997	4.29	87.30	906
2001	15226	3176	4.79	88.20	861
2002	18225	3333	5.47	91.15	815
2003	22234	4119	5.40	93.52	778
2004	27280	4992	5.46	95.93	761
2005	35579	6686	5.32	96.98	694
2006	42102	6999	6.02	96.92	646
2007	48971	7161	6.84	97.69	632
2008	51234	8012	6.39	98.15	629
2009	57707	11777	4.90	98.52	614
2010	63874	12143	5.26	98.12	600
2011	68388	10224	6.69	98.36	600
2012	71654	14377	4.98	98.50	601
2013	77904	12370	6.30	99.04	593
2014	82270	10363	7.94	99.56	588
2015	80383	9540	8.43	99.65	575
2016	80837	8498	9.51	99.66	586
2017	83173	7712	10.78	99.64	570
2018	92830	5138	18.07	99.57	543
2019	99634	5113	19.49	99.61	550
2020	103500	5307	19.50	99.68	536

资料来源：根据《中国钢铁工业年鉴》和《中国统计年鉴》，笔者整理。

产业技术的进步，离不开研究人员和研究经费的投入。2013～2020年钢铁产业研发人员和研发经费，如表6-9所示。由表可知：第一，研发人员从 2013 年的 178629 人降至 2020 年的 139105 人；第二，研发经费从 2013 年的 9323465 万元增至 2017 年的峰值 29036131 万元，之后至 2020 年降至 11179810 万元；第三，研发经费人均支出从 2013 年的 52.19 万元增至 2017 年的峰值 220.19 万元，之后随着研发经费的下降，人均研发经费降至 2020 年的 80.37 万元。总体看，2013～2020 年的八年间，研发人员、研发经费和研发人均经费年均增长率分别为 −3.06%、15.62% 和 18.45%，研发人员有所下降，但研发人均经费上升较高。

表 6 - 9 　　　　　　　　2013～2020 年钢铁产业研发人员和研发经费

年份	研发人员合计（人）	研发经费支出合计（万元）	研发经费人均支出（万元）	研发人员增长率（%）	研发经费增长率（%）	研发人均经费增长率（%）
2013	178629	9323465	52.19	—	—	—
2014	185228	16148291	87.18	3.69	73.23	67.03
2015	161440	17583152	108.91	−12.84	8.89	24.93
2016	137653	19018014	138.16	−14.73	8.16	26.85
2017	131870	29036131	220.19	−4.20	52.68	59.37
2018	118415	7794632	65.82	−10.20	−73.16	−70.11
2019	132475	9434199	71.21	11.87	21.03	8.19
2020	139105	11179810	80.37	5.01	18.50	12.85
变化均值	—	—	—	−3.06	15.62	18.45

资料来源：根据《中国钢铁工业年鉴》和《中国统计年鉴》，笔者整理。

6.1.2 基础资源的国际比较

6.1.2.1 基础资源的生产和采购成本

产量占据世界半壁江山，中国已是毋庸置疑地站在钢铁产业舞台中央，但面临着来自其他国家的追赶和挑战。生产成本是钢铁产业竞争力的核心体现，也是钢铁产业可持续性发展的保障（Peng P et al, 2018）。以热轧卷为例，2018 年世界主要产钢国生产成本，如图 6 - 1 所示，中国热轧卷生产成本偏低，比最低的俄罗斯略高 3%，比生产成本最高的美国低出 21.6%，钢铁产业国际竞争优势明显。

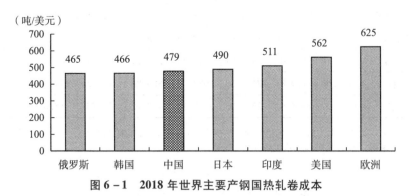

图 6 - 1 2018 年世界主要产钢国热轧卷成本

资料来源：根据 2019 年《中国钢铁工业年鉴》整理。

铁矿石、焦炭和废钢等原材料和燃料是钢铁产业生产的基础。尤其是在中国铁矿石大量依赖进口的背景下，在钢铁产业生产要素的成本分析中，首要考虑到的就是原材料和燃料的成本。2014～2019 年中国钢铁产业主要原材料和燃料采购成本，如表 6 - 10 所示。由表可知，第一，从铁矿石采购成本看，2014～2019 年国产铁矿价格略降 17.54 元/吨，而进口铁矿石价格略增 15.18 元/吨，国产铁矿石和进口铁矿石价格年均增长率均不足 1%，但其中价格波动较大，进口铁矿石价格波峰和波谷价格相差 271.72 元/吨。显著的铁矿石价格波动，折射钢铁产业对铁矿石需求的依赖。第二，从焦煤看，炼焦煤、喷吹煤和冶金焦皆出现较大涨幅，三类燃料五年间分别上涨 503.78 元/吨、201.21 元/吨和 886.86 元/吨，总增长率分别达到 57.47%、27.94% 和 80.55%，可知燃料成本的不断上涨的趋势；第三，从废钢看，五年间废钢价格增长额和增长率分别为 440.22 元/吨和 22.55%，年均增加额和增长率分别达到 88.04 元/吨和 4.15%。由此可见，钢铁产业生产要素中，原材料和燃料成本近年来不断趋涨。

表6－10　　　　2014～2019年钢铁产业主要原材料和燃料采购成本

品种	2014年（元/吨）	2016年（元/吨）	2018年（元/吨）	2019年（元/吨）	总增加额（元/吨）	总增长率（%）	年均增加额（元/吨）	年均增长率*（%）
国产铁精矿	722.42	450.7	588.62	704.88	-17.54	-2.43	-3.51	-0.49
进口铁矿石	703.12	461.65	552.71	718.3	15.18	2.16	3.04	0.43
炼焦煤	876.67	785.86	1352.03	1380.45	503.78	57.47	100.76	9.51
喷吹煤	720.14	619.07	995.01	921.35	201.21	27.94	40.24	5.05
冶金焦	1101.06	1109.81	2139.38	1987.92	886.86	80.55	177.37	12.54
废钢	1951.97	1334.41	2240.25	2392.19	440.22	22.55	88.04	4.15

注：＊年均增长率与增长率均值不同，该值为"［（末年值/首年值）^（1/N）］－1"，N＝年数－1。
资料来源：根据《中国钢铁工业年鉴》，笔者整理。

6.1.2.2　基础资源的成本结构

在生产要素中，钢铁产业基础资源体现为资源、资本、劳动和技术四类要素。要素成本反映各国钢铁产业基础资源的禀赋差异。钢铁产业生产要素由运营成本和资金成本构成，其中运营成本又分为原材料、能源及还原剂、人力成本三个部分。以热轧卷为例，2015年第四季度～2019年第四季度生产要素成本的结构比较，如表6－11所示。一方面，通过纵向比较可知：（1）钢铁产业运营成本占比不断上升，从2015年的89.2%升至2019年的92.7%，而资金成本占比从10.8%降至7.3%，体现钢铁产业发展对资本依赖的下降；（2）在运营成本中，原材料成本占比从44.3%升至49.5%，提高5.2个百分点，能源及还原剂成本占比从31.5%略升至32.8%，提高1.3个百分点，人力成本从13.5%降至10.4%，下降3.1个百分点，体现钢铁产业对劳动依赖的下降。另一方面，通过横向比较可知：（1）国外钢铁产业运营成本占比长期低于中国，但资本成本占比高于中国，2019年第四季度，国外运营成本和资金成本占比的中外结构差异4.1个百分点；（2）国外原材料成本占比长期高于中国，2019年高出中国1.5个百分点；（3）国外能源及还原剂成本占比长期大幅低于

中国，2019 年低于中国 8 个百分点；（4）国外人力成本占比也是长期高
于中国，这符合国外人力成本较高的事实，但中外人力成本结构的差异幅
度在缩小，2019 年仅为 2.4 个百分点。综合看来，外国资本成本占比较
高，中国运营成本占比较高，尤其是能源及还原剂占比大幅高于外国均值
水平。

表 6-11　　　**2015 年第四季度～2019 年第四季度热轧卷**
要素成本的结构比较　　　单位：%

分类	2015 年第四季度			2017 年第四季度			2019 年第四季度		
	中国企业平均	国外企业平均	中外结构差异*	中国企业平均	国外企业平均	中外结构差异	中国企业平均	国外企业平均	中外结构差异
原材料	44.30	45.60	1.30	42.60	52.00	9.40	49.50	51.00	1.50
能源及还原剂	31.50	20.10	-11.40	35.20	24.50	-10.70	32.80	24.80	-8.00
人力成本	13.50	21.30	7.80	12.10	12.70	0.60	10.40	12.80	2.40
1. 人工费	4.20	9.00	4.80	3.20	4.00	0.80	3.00	4.60	1.60
2. 管理和销售费	5.10	2.80	-2.30	4.70	1.30	-3.40	4.80	1.50	-3.30
3. 维护及税金	4.10	9.60	5.50	4.10	7.40	3.30	2.60	6.70	4.10
运营成本	89.20	87.10	-2.10	89.90	89.30	-0.60	92.70	88.60	-4.10
资金成本	10.80	12.90	2.10	10.10	10.70	0.60	7.30	11.40	4.10

注：* 中外结构差异为"国外企业平均"减去"中国企业平均"。
资料来源：根据《中国钢铁工业年鉴》，笔者整理。

　　为分析各类生产要素对国内外钢铁产业的影响，除成本结构外，更为
重要的是各个生产要素的成本比较。以热轧卷为例，2015 年第四季度～
2019 年第四季度生产要素的成本比较，如表 6-12 所示。表中"中国比
较优势"为"国外企业平均"减去"中国企业平均"，该值越大，则中国

比较优势越强。一方面，纵向比较可知：（1）从完全成本看，中国钢铁产业完全成本大幅上升，从 2015 年第四季度的 2119 元/吨升至 2019 年第四季度的 3919 元/吨，涨幅接近 85%；（2）在完全成本中，中国钢铁产业运营成本涨幅显著，但资金成本涨幅较低，运营成本和资金成本分别从 2015 年的 1890.15 元/吨和 228.85 元/吨，涨至 2019 年的 3036.03 元/吨和 392.52 元/吨；（3）在运营成本中，原材料、能源及还原剂和人力成本的价格分别从 2015 年的 938.72 元/吨、667.49 元/吨和 286.07 元/吨，上涨至 2019 年的 1939.91 元/吨、1285.43 元/吨和 407.58 元/吨，可见运营成本上涨主要来源于原材料价格的上升。

表 6 - 12　　2015 年第四季度～2019 年第四季度热轧卷生产要素的成本比较

单位：元/吨

分类	2015 年第四季度			2017 年第四季度			2019 年第四季度		
	中国企业平均	国外企业平均	中国比较优势	中国企业平均	国外企业平均	中国比较优势	中国企业平均	国外企业平均	中国比较优势
原材料	938.72	1158.48	219.77	1414.75	1730.49	315.74	1939.91	1747.39	-192.51
能源及还原剂	667.49	511.97	-155.51	1168.99	815.62	-353.37	1285.43	849.90	-435.54
人力成本	286.07	542.49	256.43	401.84	423.34	21.50	407.58	438.05	30.48
1. 人工费	89.00	227.96	138.96	106.27	134.36	28.09	117.57	157.98	40.41
2. 管理和销售费	108.07	71.00	-37.07	156.09	41.86	-114.23	188.11	49.67	-138.44
3. 维护及税金	86.88	243.53	156.65	136.16	247.79	111.63	101.89	230.41	128.52
运营成本	1890.15	2212.95	322.80	2985.58	2970.12	-15.46	3632.91	3036.03	-596.88
资金成本	228.85	328.24	99.38	335.42	356.50	21.07	286.09	392.52	106.44
完全成本	2119.00	2541.19	422.19	3321.00	3326.61	5.61	3919.00	3428.55	-490.45

注：由于《中国钢铁工业年鉴》对中国企业"完全成本"，只有成本比例，没有成本价格。因此，笔者用"当年热轧卷结算价格"替代"完全成本"。完全成本与毛利润之和，应为结算价格。

资料来源：根据《中国钢铁工业年鉴》，笔者整理。

　　另一方面，从横向比较看：（1）2015 年、2017 年和 2019 年，中国完全成本的比较优势分别为 422.19 元/吨、5.61 元/吨和 -490.45 元/吨，由于"完全成本"用"结算价格"替代不足以明确体现中国钢企的平均成本，但比较优势的变化趋势，足以体现中国钢铁产业比较优势的不断减弱，若进一步假设 15% 的毛利润率，2019 年中国和国外钢铁产业完全成本几乎一致。（2）在完全成本中，中国比较优势集中在资金成本，2015 ~ 2019 年，资本成本比较优势分别为 99.38 元/吨、21.07 元/吨和 106.44 元/吨，但运营成本优势不断下降，2015 ~ 2019 年，资本成本比较优势分别为 322.8 元/吨、-15.46 元/吨和 -596.88 元/吨。（3）在运营成本中，原材料、能源及还原剂、人力成本的比较优势都持续下降，三类要素的比较优势从 2015 年的 219.77 元/吨、- 155.51 元/吨和 256.43 元/吨，分别降为 2019 年的 -192.51 元/吨、-435.54 元/吨和 30.48 元/吨。综合看来，中国钢铁产业生产要素中，资金成本优势明显，而运营成本优势已不断削弱，其中人力成本尚有优势，原材料和能源及还原剂比较优势几乎为零（按照 15% 的毛利润估算）。由此看来，中国钢铁产业国际竞争力可持续发展前景并不乐观。

6.2　生产要素核心能力的比较

6.2.1　世界级钢铁企业分布结构

　　相对于基础资源，核心能力更为聚焦，代表性企业核心能力有效反映产业核心能力。世界钢铁动态公司（World Steel Dynamics）依据生产规模、市场需求、技术创新和成本控制等指标，评价钢铁企业核心能力，并持续发布"世界钢铁企业竞争力排名"（World – Class Steelmaker Rankings）。"世界级钢铁企业"国家分布的变化，可折射各国钢铁产业国际竞争力的变化。2009 年和 2021 年"世界级钢铁企业"的国家分布及其企业排名,如表 6 – 13 所示。一方面,从入围钢铁企业数量看,中国位居首位。2009 年、2019 年和 2021 年中国都有 5 家企业上榜,分别是宝武钢铁、中钢公司、鞍钢集团、马钢集团和沙钢集团,2021 年五家钢铁企业世界排名分别为第 5、第 16、第 28、第 33 和第 35 名;同时印度、美国、俄罗斯、巴西、日本和韩国的入围钢铁企业数量紧随中国之后。另一方面,从企业竞争力排名看,在七个钢铁强国中,中国企业竞争力排名靠后,其中排名最高的宝武钢铁 2019 年位于第 15 位①,2021 年跃升至第 5 位,进入顶级钢铁企业的行列。综合来看,在前十名的世界级钢铁企业中,中国只有宝武钢铁集团一家,而美国和俄罗斯分别有两家前十的钢铁企业,韩国浦项钢铁集团长期位居世界第一的位置,同时印度、美国和俄罗斯都有四家世界级钢铁企业,仅比中国少一家,可见世界钢铁产业转移存在从中国继续转移的风险。

表 6 – 13 2009 ~ 2021 年"世界级钢铁企业"的国家分布及其企业排名

分类	中国	印度	美国	俄罗斯	巴西	日本	韩国	其他	总计
2009 年企业数	5	6	5	4	2	2	1	7	32
2019 年企业数	5	4	4	4	3	2	2	12	34
2021 年企业数	5	4	4	4	3	2	2	11	35
2019 年入选企业排名	15、22 24、31、 32	7、17 20、28	2、12 30、34	4、6 9、13	23 25、27	5 16	1 10	—	—
2021 年入选企业排名	5、16 28、33、 35	10、12 22、27	2、8 11、18	3、7 17、20	25 29、31	7 19	1 13	—	—

资料来源:根据世界钢铁动态公司发布的"世界钢铁企业竞争力排名"(World – Class Steel-maker Rankings)整理。

---

① 虽然宝武集团成立于 2016 年,但 2019 年世界钢铁动态公司视宝武集团为独立研究对象,鞍钢集团和马钢集团也是如此。2021 年宝武集团变化为宝武钢铁,故此排名大幅上升。

6.2.2　核心能力的国际比较

综合表 6 – 12 和表 6 – 13 可知，中国钢铁产业生产成本具有显著竞争优势，但中国钢铁企业，除宝武钢铁集团外，国际竞争力却大多在"世界级"钢铁企业的中下游水平。二者背离反映中国钢铁产业大而不强，中国钢铁产业核心能力的优势和弱势各在何处？

围绕四类基础资源，2021 年"世界级钢铁企业"的核心能力如表 6 – 14 所示，表中企业为各个国家排名最高的企业，分别选取了世界前三的浦项制铁（POSCO）、纽柯（Nucor）和谢维尔钢铁公司（Severstal），以及中国进入世界 35 强的五家钢铁企业：宝武钢铁、中钢公司、鞍钢集团、马钢集团和沙钢集团。由表可知：（1）在资源要素中，宝武钢铁集团拥有铁矿指标低于均值，而拥有炼焦煤矿和采购原材料成本两项指标略高于均值，特别是自有铁矿不足，铁矿石进口依存度较高，限制了宝武钢铁集团的竞争力提升；国际比较看，对比平均值，谢维尔自有铁矿充裕，浦项、纽柯和谢维尔拥有炼焦煤矿较多，且三个钢铁企业采购原材料有优势。（2）在资本要素中，宝武钢铁集团的并购与合资、资产负债表和产能扩张能力均为顶级水平，且其余四家中国钢铁企业的三个指标大部分高于均值水平，表明中国钢铁产业在资本能力方面较强；另外，国际比较看，浦项、纽柯和谢维尔的三项指标大多居于顶级水平，谢维尔的产能扩张能力偏弱，不及均值水平。（3）在劳动要素中，宝武集团的劳务成本略优于均值，但熟练技术工人和退休工人福利皆略低于均值，中国其他四家钢铁企业大多表现类似宝武集团；从国际比较看，谢维尔劳务成本优势明显，浦项和纽柯熟练技术工人充裕，同时浦项、纽柯和谢维尔退休工人福利皆大幅优于平均水平。此处分析表明，与人民普遍认为的中国劳动优势明显不同，中国钢铁产业劳动要素优势并不明显，劳务成本偏低，但熟练技术工人偏少。（4）在技术要素中，宝武集团技术创新能力、生产规模和高附加值产品三项指标都处于世界顶级水平，但另外四家中国钢铁企业大都在平均水平；国际比较看，长期位居竞争力排名第一的浦项制铁，其三项竞争力指标皆位于顶级水平，纽柯和谢维尔技术创新能力也大幅优于均值水平。综合来看，在生产要素中，中国钢铁企业的优势在于资本要素竞争优势显著，劣势在于资源要素能力，诸如：铁矿石拥有少、炼焦煤矿少、采购原材料能力偏低。而劳动要素中劳务成本偏低但熟练技术工人不足，技术要素生产规模优势明显但高附加值产品不足。

表 6 - 14 　　　　　　2021 年世界级钢铁企业核心能力国际比较

	企业名称	宝武	中钢	鞍钢	马钢	沙钢	浦项	纽柯	谢维尔	平均
生产要素	所在地	中国	中国	中国	中国	中国	韩国	美国	俄罗斯	
	钢材产量（万吨）	4800	1000	2600	2100	1800	3600	2600	1100	1700
	世界排名	5	16	28	33	35	1	2	3	—
权重	影响因素	宝武	中钢	鞍钢	马钢	沙钢	浦项	纽柯	谢维尔	平均
资源 0.05	拥有铁矿	5	4	9	4	5	6	—	10	7
0.04	拥有炼焦煤矿	5	3	3	3	6	6	—	8	4.41
0.04	采购原材料	7	7	7	5	7	7	7	8	6.6
资本 0.06	并购与合资	10	9	9	7	7	10	10	7	8.25
0.05	资产负债表	10	10	9	8	5	10	10	10	8.63
0.05	产能扩张	10	7	7	7	2	8	9	8	6.92
劳动 0.02	劳务成本	8	6	8	8	8	7	8	9	7.24
0.02	熟练技术工人	8	8	7	7	7	10	10	8	8.14
0.02	退休工人福利	7	7	7	7	10	9	8	9	7.54
技术 0.06	技术创新能力	9	7	7	6	6	10	9	9	7.77
0.05	生产规模	10	8	8	8	8	8	8	7	6.72
0.05	高附加值产品	9	8	6	7	6	10	7	8	7.71

注：该表为十分制，得分越多则竞争力越强。权重为各因素的影响程度，涉及生产要素的影响因素，权重之和仅为 0.54。

资料来源：根据世界钢铁动态公司发布的"世界钢铁企业竞争力排名"（World - Class Steelmaker Rankings）整理。

6.2.3　核心能力的国内比较

前面对核心能力进行国际比较，分析中国钢铁企业与国际企业的优势和劣势；接下来对核心能力进行国内比较，分析企业核心能力的变化趋势。由表 6－15 可知，2017～2021 年中国五家世界级钢铁企业：（1）在资源方面，中国 5 个世界级钢铁企业变化较小，拥有铁矿、拥有炼焦煤矿两个指标没有发生变化，仅采购原材料由 6.4 升至 6.6；（2）在资本方面，并购与合资和资产负债表两项指标大幅扩张，分别从 2017 年的 7.8和 5.2 升至 2021 年的 8.6 和 8.4，但产能扩张指标由 8 下降至 7，这个也与中国钢铁产业产能过剩有较大关系；（3）在劳动方面，劳务成本优势下降较多，由 8.4 降至 7.6，而熟练技术工人和退休工人福利分别略升和略降；（4）在技术方面，技术创新能力和产品高附加值能力没有发生变化，但生产规模上涨较多，由 2017 年的 7.4 大幅升至 2021 年的 8.2，这与中国近些年钢铁产业加速整合并购有关，其中宝钢和武钢合并为宝武钢铁集团是其中的典型代表。

表 6－15　　2017 年、2021 年中国世界级钢铁企业核心能力比较

生产要素	指标	2017 年						2021 年					
		宝钢	中钢	沙钢	鞍钢	马钢	平均	宝武	中钢	鞍钢	马钢	沙钢	平均
	世界排名	10	15	28	29	32	—	5	16	28	33	35	—
资源	拥有铁矿	5	4	5	9	4	5.4	5	4	9	4	5	5.4
	拥有炼焦煤矿	5	3	6	3	3	4	5	3	3	3	6	4
	采购原材料	6	7	7	7	5	6.4	7	7	7	5	7	6.6
资本	并购与合资	9	6	9	8	7	7.8	10	9	9	8	7	8.6
	资产负债表	5	8	4	3	6	5.2	10	10	9	8	5	8.4
	产能扩张	10	7	6	7	10	8	10	7	7	9	2	7

续表

生产要素	指标	2017 年						2021 年					
		宝钢	中钢	沙钢	鞍钢	马钢	平均	宝武	中钢	鞍钢	马钢	沙钢	平均
	世界排名	10	15	28	29	32	—	5	16	28	33	35	—
劳动	劳务成本	8	6	10	9	9	8.4	8	6	8	8	8	7.6
	熟练技术工人	8	9	6	7	7	7.4	8	9	7	7	7	7.6
	退休工人福利	7	8	10	7	7	7.8	7	7	7	7	10	7.6
技术	技术创新能力	9	7	6	7	6	7	9	7	7	6	6	7
	生产规模	9	6	8	8	6	7.4	10	6	9	8	8	8.2
	高附加值产品	9	8	6	6	7	7.2	9	8	6	7	6	7.2

资料来源：根据世界钢铁动态公司发布的"世界钢铁企业竞争力排名"（World – Class Steelmaker Rankings）整理。

6.3 生产要素可持续性的研判

依据经典钻石模型，在国际竞争优势的六个主要因素①中，生产要素居于首位，其重要性可见一斑。中国钢铁产业生产要素可持续性，取决于资源基础和核心能力的国内变化和国际比较。依据本部分分析，具体讨论如下：

（1）资源要素。一方面，表 6 – 12 表明中国原材料成本优势显著，但实际并非如此乐观。中国炼钢主要是长流程，使用铁矿石；发达国家大多是短流程，使用废钢为原料。因此，中国原材料成本优势与不同的生产流程有关，可比性有限，优势差距需下调。另一方面，表 6 – 14 体现中国资源要素具有明显劣势，尤其在铁矿拥有量方面，远不及谢维尔和西南钢铁。同时，结合表 6 – 15 发现，2017 ~ 2021 年中国钢铁产业资源要素能

---

① 钻石模型六个因素分别为：生产要素、需求状况、相关及支持产业、企业战略结构和同业竞争、政府、机会。

力略有提升。中国钢铁产业的原料采购能力略低于34家世界级钢铁企业均值（简称34强均值），特别是2020年铁矿石进口价格大幅飙涨60%值得警惕，笔者认为资源要素将维持在中等水平。因此，在经济一体化时代，铁矿石已成为自由贸易的大宗商品①，加之2022年7月，致力于成为以市场化方式集中国内部分铁矿石需求的中国矿产资源集团有限公司宣布成立，铁矿石贸易成本将不断下降，进口铁矿石完全可以弥补国内不足的短板，日本即是佐证。

（2）资本要素。一方面，表6-12反映中国钢铁产业资本成本对比国外均值略有优势；另一方面，表6-14说明国内钢铁企业并购与合资能力较强，紧随浦项和纽柯公司，资产负债表表现也不错。但中国的世界级钢企中，沙钢集团的资本要素表现并不立项，尤其是产能扩张能力仅为2，远低于平均水平。通过持续的供给侧结构性改革和钢铁去产能，中国钢铁产业利润从谷底一路攀升，从2016年的0.81%逐渐升至2019年的4.43%。同时，结合表6-15发现，2017~2021年中国钢铁产业资本要素上升明显，资产负债表不断优化。因此，在政府的支持下，企业并购能力将保持强势；随着利润率的提升，资产负债表将逐步修复，产能扩张能力也应相应恢复，总体上，中国钢铁产业资本要素将维持在中游水平。

（3）劳动要素。表6-12指出，中国劳动成本虽低于国外平均水平，但竞争优势正大幅减弱。同时对比主要产钢国，与中国劳动成本较低的直觉判断不同，中国钢铁企业劳务成本具有一定优势，但熟练技术工人和退休人员福利总体上不如平均水平。需指出，表6-14中劳动要素指标的影响权重在所有要素中垫底，说明劳动要素对钢铁产业发展的影响有限。同时，结合表6-15发现，2017~2021年中国钢铁产业劳动要素下降明显，尤其是劳务成本。但是，在钢铁产业劳动密集型减弱的背景下，中国钢铁

---

①　2018年12月，最大铁矿石衍生品清算所——新加坡交易所，在低品矿和62%基准品味合约的基础上，启动65%高品铁矿石衍生合约。

产业劳动要素竞争力大致将处于中游水平。

（4）技术要素。中国钢铁产业已基本脱离粗放型生产模型，表 6 - 8 表明钢铁生产技术能耗不断趋于强化。依据表 6 - 14 可知，中国钢铁企业技术要素相对充裕。规模效应是反映钢铁产业生产技术的重要指标①，宝钢集团位列世界顶级水平。同时，在高附加值产品的生产方面，宝钢集团的竞争力与处于顶级的浦项和纽柯相同。反观其他产钢大国，印度技术与中国差距较大，如中国连铸比已高达 99.8%，印度尚不及 90%；美国钢铁产业国内市场尚难自保，频频寻求贸易保护，技术进步后劲不足。同时，结合表 6 - 15 发现，2017～2021 年中国钢铁产业技术要素明显提升，主要表现在生产规模的提升方面。随着中国下游需求结构的变化，如各种机械设备和运输工具用钢需求超越建筑用钢，以及环保要求的不断提升，钢铁产业技术研发有着较强的需求动力和环保压力，技术研发有望长期居于国际领先水平。

综上所述，一方面，中国钢铁产业在技术要素保有强势的国际竞争优势；资本要素和劳动要素的竞争优势都处于中等水平；且可以通过进口贸易弥补资源短缺的竞争劣势；整体上，基础资源及其核心能力可形成中国钢铁产业持续竞争优势。另一方面，随着美国产业结构调整，服务业成为经济的主要支撑，钢铁产业难以再上巅峰；日本和韩国钢铁产量长期保持稳定，聚焦于高附加值钢材品种的开发，已不再追求数量目标；虽然印度和俄罗斯有替代中国的可能，但通过生产要素竞争力剖析，发现两国优势主要在于资源要素，其技术要素劣势明显。因此，中国钢铁产业若能继续保持现阶段发展势头，并通过供给侧结构性改革不断完善生产要素短板，有望保持钢铁产业竞争优势，如表 6 - 16 所示。

---

① 技术是全要素生产率的体现，规模经济对钢材生产效率有着较强的影响，因此纳入技术要素。

表 6 – 16　　　　　　　生产要素的核心能力及其动态变化

生产要素	核心能力	核心能力的动态变化	影响效果
资源要素	具有原材料成本优势，能源及还原剂劣势	铁矿石进口依存度较高	弱负效应
		铁矿石进口能力趋于加强	弱正效应
资本要素	具有资金成本优势	固定资产投资不断提升	弱正效应
		资产负债表逐步修复	弱正效应
劳动要素	竞争优势大幅下降	劳动要素贡献度不断下降	影响效果减弱
		劳务成本趋于上升	弱负效应
技术要素	技术要素相对充裕	随着集中度上升，规模效应提升	弱正效应
		节能环保要求，倒逼技术进步	持平
综合判断	通过供给侧结构性改革不断完善生产要素短板，有望保持钢铁产业竞争优势		

第7章

消费需求的基础资源、核心能力和可持续性

制造业消费需求渠道多元，主要可分为国内消费需求和国外消费需求，其中根据消费主体的不同，国内消费需求又可分为：居民的消费需求、政府和企业的投资需求以及下游企业的生产需求。因此，依据消费主体的差异，制造业消费需求可归纳为四个层面：居民需求、投资需求、生产需求和出口需求。以钢铁产业为例，本部分讨论制造业消费需求的基础资源、核心能力，及其可持续性。

7.1 消费需求基础资源的动态变化

7.1.1 居民需求增长放缓

居民收入刺激的钢铁消费需求应取决于两个方面：一是居民收入的增长水平。收入增加越多，居民将消费更多工业耐用品，钢铁消费需求也随之上涨。二是居民收入中消费钢铁的比例。依据产业结构升级的经验，一国从工业化时期，将逐步进入自动化和信息化时期，再演进至以服务业为主导的阶段。在上述产业结构升级的过程中，居民对钢铁产业的消费倾向

将不断减弱。1978~2021 年中国居民可支配收入和单位 GDP 耗钢量变化趋势，如表 7-1 所示。

表 7-1　　1978~2021 年中国人均可支配收入和单位 GDP 耗钢量变化趋势

年份	居民可支配收入（亿元）	人均可支配收入（元）	GDP（亿元）	粗钢产量（万吨）	单位 GDP 耗钢量（吨/万元）	人均可支配收入增长率（%）	单位 GDP 耗钢增长率（%）
1978	1646.0	171	3678.7	3178.0	0.86	—	—
1979	2019.1	207	4100.5	3448.4	0.84	21.05	-2.65
1980	2438.0	247	4587.6	3712.0	0.81	19.32	-3.79
1981	2792.0	279	4935.8	3560.0	0.72	12.96	-10.86
1982	3313.9	326	5373.4	3716.0	0.69	16.85	-4.12
1983	3759.8	365	6020.9	4002.0	0.66	11.96	-3.89
1984	4424.7	424	7278.5	4348.0	0.60	16.16	-10.13
1985	5070.3	479	9098.9	4679.0	0.51	12.97	-13.92
1986	5816.1	541	10376.2	5220.0	0.50	12.94	-2.17
1987	6547.1	599	12174.6	5628.0	0.46	10.72	-8.11
1988	7871.7	709	15180.4	5943.0	0.39	18.36	-15.31
1989	9061.4	804	17179.7	6159.0	0.36	13.40	-8.43
1990	10335.7	904	18872.9	6635.0	0.35	12.44	-1.94
1991	11304.3	976	22005.6	7100.0	0.32	7.96	-8.23
1992	13181.7	1125	27194.5	8093.5	0.30	15.27	-7.76
1993	16414.6	1385	35673.2	8953.9	0.25	23.11	-15.66
1994	22412.0	1870	48637.5	9261.3	0.19	35.02	-24.14
1995	28620.9	2363	61339.9	9536.0	0.16	26.36	-18.36
1996	34440.3	2814	71813.6	10123.7	0.14	19.09	-9.32
1997	37953.2	3070	79715.0	10891.1	0.14	9.10	-3.08
1998	40597.2	3254	85195.5	11458.8	0.13	5.99	-1.56
1999	43836.4	3485	90564.4	12395.4	0.14	7.10	1.76

续表

年份	居民可支配收入（亿元）	人均可支配收入（元）	GDP（亿元）	粗钢产量（万吨）	单位GDP耗钢量（吨/万元）	人均可支配收入增长率（%）	单位GDP耗钢增长率（%）
2000	47161.1	3721	100280.1	12850.0	0.13	6.77	−6.38
2001	51944.2	4070	110863.1	15226.0	0.14	9.38	7.18
2002	58214.9	4532	121717.4	18224.9	0.15	11.35	9.02
2003	64704.0	5007	137422.0	22233.6	0.16	10.48	8.05
2004	73586.2	5661	161840.2	27279.8	0.17	13.06	4.18
2005	83487.7	6385	187318.9	35579.0	0.19	12.79	12.68
2006	95023.8	7229	219438.5	42102.4	0.19	13.22	1.01
2007	113419.5	8584	270092.3	48971.2	0.18	18.74	−5.50
2008	132231.0	9957	319244.6	51233.9	0.16	15.99	−11.49
2009	146488.1	10977	348517.7	57707.0	0.17	10.24	3.17
2010	167881.9	12520	412119.3	63874.3	0.15	14.06	−6.39
2011	196052.9	14551	487940.2	68388.3	0.14	16.22	−9.57
2012	223552.0	16510	538580.0	71654.2	0.13	13.46	−5.08
2013	249161.4	18311	592963.2	77904.0	0.13	10.91	−1.25
2014	275848.3	20167	641280.6	82269.8	0.13	10.14	−2.35
2015	301949.0	21966	685992.9	80383.0	0.12	8.92	−8.66
2016	329375.3	23821	740060.8	80837.0	0.11	8.44	−6.78
2017	361059.4	25974	820754.3	83173.0	0.10	9.04	−7.23
2018	393887.9	28228	900309.5	92830.0	0.10	8.68	1.75
2019	433359.9	30733	990865.0	99634.0	0.10	8.87	−2.48
2020	454547.3	32189	1013567.0	103500.2	0.10	4.74	1.55
2021	496218.1	35128	1143669.7	103279.0	0.09	9.13	−11.57
2010年以来增长率均值						10.22	−4.84

资料来源：国家统计局和《中国钢铁工业年鉴》。

由表可知：（1）人均可支配收入增长率趋稳，但缓慢下降。自 1978 年以来，中国居民人均可支配收入增长率大致经历三个阶段，波峰分别出现在 1994 年和 2007 年，增长率分别为 35.02% 和 18.74%。1979～1994 年，居民人均可支配收入处于高速增长期，16 年间增长率均值为 16.28%；1995～2007 年，居民人均可支配收入处于中速增长阶段，13 年间增长率均值为 12.57%；2008～2021 年，居民人均可支配收入进入中低速增长阶段，14 年间增长率均值降为 10.63%；（2）单位 GDP 耗钢量持续下降，且降幅趋于扩大。随着中国产业结构不断升级，信息化和自动化水平不断提高，中国单位 GDP 耗钢量不断降低。1978 年，中国单位 GDP 耗钢量为 0.86 吨/万元，之后持续下降，至 1998 年单位 GDP 耗钢量降至 0.13 吨/万元，1999～2005 年单位 GDP 耗钢量有所上升，从 0.14 吨/万元升至 0.19 吨/万元，2010 年以来，中国已进入工业化后期，单位 GDP 耗钢量持续下降，2021 年仅为 0.09 吨/万元。

从中长期看，一方面，中国国民总收入增长率将从高速增长阶段进入中速增长阶段。改革开放伊始，中国经济历经 30 年高速增长，自 2010 年以来经济增速明显回落，经济增长率从 10% 持续下滑至 2019 年的 6%，2021 年恢复至 8.1%。2019 年中国人均国民收入达到 1 万美元，超过中等发达国家平均水平，中国经济稳中向好、长期向好的基本趋势没有改变，参照 GDP 中速增长的 5%～6% 目标①和经济合作与发展组织（Organization for Economic Cooperation and Development，OECD）对中国的预测②（real GDP long-term forecast）结果，21 世纪 20 年代国民总收入增长率预期维持在 4%～5% 水平。另一方面，单位 GDP 耗钢量将持续缓慢下降。随着中国进入工业化的中后期，以及 2015 年服务业占 GDP 比重首次突破 50%，中国已然迈入服务业主导的经济发展阶段。服务业是知识和技术密

---

① 2019 年 11 月，全国政协经济委员会副主任刘世锦在第六届中国"引进来"与"走出去"论坛的发言指出，中速增长平台的目标稳定下来是 5%～6% 左右。

② https：//data.oecd.org/gdp/real-gdp-long-term-forecast.htm#indicator-chart.

集型行业，对钢铁类投入品需求较低，进而导致单位 GDP 耗钢量缓慢下降，由 2015 年 0.12 吨/万元降至 2021 年的 0.09 吨/万元。

2010 年以来人均可支配收入增长率和单位 GDP 耗钢增长率分别为 10.22% 和 − 4.84%，如表 7 − 1 所示，人均可支配收入的正增长明显超过单位 GDP 耗钢量的负增长率。依据钢铁消费需求与居民收入增长率和单位 GDP 耗钢量成正比的分析，结合国民总收入增长率预期进入中速增长阶段和单位 GDP 耗钢量预期缓慢下降的预判，中长期视角下，居民收入上升刺激的钢铁产品消费需求仍将呈现增长趋势，但增长率将逐步放缓。

7.1.2 投资需求缓慢下降

相对于其他国家，中国投资率长期保持在较高水平，但随着中国经济发展规模的不断扩大，中国经济的投资驱动开始乏力。为比较分析中国投资率的水平及其发展趋势，分别选择发达国家美国、发展中国家印度，进行比较。1970 ~ 2020 年中国、美国、印度和世界投资率及其增长率①，如表 7 − 2 所示。1970 ~ 2020 年世界平均投资率约在 25% 水平波动，其中以美国为代表的发达国家和以印度为代表的发展中国家的平均投资率分别为 22% 和 27.6%，而中国平均投资率为 39.1%，远远高于美国、印度以及世界平均水平。中国投资率高位运行，究其原因有二：一是中国作为发展中国家，长期以来经济发展势头良好，尤其是改革开放之后，中国平均经济增速超过 9%，远高于 2.9% 的世界平均水平，良好经济预期推动固定资产的大规模投资；二是中国虽经济快速增长，但作为发展中国家，人均收入水平并不高，一直以来处于经济追赶阶段，迫切需要通过投资驱动经济增长。

---

① 参考世界银行数据，用资本形成总额占比（gross capital formation of GDP）表示投资率。

表 7－2 1970～2020 年中国、美国、印度和世界投资率及其增长率 单位：%

年份	中国投资率	印度投资率	美国投资率	世界投资率	中国增长率	印度增长率	美国增长率	世界增长率
1970	32.87	18.21	21.41	27.55	—	—	—	—
1971	33.64	19.20	21.92	27.33	2.34	5.45	2.36	−0.78
1972	31.25	19.55	22.58	27.57	−7.10	1.80	3.01	0.85
1973	32.96	18.70	23.33	28.80	5.46	−4.34	3.33	4.48
1974	33.21	22.51	22.69	29.02	0.76	20.38	−2.73	0.75
1975	35.04	19.55	20.28	26.54	5.51	−13.18	−10.65	−8.54
1976	33.22	19.42	22.04	27.41	−5.18	−0.64	8.68	3.28
1977	33.88	21.10	23.53	27.68	1.98	8.63	6.75	0.97
1978	37.60	22.65	24.83	28.04	10.99	7.37	5.55	1.31
1979	36.30	23.60	25.11	28.25	−3.48	4.17	1.12	0.76
1980	35.38	21.08	23.31	26.97	−2.52	−10.67	−7.17	−4.54
1981	33.69	20.83	24.28	26.47	−4.78	−1.17	4.15	−1.86
1982	32.75	20.98	22.07	25.19	−2.80	0.73	−9.09	−4.83
1983	32.69	20.05	22.25	24.68	−0.17	−4.45	0.83	−2.01
1984	35.17	21.03	25.10	25.42	7.60	4.90	12.78	3.00
1985	39.89	22.65	24.19	25.41	13.41	7.72	−3.62	−0.06
1986	38.57	22.08	23.74	25.17	−3.32	−2.54	−1.85	−0.91
1987	38.15	24.05	23.62	25.46	−1.08	8.92	−0.51	1.15
1988	39.92	25.12	22.83	26.32	4.64	4.44	−3.35	3.36
1989	37.90	26.07	22.51	26.70	−5.05	3.80	−1.38	1.43
1990	34.73	28.62	21.53	25.98	−8.36	9.79	−4.37	−2.69
1991	35.87	23.97	20.11	25.45	3.26	−16.26	−6.59	−2.02
1992	39.84	25.33	20.08	25.28	11.07	5.68	−0.16	−0.70
1993	44.24	24.40	20.39	25.00	11.06	−3.68	1.57	−1.09
1994	40.95	27.19	21.28	25.01	−7.45	11.44	4.34	0.05
1995	39.68	27.79	21.27	24.89	−3.09	2.21	−0.03	−0.51

续表

年份	中国投资率	印度投资率	美国投资率	世界投资率	中国增长率	印度增长率	美国增长率	世界增长率
1996	38.37	26.04	21.70	24.73	-3.31	-6.30	2.02	-0.61
1997	36.34	28.12	22.41	24.76	-5.30	7.98	3.26	0.10
1998	35.68	26.62	22.96	24.50	-1.81	-5.34	2.45	-1.04
1999	34.96	29.29	23.42	24.18	-2.00	10.03	2.01	-1.30
2000	34.43	26.68	23.68	24.54	-1.53	-8.90	1.09	1.48
2001	36.42	26.66	22.18	24.04	5.79	-0.08	-6.33	-2.03
2002	37.08	27.22	21.71	23.46	1.80	2.09	-2.11	-2.42
2003	40.63	29.50	21.74	23.92	9.59	8.41	0.16	1.98
2004	42.89	36.09	22.66	24.78	5.57	22.31	4.21	3.59
2005	41.39	38.08	23.38	25.02	-3.50	5.51	3.19	0.98
2006	40.93	38.90	23.54	25.50	-1.11	2.16	0.68	1.90
2007	41.48	41.93	22.59	25.88	1.35	7.80	-4.02	1.48
2008	43.30	37.85	21.12	25.70	4.38	-9.73	-6.52	-0.68
2009	46.52	40.11	17.80	23.48	7.42	5.98	-15.69	-8.66
2010	47.72	40.22	18.74	24.30	2.58	0.27	5.27	3.50
2011	47.82	39.59	19.10	24.64	0.21	-1.57	1.92	1.41
2012	47.39	38.35	20.02	24.50	-0.89	-3.14	4.80	-0.56
2013	47.57	34.02	20.41	24.40	0.38	-11.28	1.96	-0.42
2014	47.21	34.27	20.81	24.59	-0.77	0.72	1.95	0.79
2015	45.60	32.12	21.10	24.54	-3.39	-6.28	1.38	-0.21
2016	44.47	30.21	20.39	23.95	-2.48	-5.93	-3.37	-2.42
2017	44.34	30.94	20.66	24.17	-0.29	2.41	1.33	0.94
2018	44.06	31.31	21.01	24.38	-0.65	1.18	1.68	0.87
2019	43.25	30.22	21.37	26.44	-1.83	-3.47	1.71	8.44
2020	43.37	27.90	21.15	26.22	0.27	-7.69	-1.00	-0.84
2011~2020 年均值					-0.94	-3.50	1.24	0.81

资料来源：世界银行数据库（Data Bank）。

由表可知，1970~2020年的五十年间，中国投资率峰值出现在2011年，投资率高达47.82%，此后，投资率不断下跌，2020年投资率跌至43.37%，十年来投资率下跌近4.5个百分点。笔者认为，投资率连年下跌，不是短期波动，而是投资率将进入一个略低的区间运行，理由如下：第一，经济发展阶段发生变化。自2012年以来，中国经济告别过往30年超10%的高速增长阶段，逐步转入中高速增长阶段，2019年经济增速为6%，2020年受疫情冲击大幅降至2.3%，2021年经济增速提升至8.1%，但2020年和2021年增速均值仅为5.2%。随着经济增速的放缓，预期投资收益率也随之下降，投资步伐也将放缓。尤其是分析中国2011~2020年投资增长率，增长率十年均值已经跌入-1%的水平。第二，资金密集型行业投资效益下降。依据经济发展阶段理论，一国经济增长将历经要素导向、投资导向、创新导向和富裕导向四个阶段。中国已然跨过投资导向阶段，经济发展模式由粗放型逐步向集约型转变，资金密集型行业投资效益下降明显，例如钢铁产业2017年平均利润仅为3%，远低于整个工业平均6%的水平。第三，内需驱动型经济逐步建立。党的十九大报告指出："中国特色社会主义进入新时代，我国社会主要矛盾已经转化为人民日益增长的美好生活需要和不平衡不充分的发展之间的矛盾"，同时国际贸易保护主义不断抬头和投资边际效应持续递减，2022年俄乌冲突加剧了全球供应链的紧张，面对内在需求和外部环境的变化，消费将替代投资成为支撑中国经济发展的基石，内循环成为高质量发展的新方向。第四，投资水平仍将保持较高水平。由于中国经济社会发展仍旧存在较多短板，诸如在民生保障、生态环境保护和建设、西部地区基础设施建设等方面，尤其是疫情常态化下的医疗保障建设，中国将继续推进高端制造业和新型基础设施领域建设，中国仍旧会保持较高的投资水平。

综上所述，中国投资率将放缓，但投资水平仍将保持高位。在此背景下，中国钢铁产业投资需求将缓慢下降，但底部支撑明显。即一方面，随着投资率进入略低的运行区间，钢铁投资需求将下跌；另一方面，受益于中国投资水平仍将保持高位，钢铁投资需求仍有强大的底部支撑。

7.1.3 生产需求强劲且可持续

钢材生产需求约七成来源于建筑行业和机械行业，建筑行业用钢分为房屋工程建筑和基建工程建筑。其中房屋工程包括住宅房屋、商业及服务用房屋和办公房屋，基建工程包括铁路建设、交通建设和能源建设。机械行业则涵盖通用设备、专用设备、电气机械等制造业部门。

改革开放以来，中国大力推进的城镇化和制造业建设。一方面，城镇化伴随着大量农村人口向城市的转移，在人口转移和安置过程中，既需要建设大量住宅房屋、商业房屋和办公房屋满足人们居住和办公的需求，又需要开展铁路建设、交通建设和能源建设满足人们的生活和生产需求。另一方面，机械制造业是工业的核心部分，承担着为其他生产部门提供工作设备的重任，被称为国民经济的生命线。由此可见，主要耗钢产业，即建筑行业和机械行业的发展分别取决于中国城镇化和机械制造业的发展前景。

第一，中国城镇化建设可持续 20 年。改革开放之后，伴随着中国经济的腾飞，中国城镇化建设也稳步提升，按照城镇人口占总人口的比重，1990 年中国城镇化率为 26%，2000 年和 2010 年城镇化率分别升至 36% 和 49%，2019 年城镇建设取得标志性进展，城镇化率突破 60%。1978 ~ 2021 年的 44 年间，中国城镇化水平由 17.9% 提升至 62.51%，合计提升 44.61 个百分点，年均提升约 1 个百分点。但作为中高等收入国家①，2021 年中国城镇化建设水平略高于中高等收入国家平均水平，但与高收入国家差距明显。1978 ~ 2021 年，中国、美国和印度及各类国家的城镇化率，如表 7 - 3 所示。

---

① 2019 年中国人均国内生产总值为 10276 美元，按照世界银行 2019 年的标准，3996 ~ 12375 美元之间为中高等收入国家。

表 7 - 3　　1978～2021 年中国、美国和印度及各类国家的城镇化率　　单位：%

年份	中国	美国	印度	中等收入国家	高收入国家	世界	中印差距	中美差距
1978	17.90	73.68	22.38	29.94	70.50	38.53	-4.48	-55.78
1979	18.62	73.69	22.74	30.50	70.79	38.94	-4.12	-55.08
1980	19.36	73.74	23.10	31.06	71.09	39.35	-3.74	-54.38
1981	20.12	73.89	23.42	31.63	71.40	39.77	-3.30	-53.77
1982	20.90	74.04	23.65	32.17	71.68	40.15	-2.75	-53.14
1983	21.55	74.19	23.88	32.67	71.93	40.50	-2.33	-52.65
1984	22.20	74.34	24.11	33.18	72.18	40.86	-1.91	-52.14
1985	22.87	74.49	24.35	33.69	72.41	41.22	-1.47	-51.62
1986	23.56	74.64	24.59	34.19	72.68	41.58	-1.03	-51.09
1987	24.26	74.79	24.82	34.69	72.98	41.95	-0.56	-50.53
1988	24.97	74.94	25.06	35.19	73.26	42.31	-0.09	-49.97
1989	25.70	75.09	25.31	35.68	73.52	42.67	0.40	-49.39
1990	26.44	75.30	25.55	36.17	73.79	43.03	0.90	-48.86
1991	27.31	75.70	25.78	36.65	74.08	43.40	1.53	-48.39
1992	28.20	76.10	25.98	37.13	74.29	43.74	2.22	-47.90
1993	29.10	76.49	26.19	37.61	74.54	44.11	2.91	-47.39
1994	30.02	76.88	26.40	38.10	74.79	44.47	3.63	-46.85
1995	30.96	77.26	26.61	38.58	75.07	44.84	4.35	-46.30
1996	31.92	77.64	26.82	39.07	75.30	45.20	5.10	-45.72
1997	32.88	78.01	27.03	39.56	75.53	45.57	5.86	-45.13
1998	33.87	78.38	27.24	40.05	75.75	45.94	6.63	-44.51
1999	34.87	78.74	27.45	40.55	75.97	46.31	7.41	-43.88
2000	35.88	79.06	27.67	41.07	76.19	46.69	8.21	-43.18
2001	37.09	79.23	27.92	41.63	76.53	47.14	9.18	-42.14
2002	38.43	79.41	28.24	42.25	76.92	47.64	10.18	-40.98
2003	39.78	79.58	28.57	42.88	77.29	48.14	11.20	-39.81

续表

年份	中国	美国	印度	中等收入国家	高收入国家	世界	中印差距	中美差距
2004	41.14	79.76	28.90	43.52	77.64	48.64	12.24	-38.61
2005	42.52	79.93	29.24	44.16	77.99	49.15	13.29	-37.41
2006	43.87	80.10	29.57	44.79	78.31	49.65	14.30	-36.23
2007	45.20	80.27	29.91	45.41	78.61	50.14	15.29	-35.07
2008	46.54	80.44	30.25	46.04	78.91	50.65	16.29	-33.90
2009	47.88	80.61	30.59	46.67	79.19	51.15	17.29	-32.73
2010	49.23	80.77	30.93	47.30	79.47	51.65	18.30	-31.55
2011	50.51	80.94	31.28	47.91	79.68	52.10	19.24	-30.43
2012	51.77	81.12	31.63	48.51	79.85	52.55	20.13	-29.35
2013	53.01	81.30	32.00	49.12	80.02	53.01	21.01	-28.29
2014	54.26	81.48	32.38	49.73	80.19	53.46	21.88	-27.22
2015	55.50	81.67	32.78	50.33	80.36	53.92	22.72	-26.17
2016	56.74	81.86	33.18	50.93	80.54	54.37	23.55	-25.13
2017	57.96	82.06	33.60	51.54	80.72	54.83	24.36	-24.10
2018	59.15	82.26	34.03	52.13	80.90	55.28	25.12	-23.10
2019	60.31	82.46	34.47	52.71	81.10	55.72	25.84	-22.15
2020	61.43	82.66	34.93	53.28	81.29	56.16	26.50	-21.24
2021	62.51	82.87	35.39	53.84	81.48	56.58	27.12	-20.36

资料来源：世界银行数据库（Data Bank）。

由表可知，改革开放之初，中国城镇化率不及印度水平，直至1989年开始超过印度。截至2021年，中国城镇化率比印度高出27个百分点，但比美国少了20个百分点。从不同类型国家来看，中国与中等收入国家和高收入国家城镇化差距不断缩小，并到2008年，中国城镇化率开始超过中高等收入国家水平，但2008年仍比高收入国家低32个百分点。2019年中共中央办公厅、国务院办公厅印发《关于促进劳动力和人才社会性流动体制机制改革的意见》，中央经济工作会议指出要提高中心城市和城市群综合承载能力，结合 5G 商用、工业互联网和人工智能等新型基础设施领域建设，中国推进城镇化建设的力度有望加强。2021 年中国和高收入国家城镇化率分别为 62.51% 和 81.48%，两者相差近 20 个百分点。参照高收入国家的城镇化水平①，以及改革开放以来，每年城镇化建设提高 1 个百分点的趋势，中国城镇化还需要建设二十年才能达到高收入国家目前的水平。因此，中国城镇化建设可持续二十年，城镇化建设将引发大量房屋工程建设和基建工程建设，最终对建筑行业用钢形成强力和持续的支撑。

第二，中国制造业技术差距明显，建设周期较长。中国始终将制造业视为立国之本和强国之基，已逐步建成门类齐全和独立完整的产业体系。工业产值从 1990 年的 6904 亿元攀升至 2019 年的 38.6 万亿元，提升 40 多倍。2020 年中国工业增加值为 5.57 万亿美元，占全球工业增加值的 25.26%。早在 2010 年，中国制造业产值超过美国成为世界第一，占世界比重高达 20%。2018 年中国和美国制造业总产值分别为 4 万亿美元和 2.33 万亿美元，中国已是毋庸置疑的世界制造业大国。但从制造业增加值率、核心技术拥有和高端产业占比等视角考量，中国制造业尚且"大而不强"（黄慧群，2018）。《2021 中国制造强国发展指数报告》指出规模发展、质量效益、结构优化和持续发展四个指标，是制造业强国的主要标志。按此四类指标，全国制造业强国可以分为三个梯队，美国为第一梯队，德国和日本为第二梯队，中国为第三梯队。

单位 GDP 能源消耗量反映生产单位 GDP 所需消耗的能源数量，生产技术越强则单位 GDP 能源消耗越低，该指标常用来衡量制造业技术水平。本书运用"单位 GDP 所需消耗的能源数量"，比较中国与制造业强国第一梯队美国以及第二梯队的德国和日本之间的差距。1990～2015 年，中国与其他制造业强国单位 GDP 能耗的比较，如表 7-4 所示。

---

① 中国经济学家协会主席李稻葵预测，中国将在 2025 年左右进入高收入国家行列，2049 年达到高收入国家平均水平。

表7－4　　　　　　　　　1990～2015年中国与其他制造业强国

单位GDP能耗　　　　　　　　　单位：千克石油/美元

年份	中国	美国	德国	日本	高收入国家	世界	中国与世界比值
1990	0.78	0.32	0.23	0.18	0.24	0.29	173.28
1991	0.67	0.31	0.21	0.17	0.24	0.27	145.64
1992	0.60	0.30	0.19	0.17	0.23	0.26	127.18
1993	0.54	0.29	0.19	0.16	0.22	0.25	112.85
1994	0.49	0.28	0.18	0.17	0.22	0.24	102.22
1995	0.47	0.27	0.17	0.16	0.21	0.24	97.16
1996	0.43	0.26	0.18	0.16	0.21	0.23	87.16
1997	0.38	0.25	0.17	0.16	0.20	0.22	74.78
1998	0.36	0.24	0.16	0.16	0.19	0.21	66.06
1999	0.33	0.23	0.16	0.16	0.19	0.21	59.42
2000	0.31	0.22	0.15	0.15	0.18	0.20	55.71
2001	0.29	0.21	0.15	0.14	0.17	0.19	51.52
2002	0.28	0.21	0.14	0.14	0.17	0.19	49.88
2003	0.28	0.20	0.14	0.13	0.16	0.18	55.65
2004	0.29	0.19	0.13	0.13	0.16	0.18	62.55
2005	0.28	0.18	0.13	0.13	0.15	0.17	63.96
2006	0.26	0.17	0.12	0.12	0.14	0.16	64.20
2007	0.24	0.16	0.11	0.11	0.13	0.15	59.52
2008	0.22	0.15	0.11	0.11	0.13	0.14	53.79
2009	0.21	0.15	0.10	0.11	0.13	0.14	51.45
2010	0.21	0.15	0.10	0.11	0.12	0.14	50.79
2011	0.20	0.14	0.09	0.10	0.12	0.13	51.75
2012	0.19	0.13	0.09	0.09	0.11	0.13	48.85
2013	0.19	0.13	0.09	0.09	0.11	0.12	48.55
2014	0.18	0.13	0.08	0.09	0.11	0.12	46.47
2015	—	0.12	0.08	0.08	0.10	—	—

资料来源：世界银行数据库（Data Bank）。

由表可知,一方面,纵向比较可知,中国单位 GDP 能源消耗量不断下降,由 1990 年的 0.78 千克石油/美元逐步降至 2014 年的 0.18 千克石油/美元,单位 GDP 能源消耗量下降近 80%,25 年间单位 GDP 能源消耗量总计下降 0.6 千克石油/美元,平均每年下降 0.024 千克石油/美元,制造业生产技术显著提升;另一方面,横向比较可知,中国单位 GDP 能源消耗量远不及美国、德国和日本,甚至与世界平均水平尚有较大差距,但差距稳步缩小。1990 年,中国与世界的单位 GDP 能源消耗量分别为 0.78 千克石油/美元和 0.29 千克石油/美元,中国比世界高出 173.28%;至 2014 年,中国和世界单位 GDP 能源消耗量分别为 0.18 千克石油/美元和 0.12 千克石油/美元,中国比世界高出 46.47%。在国外制造业回流和国内资本脱实向虚的背景下,打造制造业竞争力是提升中国综合国力的必由之路。

通过表中纵向比较和横向比较,发现中国制造业仍需大力发展。2015 年国务院印发《中国制造 2025》指出通过"三步走"的战略,即大体上每一步用十年左右的时间,最终实现制造业强国。在今后的二三十年内,中国制造业还有长足的发展空间,通用设备、专用设备、电气机械等机械制造部门将蓬勃发展,机械行业用钢仍将长盛不衰。

7.1.4 出口需求趋降

自 2015 年以来,中国钢材出口量从峰值 1 亿吨逐年下降,2016 ~ 2021 年中国钢材出口量分别为 1.08 亿吨、0.75 亿吨、0.69 亿吨、0.64 亿吨、0.54 亿吨和 0.67 亿吨。2021 年比 2015 年钢材出口下降 40.48%。中国钢材出口主要集中在亚洲,占比达七成,其中韩国、越南、菲律宾、泰国、印尼和印度长期居于前列,如表 7-5 所示。

表 7 - 5 　　　　　　　中国钢材主要出口国家及其城镇化率

出口排名	2015 年	2016 年	2017 年
第一	韩国	韩国	韩国（81%）
第二	越南	越南	越南（36%）
第三	菲律宾	菲律宾	菲律宾（47%）
第四	印度尼西亚	泰国	泰国（50%）
第五	印度	印度尼西亚	印度尼西亚（55%）
五国出口总量（万吨）	3909	4455	2913
五国出口占比（%）	35	41	39

注：括号中数据为对应国家的城镇化率。
资料来源：依据《中国钢铁工业统计年鉴》和世界银行数据库整理。

　　由表可知，中国钢铁出口需求将呈现逐步下降的趋势。一方面，受制于国际经济增长放缓和国内进口替代，以及全球贸易保护主义抬头的影响，主要钢材进口国进口需求下降。例如韩国国内钢材进口替代增加，越南 2021 年更是成为钢材净出口国家。另一方面，主要进口国的城镇化水平大多较低，支撑钢铁进口需求。除韩国外，越南、菲律宾、泰国和印度尼西亚四国城镇化率平均为 47%，城镇化建设周期较长，钢材进口需求前景仍可保持较长周期。

7.2 消费需求核心能力的国际比较

7.2.1 核心能力的国际比较

　　基于需求视角，基于消费需求的 2021 年"世界级钢铁企业"竞争力比较，如表 7 - 6 所示。基于消费需求，"世界钢铁企业竞争力排名"

（World – Class Steelmaker Rankings）归纳了国内市场定价能力、位于高速增长市场和靠近下游用户三个影响因素，且三个指标权重分别为 0.06、0.03 和 0.03。同时，表中分别选取排名前十的代表性企业，即排名第一的韩国跨国企业浦项制铁、排名第二的美国纽柯钢铁公司、排名第三的俄罗斯谢维尔公司、排名第七的日本制铁公司、排名第十的印度塔塔钢铁公司以及入选世界级钢铁企业的五家中国钢铁企业。

表 7 – 6　　基于消费需求的 2021 年"世界级钢铁企业"竞争力比较

企业名称	所在地	钢材产量（万吨）	世界排名	消费需求指标得分		
				国内市场定价能力	位于高速增长市场	靠近下游用户
宝武钢铁	中国	4800	5	7	8	10
中国钢铁	中国台湾	1000	16	9	6	10
鞍钢	中国	2600	28	3	7	8
马钢	中国	2100	33	3	7	9
沙钢	中国	1800	35	3	7	9
浦项	韩国跨国	3600	1	8	7	8
纽柯	美国	2600	2	7	6	7
谢维尔	俄罗斯	1100	3	8	6	7
日本制铁	日本跨国	3800	7	8	4	9
塔塔钢铁	印度、欧洲	2800	10	7	8	7
35 强均值	—	1700	—	7.08	6.23	8.13

注：依据"世界钢铁企业竞争力排名"（World – Class Steelmaker Rankings），国内市场定价能力、位于高速增长市场、靠近下游用户三个消费需求指标权重分别为 0.06、0.03 和 0.03。

资料来源：根据世界钢铁动态公司发布的"世界钢铁企业竞争力排名"（World – Class Steel-maker Rankings）整理。

由表可知：（1）在国内市场定价能力方面，宝武钢铁作为中国最优秀的钢铁企业，其国内市场定价能力不及"中国钢铁公司"，同时在五国钢铁企业中并列 7 分垫底，甚至不及 35 强均值水平的 7.08 分。而另外鞍钢、马钢和沙钢该项分值更是仅为 3 分，不及 35 强均值的一半。究其原因在于中国钢铁产业集中度偏低，2018 年日本、韩国和美国 CR3（前三家企业产量占总产量比重）分别为 80%、93% 和 54%，而中国 CR10 不足 40%。（2）在位于高速增长市场方面，随着中国经济增长速度的放缓，中国钢铁产业在此方面优势明显，五家入围钢铁企业均高于 35 强均值 6.23 分，且宝武钢铁该值为 8 分，在表中 10 个世界级钢铁企业中与塔塔钢铁并列第一；同时发现，该项指标日本制铁公司较弱。（3）在靠近下游用户方面，中国仍具有大规模钢铁消费市场，因此在 "靠近下游用户" 方面中国五家钢铁企业皆处于较高水平，高于 35 强均值 8.13 分。其中，宝武钢铁和中钢公司该指标同为 10 分，马钢和沙钢同为 9 分，鞍钢为 8 分。

通过消费需求的国际比较可知：中国钢铁企业在 "靠近下游用户" 方面优势显著，在 "位于高速增长市场" 方面具有较强优势，而在 "国内市场定价能力" 方面具有一定劣势。上述分析结果，佐证了 7.1 节的钢铁产业消费需求的分析结果，即中国钢铁消费需求趋降，但仍存在较强支撑。

7.2.2　核心能力的国内比较

核心能力的动态变化，可以反映产业竞争力的变化趋势。2017～2021 年，中国 "世界级钢铁企业" 核心能力的比较，如表 7 - 7 所示。由表可知：（1）从企业排名看，中钢、鞍钢和马钢变化较小，宝钢集团和沙钢变化较大。前者从第十名跃升至第五名，主要源于宝钢和武钢合并成新的超级企业宝武钢铁；后者从第二十八名降至三十五名，但马钢三项指标总分由 2017 年的 18 分提高到 2021 年的 19 分，由此可见全球钢铁产业竞争的激烈程度。（2）从得分均值看，虽然宝武钢铁进入世界前五的行列，但五家中国钢铁企业三项总分由 2017 年的均值 20.4 分升至 2021 年的 21.2 分，但排名均值却从 2017 年的 22.8 降至 2021 年的 23.4，反映中国钢铁产业在世界竞争力的不进反退。（3）对于"国内市场定价能力"，中国五家世界级钢铁企业略有下降，还是受到企业集中度较低的负面影响。（4）对于"位于高速增长市场"，中国五家钢企皆呈现上升势头，这受益于中国较为积极的宏观经济环境。（5）对于"靠近下游用户"，中国五家企业变化不大，从9.4分略降至9.2分，这主要源于中国国内规模较大的钢铁下游用户市场。

表7-7　　基于消费需求的中国"世界级钢铁企业"竞争力比较

企业名称	排名	国内市场定价能力	位于高速增长市场	靠近下游用户	三项总分
宝钢	10	6	6	10	22
中钢	15	10	6	10	26
沙钢	28	4	5	10	19
鞍钢	29	3	6	8	17
马钢	32	3	6	9	18
2017平均	22.8	5.2	5.8	9.4	20.4
宝武钢铁	5	7	8	10	25
中钢	16	9	6	10	25
鞍钢	28	3	7	8	18
马钢	33	3	7	9	19
沙钢	35	3	7	9	19
2021平均	23.4	5	7	9.2	21.2

资料来源：根据世界钢铁动态公司发布的"世界钢铁企业竞争力排名"（World - Class Steel-maker Rankings）整理。

7.3　消费需求可持续性的研判

中国强劲的钢铁需求是钢铁产业高速发展的基石，四类钢铁消费需求表现如下：第一，中国居民收入持续增长刺激钢铁居民需求上升；第二，国内高水平投资率拉动钢铁投资需求；第三，下游产业高速扩张带动钢铁生产需求；第四，虽然中国已连年稳居钢铁出口第一大国，但国外出口需求的消费贡献较低。

基于中长期视角，结合国内外经济和社会形势的变化趋势，钢铁产业四类消费需求的动态变化如下：第一，随着中国经济进入"新常态"经济增长速度趋缓，以及工业化中后期钢铁消费偏好（单位 GDP 耗钢量）趋降，钢铁居民需求增长趋缓；第二，随着整体预期投资收益率下降、资金密集型行业投资效益减少和内需驱动型经济逐步建立，并结合中国仍将保持较高水平投资的判断，钢铁投资需求将缓慢下降；第三，建筑行业和机械行业是钢铁产业主要下游行业，结合中国城镇化建设可持续二十年和中国制造业仍需长期建设的判断，钢铁生产需求旺盛，且可持续性强；第四，在全球经济增长放缓和贸易保护主义抬头的背景下，中国钢材主要出口国进口替代趋势增强，并考虑除韩国外，多个国家城镇化建设需求强烈，钢铁出口需求长期将缓慢下降。

综上所述，若国内外经济形势和钢铁产业自身发展不出现重大变化，中国钢铁居民需求增长趋缓、投资需求将缓慢下降、生产需求将保持强劲、出口需求将缓慢下降。由于钢材出口对消费贡献较低，增长趋缓的居民需求和缓慢下降的投资需求对钢铁产业消费贡献大致抵消，加之仍将保持强劲的生产需求，在二十年的中长周期内，中国钢铁消费需求缓慢下降，但仍可继续支撑钢铁产业的不断发展。钢铁产业消费需求的核心能力及其动态变化，如表 7-8 所示。

表 7-8　　　　　　　　消费需求的核心能力及其动态变化

消费需求	核心能力	核心能力的动态变化	影响效果
居民需求	居民收入增长刺激需求	新常态下经济增速趋缓	弱负效应
		工业化后期钢铁消费偏好趋降	弱负效应

续表

消费需求	核心能力	核心能力的动态变化	影响效果
投资需求	高水平投资拉动需求	资本密集型行业投资收益率下降	弱负效应
		投资水平仍将保持较高水平	持平
下游需求	下游产业扩张带动需求	城镇化建设持续推进	弱正效应
		工业化进程持续推进	弱正效应
出口需求	出口需求消费贡献较低	贸易保护和进口替代将提升	弱负效应
		进口国城镇化建设需求强烈	弱正效应
综合判断	二十年中长周期内，消费需求缓慢下降，但仍可继续支撑钢铁产业的不断发展		

第8章

产业利润的合理边界和可持续性

产业利润是保持产业竞争力的源泉。一方面，维持合理的产业利润，可以维持企业正常的生产运行，维持企业的各项开支，保持企业运转；另一方面，企业利润是企业再投资的基础，维持合理利润可以驱动企业持续开展技术研发，提升企业竞争力。关于制造业产业利润的可持续性，以钢铁产业为例，本部分从四个层面开展分析：一是，通过制造业各项财务指标对比，分析产业利润支撑指标的动态变化；二是，通过制造业利润指标的国际比较，分析产业利润的核心能力；三是，研判制造业产业利润的合理区间；四是，研判制造业产业利润的可持续性。

8.1　产业利润支撑指标的动态变化

8.1.1　资产负债率的变化

资产负债率是支撑产业利润的重要指标。资产负债率是负债总额与资产总额的比值，反映企业的债务情况，与产业利润负相关。1993～2020年，中国钢铁产业资产负债率及其变化，如表 8－1 所示。由表可知：(1) 1993～2020 年的 28 年间，产业资产和负债都持续上升。产业总资产由 1993 年的 39574936 万元升至 2020 年的 564499128 万元，提升幅度达到 13.3 倍；负债由 24138748 万元升至 353354084 万元，提升幅度到达 13.6 倍，两者变化趋势接近；（2）产业资产负债率呈现先降后升，又逐步下降的过程。资产负债率由 1993 年的 61% 开始下降，波谷出现在 2001 年，为 50.68%，之后该指标逐步上升至 2015 年的 70.73%，于 2020 年降至 62.6%，2011~2020 年十年均值为 66.88%；（3）从变化率来看，资产增长率、负债增长率和负债率变化都呈现出较为一致的趋势，三个指标都呈现先升后降再回暖的趋势。三个指标波峰皆出现在 2007 年和 2008 年，波谷皆出现在 2016 年和 2018 年间，说明钢铁产业在 2007 年和 2008 年处于高速扩张阶段，正值 2008 年的四万亿计划期间①，而 2016~2018 年产业出现收缩倾向。

表 8 - 1 1993~2020 年钢铁产业资产负债率及其变化

年份	资产总计（万元）	负债合计（万元）	资产负债率（%）	资产增长率（%）	负债增长率（%）	负债率变化（%）
1993	39574936	24138748	61.00	—	—	—
1994	51107200	30371800	59.43	29.14	25.82	-2.57
1995	57494500	32639400	56.77	12.50	7.47	-4.47
1996	64056400	35854800	55.97	11.41	9.85	-1.40
1997	69179800	39801500	57.53	8.00	11.01	2.79
1998	73551900	43727400	59.45	6.32	9.86	3.33
1999	76762323	46567100	60.66	4.36	6.49	2.04
2000	83291784	43417534	52.13	8.51	-6.76	-14.07
2001	79449315	40267968	50.68	-4.61	-7.25	-2.77

---

① 2008 年国际金融危机全面爆发后，中国经济增速快速回落，一度面临着陆的风险。应对危局，政府于 2008 年 11 月推出了进一步扩大内需、促进经济平稳较快增长的十项措施，并估算，到 2010 年底约需投资 4 万亿元。

年份	资产总计（万元）	负债合计（万元）	资产负债率（%）	资产增长率（%）	负债增长率（%）	负债率变化（%）
2002	88103670	45301971	51.42	10.89	12.50	1.45
2003	102309831	55537618	54.28	16.12	22.59	5.57
2004	122656698	70589028	57.55	19.89	27.10	6.02
2005	143312974	82239758	57.38	16.84	16.51	−0.29
2006	173400081	99734548	57.52	20.99	21.27	0.23
2007	228060945	128878862	56.51	31.52	29.22	−1.75
2008	272326626	163445780	60.02	19.41	26.82	6.21
2009	298852170	182054707	60.92	9.74	11.39	1.50
2010	351929272	224065316	63.67	17.76	23.08	4.51
2011	393093225	260032555	66.15	11.70	16.05	3.90
2012	424533361	287646940.1	67.76	8.00	10.62	2.43
2013	436457659	297971296.8	68.27	2.81	3.59	0.76
2014	471014629	323169702.7	68.61	7.92	8.46	0.50
2015	463351976	327715428.9	70.73	−1.63	1.41	3.08
2016	451701994	317053973.9	70.19	−2.51	−3.25	−0.76
2017	474447135	319955549.2	67.44	5.04	0.92	−3.92
2018	493966023	316739225.5	64.12	4.11	−1.01	−4.92
2019	513958159	323356929.9	62.92	4.05	2.09	−1.88
2020	564499128	353354084	62.60	9.83	9.28	−0.51
2011~2020年均值			66.88	4.93	4.81	−0.13

资料来源：笔者根据各年度《中国钢铁工业年鉴》整理。

8.1.2 销售成本率的变化

销售成本率是支撑产业利润的重要指标。销售成本率是销售成本和销售收入的比值，用以反映企业每单位销售收入所需的成本支出，与产业利润负相关。1999~2020 年，中国钢铁产业资产负债率及其变化，如表 8-2 所示。由表可知，1999~2020 年的 22 年间，（1）产品销售收入和产品销售成本都大幅上涨，销售收入由 1999 年的 30516334 万元涨至 2020 年的 489583318 万元，销售成本由 26595577 万元涨至 441144664 万元，前者提升幅度为 15.04 倍，后者提升 15.59 倍，两个指标变化趋势大致相同；（2）22 年间，销售成本率由 1999 年的 87.15% 略升至 90.11%，总体变化不大，比较稳定，其间波谷值为 2003 年的 81.06%，波峰值为 2015 年的 95.39%；（3）从变化率看，销售收入增长率、销售成本增长率和销售成本率变化大体一致，销售收入增长率和销售成本增长率的波峰和波谷分别同时出现在 2004 年和 2015 年，销售成本率的波峰和波谷分别出现在 2009 年和 2016 年。综合来看，销售成本率在 90% 上下波动，且变化较为平缓。

表 8-2　　　　　1999~2020 年钢铁产业销售成本率及其变化

年份	产品销售收入（万元）	产品销售成本（万元）	销售成本率（%）	销售收入增长率（%）	销售成本增长率（%）	销售成本率变化（%）
1999	30516334	26595577	87.15	—	—	—
2000	37434471	31020210	82.87	22.67	16.64	-4.92
2001	37926890	31553500	83.20	1.32	1.72	0.40
2002	47070862	38689400	82.19	24.11	22.62	-1.20
2003	71343467	57830600	81.06	51.57	49.47	-1.38
2004	110450441	92182000	83.46	54.82	59.40	2.96
2005	131605587	114006900	86.63	19.15	23.68	3.80
2006	155424626	134209600	86.35	18.10	17.72	-0.32
2007	206999746	179168698	86.56	33.18	33.50	0.24
2008	270301289	242671411	89.78	30.58	35.44	3.72
2009	241871234	226701266	93.73	-10.52	-6.58	4.40

年份	产品销售收入（万元）	产品销售成本（万元）	销售成本率（％）	销售收入增长率（％）	销售成本增长率（％）	销售成本率变化（％）
2010	308188472	282587807	91.69	27.42	24.65	-2.17
2011	346687570	319505612	92.16	12.49	13.06	0.51
2012	364196594	342196542	93.96	5.05	7.10	1.95
2013	371304184	347092495	93.48	1.95	1.43	-0.51
2014	386199343	358337602	92.79	4.01	3.24	-0.74
2015	279058151	266186697	95.39	-27.74	-25.72	2.80
2016	246961884	222445635	90.07	-11.50	-16.43	-5.57
2017	348603728	303199138	86.98	41.16	36.30	-3.44
2018	395904864	337878412	85.34	13.57	11.44	-1.88
2019	423489405	377219631	89.07	6.97	11.64	4.37
2020	489583318	441144664	90.11	15.61	16.95	1.16
2011～2020 年均值			90.93	6.16	5.90	-0.13

资料来源：笔者根据各年度《中国钢铁工业年鉴》整理。

8.1.3 销售利润率的变化

销售利润率是支撑产业利润的重要指标。销售利润率是销售利润与销售成本的比值，反映销售收入的收益水平，与产业利润正相关。1999～2020 年，中国钢铁产业销售利润率及其变化，如表 8-3 所示。由表可知：（1）1990～2020 年的 31 年间，销售收入和利润总额两个指标都呈现大幅上涨，销售收入由 10871800 万元涨至 489583318 万元，上涨了44.03 倍；而利润总额由 665400 万元涨至 21962601 万元，上涨了 32.01 倍，上涨幅度不及销售收入；（2）销售利润率呈现先升后降，又逐步上升的过程。1990 年销售利润率为 6.12％，1993 年达到峰值 10.21％，后期持续下降，至 2015 年降至波谷的 -2.73％，之后销售利润率逐步回暖。

2011～2020 年十年均值为 2.38%；（3）从增长率看，利润增长率和销售利润率变化的波峰和波谷值分别同时出现在 2013 年和 2016 年，结合销售利润率波谷值在 2015 年，由此可见，钢铁产业销售利润在 2013～2016 年期间出现较大波动，表现为销售利润率的探底和触底反弹。同时，还表明产业销售利润率进入一个较低的阶段。

表 8 - 3　　　　　1990～2020 年钢铁产业销售利润率及其变化

年份	销售收入（万元）	利润总额（万元）	销售利润率（%）	收入增长率（%）	利润增长率（%）	销售利润率变化（%）
1990	10871800	665400	6.12	—	—	—
1991	13712100	711200	5.19	26.13	6.88	-15.26
1992	18846700	1026000	5.44	37.45	44.26	4.96
1993	28417200	2900700	10.21	50.78	182.72	87.50
1994	27697700	2360800	8.52	-2.53	-18.61	-16.50
1995	29200300	1135200	3.89	5.42	-51.91	-54.39
1996	28542800	440700	1.54	-2.25	-61.18	-60.28
1997	29194500	103500	0.35	2.28	-76.51	-77.04
1998	29116400	90100	0.31	-0.27	-12.95	-12.71
1999	30516334	272748	0.89	4.81	202.72	188.83
2000	37434471	1144321	3.06	22.67	319.55	242.02
2001	37926890	1638050	4.32	1.32	43.15	41.29
2002	47070862	2396300	5.09	24.11	46.29	17.87
2003	71343467	5056900	7.09	51.57	111.03	39.23
2004	110450441	8804839	7.97	54.82	74.12	12.47
2005	131605587	8204300	6.23	19.15	-6.82	-21.80
2006	155424626	10389314	6.68	18.10	26.63	7.23
2007	206999746	15996100	7.73	33.18	53.97	15.61
2008	270301289	9279882	3.43	30.58	-41.99	-55.57

续表

年份	销售收入（万元）	利润总额（万元）	销售利润率（%）	收入增长率（%）	利润增长率（%）	销售利润率变化（%）
2009	241871234	5993087	2.48	−10.52	−35.42	−27.83
2010	308188472	9321877	3.02	27.42	55.54	22.07
2011	346687570	8949454	2.58	12.49	−4.00	−14.66
2012	364196594	170628	0.05	5.05	−98.09	−98.19
2013	371304184	2249750	0.61	1.95	1218.51	1193.27
2014	386199343	2778145	0.72	4.01	23.49	18.72
2015	279058151	−7611210	−2.73	−27.74	−373.97	−479.15
2016	246961884	1999598	0.81	−11.50	−126.27	−129.69
2017	348603728	19062318	5.47	41.16	853.31	575.35
2018	395904864	28510300	7.20	13.57	49.56	31.69
2019	423489405	19332912	4.57	6.97	−32.19	−36.61
2020	489583318	21962601	4.49	15.61	13.60	−1.73
2011～2020 年均值			2.38	6.16	152.40	105.90

资料来源：笔者根据各年度《中国钢铁工业年鉴》整理。

综合表 8−1、表 8−2 和表 8−3 可知，在 21 世纪前后，钢铁产业资产负债率较低、销售成本率较低，且销售利润率较高，处于钢铁产业的高利润时期。在 2015 年，同时出现了资产负债率和销售成本率的峰值，以及销售利润率的谷值，明确表明钢铁产业处于利润的低谷期，甚至进入负利润时期。从 2011～2020 年十年均值看，钢铁产业资产负债率均值和销售成本率均值低于 2015 年水平，且销售利润率均值高于 2015 年水平，体现钢铁产业财务指标趋于平稳，发展指标依据健康，但总体上进入一个相对低速的发展阶段。

8.2　产业利润核心能力的国际比较

8.2.1　核心能力的国际比较

参照世界钢铁动态公司发布的"世界钢铁企业竞争力排名"（World-Class Steelmaker Rankings）的分析，钢铁企业利润主要涉及：削减成本能力、盈利能力、下游和非钢业务、转换成本与收益以及竞争对手威胁五个指标，且五个指标的权重分别为 0.06、0.06、0.06、0.05 和 0.05。基于企业利润的2021年"世界级钢铁企业"竞争力比较，如表8-4所示。由表可知：（1）在削减成本能力中，五家中国企业中宝武得分8分最高，略高于35强均值，但五家中国钢铁企业该指标的均值为7.4分，尚不及35强均值7.63分；（2）在盈利能力中，中国最强的是中钢公司，该值为满分10分，但五家中国钢企该指标均值为7.2分，与35强均值8.2分存在较大差距；（3）在下游和非钢业务中，中国最佳公司为中钢公司，该指标为8分，但中国五家均值为7分，略低于35强均值7.14分；（4）在转换成本与收益中，中国最佳公司为中钢公司，该指标为9分，但中国五家钢企该指标均值为7.6分，略低于35强均值7.91分；（5）在竞争对手威胁中，中国五家企业中仍然是中钢公司发展最好，该指标为9分，甚至高于世界排名前三的浦项制铁、纽柯公司和谢维尔公司，但中国五家均值为6.8分，仍低于35强均值6.93分。综合看来，与世界级钢铁企业对比，中国钢铁企业的利润获取能力明显不足，且在上述五个方面均有差距。

表 8 - 4   基于企业利润的 2021 年"世界级钢铁企业"竞争力比较

企业名称	所在地	钢材产量（万吨）	世界排名	影响因素				
				削减成本能力	盈利能力	下游和非钢业务	转换成本与收益	竞争对手威胁
宝武	中国	4800	5	8	9	7	8	7
中钢	中国台湾	1000	16	7	10	8	9	9
鞍钢	中国	2600	28	8	5	7	7	7
马钢	中国	2100	33	8	5	7	7	6
沙钢	中国	1800	35	6	7	6	7	5
中国平均	—	2460	—	7.4	7.2	7	7.6	6.8
浦项	韩国跨国	3600	1	9	9	10	10	7
纽柯	美国	2600	2	7	7	10	10	6
谢维尔	俄罗斯	1100	3	8	10	7	9	8
日本制铁	日本跨国	3800	7	9	8	10	10	7
塔塔钢铁	印度欧洲	2800	10	7	7	7	8	7
35 强平均	—	1700	—	7.63	8.2	7.14	7.91	6.93

资料来源：根据世界钢铁动态公司发布的"世界钢铁企业竞争力排名"（World - Class Steel-maker Rankings）整理。

8.2.2 核心能力的国内比较

基于削减成本能力、盈利能力、下游和非钢业务、转换成本与收益以及竞争对手威胁五个企业利润指标，对比中国世界级钢铁企业 2017 年和 2021 年竞争力变化，如表 8 - 5 所示。由表可知：（1）五家企业的削减成本能力略有上升，均值由 2017 年的 7.2 分升至 2021 年的 7.4 分；（2）五家企业的盈利能力大幅上升，均值由 2017 年的 6 分升至 2021 年的 7.2 分；（3）五家企业的下游和非钢业务大幅上升，均值由 2017 年的 5 分降至 2021 年的 7 分；（4）五家企业的转换成本与收益能力略有下降，由 2017 年的 7.8 分升至 2021 年的 7.6 分；（5）五家企业的竞争对手威胁能力略有上升，由 2017 年的 6.6 分升至 2021 年的 6.8 分。综合来看，中国五家世界级钢铁企业的利润获取能力上升幅度较大，尤其是下游和非钢业务、盈利能力两个指标，但排名均值却由 2017 年的 22.8 名降至 23.4 名。

表 8-5　　　基于企业利润的中国"世界级钢铁企业"竞争力比较

企业名称	世界排名	影响因素				
		削减成本能力	盈利能力	下游和非钢业务	转换成本与收益	竞争对手威胁
宝钢	10	8	7	5	8	6
中钢	15	6	8	6	8	9
沙钢	28	6	6	4	9	5
鞍钢	29	8	4	5	7	7
马钢	32	8	5	5	7	6
2017 平均	22.8	7.2	6	5	7.8	6.6
宝武钢铁	5	8	9	7	8	7
中钢	16	7	10	8	9	9
鞍钢	28	8	5	7	7	7
马钢	33	8	5	7	7	6
沙钢	35	6	7	6	7	5
2021 平均	23.4	7.4	7.2	7	7.6	6.8

资料来源：根据世界钢铁动态公司发布的"世界钢铁企业竞争力排名"（World - Class Steelmaker Rankings）整理。

8.3　利润和产量的合理区间研判

8.3.1　产业利润的合理区间

毫无疑问，利润是任何一个产业长期发展的基础和动力，"利润为零"是产业可承受的底线。以钢铁产业为例，钢铁产业利润的区间上限如何判断？一方面，钢铁产业作为重工业，资本投入密集且生产规模较大，加之全球分布广泛和技术差异性较低，钢铁产业往往追求成本最小化，而非利润最大化。钢铁产业利润总额较高，但产品利润率偏低成为常态。另一方面，钢铁产品作为原材料工业品，相对于其他工业部门，钢铁产品价值链较短，增值有限，导致钢铁产业利润率水平低于工业平均利润率。因此，钢铁产业利润的合理区间，应以零为下限，以工业平均利润率为上限。1985～2020 年中国钢铁产业和工业平均销售利润率，如表 8 - 6 所示。

表 8 - 6　　　　1985～2020 年中国钢铁产业和工业平均销售利润率　　　单位：%

年份	工业销售利润率	钢铁销售利润率	工业利润率增速	钢铁利润率增速
1985	11.76	15.81	—	—
1986	9.78	14.06	-16.80	-11.03
1987	9.22	12.55	-5.78	-10.75
1988	8.49	12.17	-7.89	-3.02
1989	6.31	10.07	-25.69	-17.26
1990	3.33	6.12	-47.25	-39.23
1991	3.12	5.19	-6.36	-15.26
1992	3.96	5.44	27.17	4.96
1993	4.34	10.21	9.58	87.50
1994	3.83	8.52	-11.87	-16.50
1995	3.20	3.89	-16.41	-54.39
1996	2.57	1.54	-19.73	-60.28
1997	2.68	0.35	4.49	-77.04
1998	3.00	0.31	11.78	-12.71
1999	3.28	0.89	9.18	188.83
2000	5.22	3.06	59.39	242.02
2001	5.05	4.32	-3.28	41.29

年份	工业销售利润率	钢铁销售利润率	工业利润率增速	钢铁利润率增速
2002	5.28	5.09	4.63	17.87
2003	5.82	7.09	10.22	39.23
2004	6.00	7.97	2.99	12.47
2005	5.96	6.23	-0.69	-21.84
2006	6.22	6.68	4.43	7.28
2007	6.79	7.73	9.23	15.61
2008	6.11	3.43	-10.03	-55.57
2009	6.37	2.48	4.17	-27.83
2010	7.60	3.02	19.41	22.07
2011	7.29	2.58	-4.08	-14.66
2012	6.66	0.05	-8.65	-98.19
2013	6.58	0.61	-1.18	1193.28
2014	6.16	0.72	-6.48	18.72
2015	5.96	-2.73	-3.13	-479.15
2016	6.21	0.81	4.06	-129.69
2017	6.61	5.47	6.54	575.35
2018	6.49	6.97	-1.82	27.39
2019	5.91	4.43	-8.95	-36.46
2020	6.08	4.49	2.88	1.35

资料来源：笔者根据各年度《中国钢铁工业年鉴》整理。

由表可知：（1）1996 年之前钢铁产业销售利润率始终高于工业平均水平，原因在于 1996 年以前中国粗钢产量尚未达到亿吨水平，钢铁产品供不应求，导致利润偏高，如 1985 年达到钢铁产业利润率峰值 15.81%；（2）随着 1996 年中国迈入产钢大国行列，供需缺口减少，钢铁产业利润回归正常区间，2001 年中国加入 WTO 打开钢铁产业国际市场，产品需求大增，刺激产业利润短期攀升，1996～2007 年之间钢铁产业销售利润率略低于工业销售利润率；（3）2008年金融危机之后，钢铁产品需求下降，而钢铁产量却持续上升，导致较为严重的产能过剩，产业利润一度为负，即2015年跌至－2.73%，近年来随着节能环保和去产能措施的加强，淘汰大量落后产能，助力产业利润回暖。同时，2008～2020年期间，钢铁产业利润率显著低于工业利润率。综合看来，钢铁产业三十六年的发展，较好佐证利润合理区间的判断。

8.3.2　产业产量的合理区间

在制造业之中，中国众多产品的产量居于世界前列，钢铁产业就是其中典型代表。中国钢铁产量连续居于世界首位，且2019年产量占全球比重已高达53%，但产能过剩问题却一直挥之不去。产能利用率（capacity utilization）表明产业实际生产能力的使用情况，企业产能利用率越高，则产品产量越高，单位产品的生产成本越低。尤其对于大规模生产的钢铁产业，产能利用率对产品成本影响显著。钢铁产业产能利用率高于80%处于合理区间，低于75%处于警戒水平。2000～2020年钢铁产业粗钢产量和产能利用率，如表8－7所示。

表8－7　　　　2000～2020年中国钢铁产业粗钢产量和产能利用率

年份	粗钢产量（万吨）	产能利用率（%）	销售利润率（%）	产能利用率增速（%）	销售利润率增速（%）
2000	12850	87.00	3.06	—	—
2001	15226	88.96	4.32	2.26	41.29
2002	18225	92.35	5.09	3.80	17.87
2003	22234	84.28	7.09	－8.74	39.23
2004	27280	80.20	7.97	－4.83	12.47
2005	35579	84.00	6.23	4.73	－21.80

年份	粗钢产量（万吨）	产能利用率（%）	销售利润率（%）	产能利用率增速（%）	销售利润率增速（%）
2006	42102	89.11	6.68	6.08	7.23
2007	48971	80.24	7.73	-9.95	15.61
2008	51234	79.52	3.43	-0.90	-55.57
2009	57707	80.38	2.48	1.08	-27.83
2010	63874	79.81	3.02	-0.70	22.07
2011	68388	79.22	2.58	-0.74	-14.66
2012	71654	74.65	0.05	-5.77	-98.19
2013	77904	70.42	0.61	-5.66	1193.27
2014	82270	70.80	0.72	0.53	18.72
2015	80383	67.00	-2.73	-5.37	-479.15
2016	80837	74.00	0.81	10.45	-129.69
2017	83173	75.80	5.47	2.43	575.35
2018	92830	78.00	7.20	2.90	31.69
2019	99634	79.90	4.57	2.44	-36.61
2020	103500	78.80	4.49	-1.38	-1.73

资料来源：笔者根据各年度《中国钢铁工业年鉴》整理。

由表可知，2008 年之前，钢铁产业产能利用率始终高于80%，产业发展良好。国际金融危机之后，在国内需求下降和国外出口受阻的双重压力下，虽然粗钢产量不断上升，但产能利用率却不断下降，2012 年跌破75%，2015 年下探至67%。随着落后产能的淘汰，2017 年产能利用率重回75%以上，2019 年和 2020 年继续回暖至 79.9% 和 78.8%，基本回归合理水平。

归纳看来，自粗钢产量达到 8 亿吨的水平，产能利用率连年在70%左右徘徊，8 亿吨产量应为 2013～2016 年国民经济消费钢铁产品的临界水平。虽 2019 年粗钢产量达到近 10 亿吨水平，且产能利用率回归合理区间，但 1.7 亿吨[①]的钢铁消费增量，并非来自经济增长对钢铁的需求拉动，其中超八成来自大量未纳入统计的地条钢淘汰之后的产量填补[②]。结合粗钢产量和产能利用率看，若剔除地条钢，2013 年以来，中国钢铁产业合理的产量水平应处于 9 亿~10 亿吨之间。

8.4　产业利润可持续性的研判

钢铁产业产能建设周期较长，且退出门槛较高，钢铁产能短期内波动较小。在短期内产能刚性的前提下，钢铁市场供需状况，影响产能利用率和销售利润率，进而影响产业利润可持续性。随着市场供需动态变化，产业利润可持续性存在三种情况，结合 2000~2020 年产业发展轨迹，如图 8-1 所示，分析如下：（1）供需差异合理，且需求小于供给，此时产能利用率和销售利润率处于合理区间，但二者趋于下降，处于图中情况二，产业利润合理且可持续；（2）供需差异合理，且需求大于供给，此时产能利用率和销售利润率处于合理区间，但二者趋于上升，处于图中情况四，产业利润合理且可持续；（3）供需差异不合理，且需求远大于供给，此时产能利用率和销售利润率处于高位区间，随着生产调整，二者趋于下降，处于图中情况一，产业利润处于高位区间，引致生产增加，高位利润不可持续；（4）供需差异不合理，且需求远小于供给，此时产能利用率和销售利润率处于低位区间，随着生产调整，二者趋于上升，处于图中情况三，产业利润处于低位区间，迫使生产减少，低位利润不可持续。

---

① 2014 年粗钢产量 8.2 亿吨，2.19 年产量 9.9 亿吨，增加 1.7 亿吨。

② 2017 年 10 月，在中日钢铁业环保节能先进技术专家交流会，中国钢铁工业协会会长迟京东指出，中国彻底清除 1.4 亿吨地条钢。

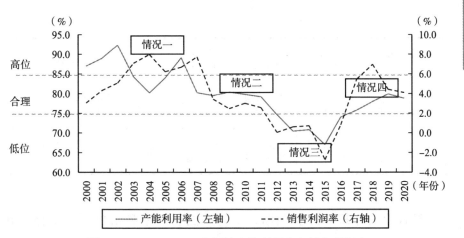

图 8 - 1　2000 ~ 2020 年钢铁产能利用率和销售利润率

资料来源：笔者根据各年度《中国钢铁工业年鉴》整理。

结合三种产业利润可持续性的分析，以及 2000 ~ 2020 年产能利用率和销售利润率波动，如图 8 - 1 所示，产业利润可持续性的分析逻辑、经济指标和研判区间，可归纳为表 8 - 8。另需说明，产能利用率与销售利润率不存在分别出现在高位区间和低位区间的情况。例如，销售利润率处于高位，则生产积极性高，则在产能刚性的前提下，产能利用率较高，反之，亦反之。

表 8 - 8　　　　产业利润可持续性的分析逻辑、经济指标和研判区间

钢铁市场供需差异		利润可持续性	产能利用率	销售利润率	图 8 - 1 示例	产业发展趋势
合理区间	需求小于供给	利润合理且可持续	75% ~ 85%	2% ~ 6%	情况二	产能利用率和销售利润率分别在 75% ~ 85% 和 2% ~ 6% 的合理区间波动
	需求大于供给	利润合理且可持续	75% ~ 85%	2% ~ 6%	情况四	

钢铁市场供需差异		利润可持续性	产能利用率	销售利润率	图8-1示例	产业发展趋势
不合理区间	需求远大于供给	高位利润不可持续	高位区间高于85%	高位区间高于6%	情况一	引致生产增加，利润下降
	需求远小于供给	低位利润不可持续	低位区间低于75%	低位区间低于2%	情况三	迫使生产减少，利润回升

结合理论分析和经验判断，仅当产能利用率和销售利润率分别在75%~85%和2%~6%的合理区间波动时，产业利润可持续。若产能利用率和销售利润率处于高位区间，较高产业利润将引致生产增加，导致高位利润不可持续，利润趋于下跌；若两指标处于低位区间，较低产业利润将迫使生产减少，低位利润将逐步回升。

产量与利润之间的逻辑关系为：在钢铁产品市场需求短期内保持不变的前提下，钢铁产量高低决定着产能利用率，产能利用率影响着产品单位成本，产品成本直接关系着产业利润。由此可知，通过保持合理的产量，中国钢铁产业可以维持合理利润，进而实现钢铁产业利润的可持续。

结合图表可知，2012年开始钢铁产业产能利用率跌破75%，2013年虽粗钢产量增至近8亿吨，但产能利用率和销售利润率分别跌至70%和近乎零的水平，钢铁产量和销售利润率都处于极不合理的区间。由于生产惯性，2015年情况继续恶化，粗钢产量略升至8亿吨，产能利用率和销售利润率进一步跌至67%和-2.73%的水平。随着2017年地条钢的清理，2019年产量增至9.96亿吨，产能利用率达到80%，虽销售利润率达到4.43%，但远低于2018年6.97%的水平。2020年产能利用率和销售利润率分别为78.8%和4.1%，可见产量进一步增长的空间有限，产量已接近饱和水平。综上所述，短期内，在钢铁需求波动平稳的情况下，只要钢铁产量维持在 11 亿吨，产能利用率和销售利润率将处于合理区间，钢铁产业利润可持续，如表 8 - 9 所示。

表 8 - 9　　　　　　消费需求的核心能力及其动态变化

产业利润	核心能力	核心能力的动态变化	影响效果
合理产能	资产负债率	应对竞争对手威胁能力略增	弱正效应
合理利润	销售利润率	盈利能力明显增长	强正效应
		转换成本与收益略有下降	弱负效应
	销售成本率	削减成本能力略有上升	弱正效应
		下游和非钢业务显著上升	强正效应
综合判断	随着内循环发展质量和钢铁产业集中度的不断提升，钢铁产业产能利用率和销售利润率能保持在合理范围波动，产业利润可持续		

第 9 章

环境保护的基础资源、核心能力和可持续性

9.1 环保目标和环保成本

9.1.1 环境保护的约束目标

随着气候环境的不断恶化，环境保护成为全人类的共识。继 1992 年《联合国气候变化框架公约》、1997 年《京都议定书》之后，2016 年 170 多个国家领导人齐聚纽约联合国总部，共同签署应对气候变化的第三个里程碑式的国际法律文本《巴黎协定》，形成 2020 年后的全球气候治理格局。《巴黎协定》为 2020 年后，全球应对气候变化行动作出安排。该协定的长期目标是将全球平均气温较前工业化时期上升幅度控制在 2 摄氏度以内，并努力将温度上升幅度限制在 1.5 摄氏度以内。

2016 年 9 月，中国全国人民代表大会常务委员会批准中国加入《巴黎气候变化协定》，成为 23 个完成了批准协定的缔约方。2016 年 9 月，工业和信息化部提出开展绿色制造体系建设，创建绿色供应链，推进工业节能环保发展。2018 年 11 月《中国应对气候变化的政策与行动 2018 年度报告》指出，截至 2017 年底，中国碳强度已经下降了 46%，提前 3 年

实现了40%～45%的上限目标。2020年9月，习近平总书记在第七十五届联合国大会上指出[①]，2020年的新冠肺炎疫情启示人们，人类需要一场自我革命，加快形成绿色发展方式和生活方式，建设生态文明和美丽地球。并提出，中国将提高国家自主贡献力度，采取更加有力的政策和措施，二氧化碳排放力争于2030年前达到峰值，努力争取2060年前实现碳中和。2022年，工业和信息化部提出：大力发展绿色制造，开展绿色低碳技术和产品示范应用，坚决遏制"两高"项目盲目发展。至此，由于制造业的高污染和高排放属性，环境保护成为制造业可持续发展的约束性目标，环境保护呼唤着制造业绿色生产时代的到来。

9.1.2 环境保护的成本结构

随着环境保护目标的明确，国内外颁布一系列环境排放约束性和指导性文件，例如《中华人民共和国环境保护法》和《巴黎气候变化协定》，势必造成企业环境保护投入的不断提升，尤其是高排放、高污染的产业，例如钢铁产业[②]。

环境成本是指在某一项商品生产活动中，由于经济活动造成环境污染而使环境服务功能质量下降的代价，从资源开采、生产、运输、使用、回收到处理，解决环境污染和生态破坏所需的全部费用。环保成本可分为环境保护支出和环境退化成本，环境保护支出指为保护环境而实际支付的价值，环境退化成本指环境污染损失的价值和为保护环境应该支付的价值。

钢铁产业生产链条较长，对环境造成的损失主要体现在原材料获取和生产制造两个阶段。在原材料获取中，环境成本主要表现为煤炭开采和铁矿石开采过程中扰动土壤造成的森林价值损失成本。在生产制造环节，环

---

① 杨光宇. 习近平在第七十五届联合国大会一般性辩论上的讲话 [N]. 人民日报，2020 - 09 - 23.

② 2005年《国民经济和社会发展第十一个五年规划纲要》将钢铁行业归为"两高一资"行业。

境成本主要表现为废气、废水、固体废物等污染排放造成的生态环境损失成本。钢铁产业环境损失成本的构成，如表9-1所示：

表9-1 　　　　　　　　　　钢铁产业环境损失成本的构成

森林价值损失成本	煤炭开采的森林价值损失成本
	铁矿石开采的森林价值损失成本
生态环境损失成本	大气降尘损害成本
	废气污染损失成本：NO_x排放、SO_2排放、CO_2排放
	废水污染损失成本
	固体废物污染成本：工业固体废物、粉煤灰、高炉渣、钢渣等

其中，森林价值损失成本是由于铁矿石开采造成，生态环境损失成本是由于钢铁冶炼造成。从环境保护的成本结构看：（1）森林价值损失成本主要发生在国外。由于钢铁企业生产所需的铁矿石，绝大部分以购置的方式买入，因此"森林价值损失成本"应由铁矿石开采企业承担。结合我国从澳大利亚和巴西大量进口铁矿石的现状，大量森林价值损失成本发生在澳大利亚和巴西。当然，这也使得国内铁矿石采购成本不断攀升。（2）生态环境损失成本全部发生在国内。生态环境损失成本主要表现为"三废一尘"，即废水、废气、废物和降尘，上述"三废一尘"主要发生在钢铁的生产冶炼环境，少量在钢铁的运输环节产生。因此，国内钢铁企业产生的环境保护成本主要表现为：生态环境损失成本。

9.2 环境保护基础资源的动态变化

环境保护就是指人类为解决现实或潜在的环境问题，协调人类与环境的关系，保障经济社会的持续发展而采取的各种行动的总称。环境保护的范畴，可以分别从狭义和广义来看：（1）狭义来看，环境保护即为针对自然环境的保护行为，衍生到制造业之中，即为制造业生产中应减少对环境的污染和破坏。（2）从广义看，一方面，相对于在排放过程中减少对环境的污染和破坏，若能在生产过程中减少制造业的环境资源投入，显然更有益于环境保护；另一方面，环境保护的目的即为协调人与环境关系，因此可以将环境外延至自然环境和生产环境。因此，结合广义和狭义的环境保护概念，环境保护应涉及能源节约、污染减排和工作环境三个方面。以钢铁产业为例，针对制造业环境保护的三类基础资源，即能源节约、污染减排和工作环境，展开讨论。

9.2.1　能源节约的变化

"吨钢综合能耗"是指企业在报告期内，平均每生产一吨钢所消耗的能源折合成标准煤量。"吨钢可比能耗"是指钢铁企业在报告期内，每生产一吨粗钢，从炼焦、烧结、炼铁、炼钢直到企业最终钢材配套生产所必需的耗能量，及企业燃料加工与运输、机车运输能耗及企业能源亏损所分摊在每吨粗钢上的耗能量之和。由于"吨钢可比能耗"不包括钢铁工业企业的采矿、选矿、铁合金、耐火材料制品、碳素制品、煤化工产品及其他产品生产、辅助生产及非生产的能耗，因此"吨钢可比能耗"小于"吨钢综合能耗"，但这两个指标是反映钢铁产业能源消耗和节约程度的重要指标。

2010～2020 年钢铁产业能源节约的指标及其变化，如表 9 - 2 所示。由表可知：（1）在能源消耗中，吨钢综合能耗和吨钢可比能耗的峰值都出现在 2012 年，分别为 600.5 千克标准煤/吨和 577.74 千克标准煤/吨；同时两个指标的谷值都出现在 2018 年，分别为 543.04 千克标准煤/吨和 490.62 千克标准煤/吨；11 年间变化反映，钢铁产业能源消耗不断减少，2020 年吨钢综合能耗和吨钢可比能耗分别仅为 2010 年的 89.4% 和

86.2%。(2)在能源消耗的变化中,吨钢综合能耗增长率和吨钢综合能耗增长率大致都呈现螺旋式下降的形态,两个指标前期上升后期下降,并于2018年都出现谷值分别为 - 4.8% 和 - 4.76%;11 年间变化反映,吨钢综合能耗增长率和吨钢综合能耗增长率均值分别为 - 1.09% 和 - 1.45%。综合看来,钢铁产业能源消耗不断下降,但能源节约的效果并不稳定。

表 9 - 2   2010～2020 年钢铁产业能源节约的指标及其变化

年份	吨钢综合能耗 (千克标准煤/吨)	吨钢可比能耗 (千克标准煤/吨)	综合能耗增长率 (%)	可比能耗增长率 (%)
2010	599.50	572.30	—	—
2011	600.00	572.04	0.08	- 0.05
2012	600.50	577.74	0.08	1.00
2013	593.10	564.84	- 1.23	- 2.23
2014	588.13	546.45	- 0.84	- 3.26
2015	575.08	530.68	- 2.22	- 2.89
2016	585.56	533.96	1.82	0.62
2017	570.43	515.14	- 2.58	- 3.52
2018	543.04	490.62	- 4.80	- 4.76
2019	550.11	497.50	1.30	1.40
2020	535.96	493.46	- 2.57	- 0.81
均值	576.49	535.88	- 1.09	- 1.45

资料来源:《中国钢铁工业年鉴》。

9.2.2 污染减排的变化

钢铁产业作为高污染产业,从总体看,污染物综合排放合格率可以反映钢铁生产过程中污染减排的综合效果,该指标为在排放口监测中,合格排放口数与总排放口数之间的比值。从细分类别看，钢铁产业主要涉及的污染物排放为"三废一尘"，即废水、废气、废渣和尘泥。废水处理率、废气处理率、废渣利用率和尘泥利用率，直接反映钢铁产业污染减排的效果。

2010～2020 年钢铁产业污染减排的指标及其变化，如表 9 – 3 所示。由表可知：（1）从总体看，一方面，污染物排放合格率从 2010 年的94.53% 持续上升至 2020 年的 98.64%。该指标峰值为 2019 年的99.93%，2020 年略有下降，11 年间污染物排放合格率均值为 97.51%。另一方面，排放合格率变化呈现螺旋式上升，合格率的变化率在正负之间反复，10 年均值为 0.44%。（2）从细分类别看，2010～2020 年钢铁产业废水处理率、废气处理率、废渣利用率和尘泥利用率四个指标都呈现上升的态势，废水处理率从 99.97% 升至 100%，废气处理率从 97.4% 升至99.71%，废渣利用率从 88.89% 升至 99.28%，尘泥利用率从 99.87% 升至 99.97%。综合看来，无论是综合指标，还是分类指标，钢铁产业污染减排能力皆呈现提升，且多个指标已接近 100%。

表 9 – 3　　　　**2010～2020 年钢铁产业污染减排的指标及其变化**　　　单位: %

年份	污染物排放合格率	排放合格率变化	废水处理率	废气处理率	废渣利用率	尘泥利用率
2010	94.53	—	99.97	97.4	88.89	99.87
2011	96.72	2.32	99.97	99.3	86.18	99.11
2012	97.52	0.83	100	99.71	85.76	99.66
2013	96.66	−0.88	99.96	99.28	88.72	99.74
2014	96.32	−0.35	99.98	98.82	89.38	99.66
2015	96.66	0.35	99.95	99.05	97.47	100
2016	97.36	0.72	99.97	99.44	89.12	99.84
2017	99.9	2.61	100	99.86	87.3	99.74

年份	污染物排放合格率	排放合格率变化	废水处理率	废气处理率	废渣利用率	尘泥利用率
2018	98.34	-1.56	100	99.98	98.97	100
2019	99.93	1.62	100	99.99	97.9	99.25
2020	98.64	-1.29	100	99.71	99.28	99.97
均值	97.51	0.44	99.98	99.32	91.72	99.71

资料来源:《中国钢铁工业年鉴》。

9.2.3 工作环境的变化

安全生产是制造业自始至终的底线。工作环境的优劣,直接影响着工人生产的安全,其中千人工亡率和千人负伤率是可以反映工作环境的两个重要指标。2010~2020 年钢铁产业工作环境的指标及其变化,如表 9-4 所示。由表可知:(1)针对"千人工亡率",钢铁产业从 2010 年的 0.05‰ 略升至 2020 年的 0.06‰,虽 2017 年和 2018 年降至 0.03‰,但 2019 年和 2020 年却出现反弹;从工亡率变化看,11 年间变化率均值为 8.5%,指标并不乐观;(2)针对"千人负伤率",该指标从 2010 年 1‰持续下降至 2020 年 0.35‰,虽 2016 年略有反弹,但总体趋势较为乐观。从负伤率变化看,该指标大多为负值,11 年均值为 -9.6%,变化趋势较为合理。

表 9-4   2010~2020 年钢铁产业工作环境的指标及其变化

年份	千人工亡率（‰）	千人负伤率（‰）	工亡率变化（%）	负伤率变化（%）
2010	0.05	1	—	—
2011	0.05	0.93	0	-7
2012	0.05	0.75	0	-19.35

续表

年份	千人工亡率 (‰)	千人负伤率 (‰)	工亡率变化 (%)	负伤率变化 (%)
2013	0.05	0.75	0	0
2014	0.08	0.65	60	-13.33
2015	0.08	0.58	0	-10.76
2016	0.04	0.62	-50	6.89
2017	0.03	0.54	-25	-12.91
2018	0.03	0.53	0	-1.85
2019	0.06	0.42	100	-20.75
2020	0.06	0.35	0	-16.66
均值	0.052	0.64	8.5	-9.6

资料来源:《中国钢铁工业年鉴》。

9.3 环境保护核心能力的国际比较

9.3.1 核心能力的国际比较

参照世界钢铁动态公司发布的"世界钢铁企业竞争力排名"(World-Class Steelmaker Rankings)的分析,钢铁企业环境保护主要涉及:能源成本、环境与安全、所在地风险三个指标,且三个指标的权重分别为0.03、0.04和0.02。2021年环境保护核心能力的国际比较,如表9-5所示。由表可知:(1)在能源成本中,中国五家世界级钢铁企业得分均在5~6分之间,排名世界第五的宝武钢铁也仅有6分,而35强平均为6.58分,排名第二和第三的纽柯和谢维尔更是高达9分,可见中国钢铁产业在能源成本上与国外企业比，竞争力偏弱；（2）在环境与安全中，中国五家世界级企业均为9分，且35强均值也为9分，表明世界级钢铁企业在环境与安全方面都具有较强的能力；（3）在所在地风险中，中国五家企业在7～8分间，大多低于35强均值的7.73分，反映企业面临的大环境具备一定的风险隐患。

表9-5   2021年环境保护核心能力的国际比较

企业名称	所在地	世界排名	影响因素		
			能源成本	环境与安全	所在地风险
宝武钢铁	中国	5	6	9	7
中钢	中国台湾	16	6	9	8
鞍钢	中国	28	5	9	7
马钢	中国	33	5	9	7
沙钢	中国	35	5	9	7
浦项	韩国跨国	1	6	9	10
纽柯	美国	2	9	9	10
谢维尔	俄罗斯	3	9	9	5
日本制铁	日本跨国	7	6	9	10
塔塔钢铁	印度欧洲	10	5	9	9
35强平均	—	—	6.58	9	7.73

资料来源：根据世界钢铁动态公司发布的"世界钢铁企业竞争力排名"（World - Class Steel-maker Rankings）整理。

9.3.2 核心能力的国内比较

2017～2021年环境保护核心能力的国内比较，如表9-6所示。由表可知：（1）在能源成本方面，2017～2021年中国五家世界级钢铁企业得分情况没有发生变化，表明在能源节约方面竞争能力并未进步；（2）在环境与安全方面，2017～2021 年中国五家世界级钢铁企业得分情况同样没有发生变化，且五家企业也都为 9 分，反映该指标竞争力也没有发生变化；（3）在所在地风险方面，中国五家企业中有两家企业出现下降，即中钢公司和沙钢集团，导致中国五家钢铁企业该指标均值由 2017 年的 7.6 分下降至 2021 年的 7.2 分，表明企业面临的大环境存在一定的相对恶化。综合看来，环境保护核心能力的比较结果，即能源成本、环境与安全和所在地风险三个指标，与上述"环境保护基础资源的动态变化"分析结果类似。

表 9 - 6　　　　　2017～2021 年环境保护核心能力的国内比较

企业名称	排名	影响因素		
		能源成本	环境与安全	所在地风险
宝钢	10	6	9	7
中钢	15	6	9	9
沙钢	28	5	9	8
鞍钢	29	5	9	7
马钢	32	5	9	7
2017 年平均	22.8	5.4	9	7.6
宝武钢铁	5	6	9	7
中钢	16	6	9	8
鞍钢	28	5	9	7
马钢	33	5	9	7
沙钢	35	5	9	7
2021 年平均	23.4	5.4	9	7.2

资料来源：根据世界钢铁动态公司发布的"世界钢铁企业竞争力排名"（World - Class Steel-maker Rankings）整理。

9.4 环境成本内部化的测算

9.4.1 环境成本内部化的经济逻辑

经济外部性是经济主体的经济活动对他人和社会造成的非市场化的影响，其中正外部性是经济主体活动使他人受益，而受益者无须承担费用；负外部性是经济主体活动使他人受损，而该经济主体却并未支付成本。由于环境具有公共品的属性，因此钢铁企业污染物排放造成的环境成本，存在内部性和外部性两种。

钢铁企业内部性环境成本表现为：钢铁企业为降低污染物排放而购买环保设备、投入环保研发和消耗环保用工等，这些环保成本纳入钢铁企业生产成本核算，并包含在钢铁的销售价格中。钢铁企业外部性环境成本表现为：钢铁企业在生产中私自排放大气降尘、废水、废气和废物等污染物，这些污染物造成的环境成本并非由生产企业承担，而是由整个社会承担。外部性环境成本不纳入生产成本，也不包含在售价之中。因此，国家的环保标准越低、环保督察越放松，则钢铁企业自身减排意愿减弱，内部性环境成本越低，外部性环境成本越高。

钢铁产业外部环境成本的负面影响主要有两点：一是破坏公平竞争，少数企业私自排放污染物，将内部化环保成本转变为外部化环保成本，变相降低企业生产成本。从国内看，造成恶性竞争，企业偷排意愿与日俱增，甚至造成劣币驱逐良币的现象；从全球看，相对于环保高标准国家，环保低标准国家相当于给排污企业提供"环保补贴"，由国家承担企业的外部环境成本。这也是国外对中国钢铁产业频频发起反倾销和反补贴的重要原因。二是扭曲市场价格。本应由企业承担的环境污染成本转由社会承担，对钢铁市场价格造成扭曲，不仅造成外部性环境成本不断提升，更为严重的是，在扭曲的价格信号下，可能扭曲产业布局，损害钢铁市场的供求关系。

因此，在环境可持续的目标引导下，有必要将外部性环境成本内部化，让产品价格反映外部环境成本，实现钢铁产业的公平竞争和合理定价，促成钢铁产业的绿色发展。

9.4.2 外部环境成本内部化的方法

9.4.2.1 作业成本法

作业成本法的核心思想是核算企业所有作业对环境造成的污染所带来的成本。在使用作业成本法对企业的环境成本进行测算时，产品生产与环境成本之间存在的重要连接就是作业，生产过程中对企业资源的使用对环境有着重要影响。在企业通过作业成本法对环境成本进行核算之后，需要考虑如何将测算出的环境成本进行分配。首先将环境成本按照资源动因进行分配，其次选出与之相对应的环境成本，最后根据资源动因所占的比重来进行分配，这样一来每个产品的环境成本就可以与之一一对应。企业中环境成本的产生有很多原因，如企业为了预防、治理、恢复原来的生态环境而支付的费用，为了对自身的低碳经营战略进行宣传所支付的费用，为了应对环境突发事件所支付的费用等。通过作业成本法的测算，可以有效地追踪产生环境成本的动因。而一般的测算方法则不能准确地阐明环境成本产生的动因。

9.4.2.2 生命周期法

生命周期法是针对产品的整个生命周期中所有对环境造成不良影响的行为进行确认与计量。其最大特点是要对产品生产过程的整个周期所产生的环境成本进行准确的记录及测算。由于在不同的阶段，产品对于环境所造成的影响是不尽相同的，而且影响环境的方式也不相同，所以，如果采用生命周期法进行环境成本的测算，不仅可以使企业了解到产品在各个生命周期阶段的环境影响大小，同时也有助于企业针对不同的阶段，对症下药，采取更加高效的环境治理方法，降低企业的环境污染成本，促进企业可持续发展目标的实现。

9.4.2.3 完全成本法

完全成本法的主题思想就是将企业的生产的过程中对环境造成污染的内部和外部成本综合起来的测算方法。其中既有企业对于自身的污染行为主动承担或者为了达到政府环境督查部门的要求而不得不承担的内部环境成本，又包括政府为强迫其承担的外部环境成本。目前，绝大部分企业都忽略了外部环境成本，但是完全成本法可以较为准确地对企业尚未承担的外部环境成本进行量化计算。

在使用完全成本法对企业进行环境成本的测算时，需要分别计算企业的内部和外部环境成本，将两项加总，就得到企业的环境成本。完全成本法的最大特点在于其成本测算范围更加全面。在企业测算环境成本时，运用完全成本法可以为企业提供较为完善的环境成本信息，可以更加清楚地认识到那些由于自身生产行为造成但是却被忽略的外部环境成本，从而判断生产行为是否符合政府环保部门的相关政策，促使企业做出合理的、符合国家环保政策的决定。

9.4.2.4 三种测算方法的比较

三种测算方法的侧重点各有不同，各有优缺点。作业成本法注重测算企业的内外部环境成本，其突出特点是可以准确地追踪环境成本产生的动因，根据环境成本产生的动因将整个生产经营过程划分成不同的作业，在此基础上对环境成本进行分配。但其在测算方法上存在一定的难度。产品生命周期法核算环境成本侧重从产品生产所需原材料的获取、加工，到产品生产、使用过程中发生的所有环境成本，其中也包括外部环境成本。外部环境成本的测算难度比较大，生命周期法在测算外部环境成本方面会遇到很多难题。而使用完全成本法测算，可以依据统计数据和测算模型，核算外部环境成本。因此，本书选用完全成本法对钢铁企业的环境成本进行测算。

9.4.3　外部环境成本内部化的测算

钢铁企业外部环境成本内部化指将钢铁生产中未纳入成本核算、转嫁给社会其他主体的污染成本，纳入生产成本核算，客观衡量钢铁产业国际竞争力。依据表 9-1 可知，测算对象即为钢铁生产中产生的生态环境损失成本。

生态环境损失来自钢铁相关产品生产所产生的污染物，即废气污染、大气降尘损害、废水污染和固体废弃物污染四个方面，其损失成本也由这四种污染物带来的损失成本构成，见式（9-1）。式中，EC 表示生态环境损失成本，EM_i 表示 i 污染物的年排放量，VOE_i 表示 i 污染物的环境负荷单位成本。

$$EC = \sum_{i=1}^{n} (EM_i \times VOE_i) \qquad (9-1)$$

各类污染物的年排放量 EM 通过《中国钢铁工业年鉴》和《中国环境统计年鉴》查找，如表 9-7 所示。另外，近年来钢铁企业排放的固体废物综合利用率不断提升，大部分在 99% 的水平（朱晓林和尚方方，2014），固体废物的污染成本较低，因此不纳入环境成本核算。

表 9-7　　　　　　　　　　钢铁生产各类污染物排放量

污染物	排放统计	2015 年	2016 年	2017 年
大气降尘	颗粒物排放（千克/吨）	0.81	0.75	0.59
废气	NO_X 排放（千克/吨）	1.05	1.06	0.89
	SO_2 排放（千克/吨）	0.88	0.69	0.54
废水	吨钢外排废水量（立方米/吨）	0.79	0.84	0.79

污染物的环境负荷单位成本 *VOE* 的计算普遍采用欧盟的 Extern E 法，参考魏媛（2017）、朱晓林和尚方方（2014）、吴建（2013）、张胜琼（2012）和袁鹏（2011）对钢铁企业污染物价值标准的估算，选取各项污染物的环境负荷单位成本，如表 9 – 8 所示。

表 9 – 8　　　　　　　　钢铁企业环境负荷量的单位成本　　　　　　单位：元/千克

污染物	颗粒物	NO_X	SO_2	废水
环境价值	46	8.0	51.6	0.18

结合各类污染物的年排放量（*EM*）和污染物的环境负荷单位成本（*VOE*）的计算结果，核算钢铁生产的外部环境成本，并进一步核算外部环境成本占单位成本的比重，如表 9 – 9 所示。2015 ~ 2017 年，吨钢外部环境成本虽略有下降，但基本保持在 200 元以上。同时可知，在外部环境成本的本书统计范围内，外排废水所占比重较高，2017 年达到69.6%。

表 9 – 9　　　　　　　　钢铁生产的外部环境成本及其结构　　　　　　单位：元/吨

污染物排放	2015 年	2016 年	2017 年
NO_X 排放	8.4	8.5	7.1
SO_2 排放	45.4	35.6	27.9
颗粒物排放	37.2	34.5	27.1
外排废水量	142.2	151.2	142.2
外部环境成本合计	233.3	229.8	204.3

9.5　环境保护可持续性的研判

9.5.1　环保投资提高导致外部环境成本趋降

依据表 9 - 9 可知，2015 ~ 2017 年，吨钢外部环境成本由 233.3 元/吨降至 204.3 元/吨，两年间下降 29 元/吨，降幅为 12.4%。其中，大气降尘、废气和废水的外部环境成本分别下降 10.1 元/吨、18.8 元/吨（NO_x 和 SO_2 分别下降 1.3 和 17.5 元/吨）和 0 元/吨。SO_2 和大气降尘对外部环境成本下降贡献度显著，分别达到 60% 和 35%。

在吨钢外部环境成本逐步下降的背景下，有必要分析成本下降的原因，有两种可能：一是环境保护效率的提升，即现有技术和设备下实现污染物的减排；二是环境保护投入的增加，即为促进减排，增加环境保护的技术和设备投入，此时虽然外部环境成本下降，但企业内部环境成本上升。以上海宝钢为例，环保投入为 107.15 亿元，其中费用化成本和资本化成本分别为 63.85 亿元和 43.3 亿元。费用化成本包括：排污费、环境监测费、环保设施运行费、环保设施折旧费、环保人工费、有害物资运输费、固废处置费、环境研发费等；资本化成本包括：新、改、扩建项目环保技改投入费与工程配套的环保投入费。2015 ~ 2019 年上海宝钢的环保投资和主要污染物排放指标，如表 9 - 10 所示。

表 9 - 10　　2015 ~ 2019 年上海宝钢的环保投资和主要污染物排放指标

年份	营业总收入（亿元）	研发投入（亿元）	环保投资（亿元）	SO_2 排放（千克/吨）	烟粉尘排放（千克/吨）
2015	1641.17	34	38.4	0.3	0.38
2016	1857.1	36.2	39.77	0.3	0.33

年份	营业总收入 （亿元）	研发投入 （亿元）	环保投资 （亿元）	SO₂ 排放 （千克/吨）	烟粉尘排放 （千克/吨）
2017	2895	42.1	80.34	0.3	0.3
2018	3055.07	70.5	86.43	0.4	0.27
2019	2920.57	88.6	107.15	0.3	0.24

资料来源：宝山钢铁股份有限公司《可持续发展报告》。

由表 9-10 可知，作为中国钢铁产业的标杆企业，上海宝钢的主要污染物排放虽趋于下降，但企业环保投资持续上升，甚至超过企业研发投入，且差额呈扩大的趋势。因此，中国钢铁产业外部环境成本逐步下降，是由于企业环保投资不断提升所致，这将提升生产成本，压缩利润空间。

9.5.2 外部环境成本内部化后竞争力犹存

2020 年 9 月，习近平总书记在"第七十五届联合国大会"宣布，中国将提高国家自主贡献力度，力争二氧化碳排放 2030 年前达到峰值，2060 年前实现碳中和①。对照该排放目标，钢铁产业将面临更为严格的减排要求，外部环境成本势必内部化。在环境约束视角下，钢铁产业竞争力可持续性应表现为，外部环境成本内部化后，钢铁产业依然具有可持续的国际竞争优势。2015~2017 年，结合表 9-9 可知，外部环境成本内部化后的粗钢价格分别上涨至 2103.3 元/吨、2729.8 元/吨和 3704.3 元/吨，3 年间环境外部成本平均为 222 元/吨，如表 9-11 所示。

---

① 新华社. 习近平在第七十五届联合国大会一般性辩论上的讲话 [EB/OL]. (2020-09-22). https://baijiahao.baidu.com/s? id = 1678546816814486777&wfr = spider&for = pc.

表 9 - 11 　　　　　　　　**外部环境成本内部化后的粗钢价格**

污染物排放	2015 年	2016 年	2017 年
吨钢外部环境成本合计（元）	233.3	229.8	204.3
粗钢单位价格（元）	1870	2500	3500
外部环境成本占价格比（%）	12.4	9.2	5.8
外部环境成本内部化后的粗钢价格（元）	2103.3	2729.8	3704.3

注：粗钢价格按照我的钢铁网（https：//www.mysteel.com/）年度均价计算。

再结合第 6 章中表 6 - 12，若将结算价格视为完全成本，2019 年中国热轧卷完全成本比国外平均成本高出 490.45 美元/吨。现假设钢铁企业的毛利润极大值为 15%（2019 年销售利润率仅为 4.57%），中国钢铁企业完成成本应为 3331.15 美元/吨，比国外平均成本 3428.55 美元/吨低了 97.4 美元/吨，按照 2019 年汇率"1 美元换 6.8985 人民币"折算，中国钢铁企业成本优势为 671.9 元/吨。由此可知，外部环境成本内部化之后：一方面，中国钢铁产业仍然具有国际竞争优势；另一方面，竞争优势显著下降，外部环境成本将至少被侵蚀约 1/3 的竞争优势（内部化的环境成本为 222 元/吨）。

综上所述：第一，由于钢铁产业属于高污染产业，钢铁生产对环境具有负的外部性影响；第二，运用完全成本法可以测算钢铁的外部环境成本，2015～2017 年外部环境成本分别为 233.3 元/吨、229.8 元/吨和 204.3 元/吨；第三，将外部环境成本内部化后，中国钢铁产业仍然具有国际竞争优势，但竞争优势显著下降，外部环境成本将至少被侵蚀 1/3 的竞争优势，如表 9 - 12 所示。

表 9 - 12 　　　　　　　　**环境保护的核心能力及其动态变化**

基础资源	核心能力	核心能力的动态变化	影响效果
能源节约	能源成本	螺旋式波动，能力总体提升，但时有反弹，且竞争优势持平	持平

基础资源	核心能力	核心能力的动态变化	影响效果
污染减排	环境与安全	螺旋式波动，能力总体提升，但时有反弹，且竞争优势持平	持平
工作环境	所在地风险	工作环境优化，但工伤率恶化，且竞争力略微下降	弱负效应
综合判断	在节能减排和双碳目标的背景下，企业环境保护投入将持续扩大，绿色生产将提速发展，钢铁产业环境保护可持续，但环境成本内部化对产品国际竞争力的侵蚀需重点关注		

第 10 章

基于 Python 的 "数字制造" 政策文本演化分析

数字制造已然成为第四次产业革命的核心，中国制造业国际竞争力的持续提升离不开产业数字化。鉴于产业数字化发展历程较短，相关数据不充分，因此，本部分以 "数字制造" 文本为研究对象。本章采取政策文本的质性分析，基于 Python 数据挖掘技术，通过政策文本的演化分析，即词频统计、词云图、TF－IDF 关键词分析、LDA 文本聚类和主题特征分析等，探寻数字制造的发展轨迹。

10.1 数字制造的质性分析方法

10.1.1 数字制造的研究背景

10.1.1.1 数字成为经济发展的新要素

进入新发展阶段，作为我国经济高质量发展的重要源泉，数字经济是实现 "两个一百年" 奋斗目标的基础，也是促进制造业发展的重要抓手。《中华人民共和国国民经济和社会发展第十四个五年规划和 2035 年远景目标纲要》指出，"推进网络强国建设，加快建设数字经济、数字社会、数字政府，以数字化转型整体驱动生产方式、生活方式和治理方式变革"，为新时期移动互联网发展指明方向，我国移动互联网迎来了新的发展阶段。

《中国互联网发展报告 2021》指出，2020 年中国数字经济规模达到 39.2 万亿元，占 GDP 比重达 38.6%，数字经济保持着 9.7% 的高位增长速度。数字产业化占 GDP 比重为 7.3%，产业数字化为 31.2%，分别占数字经济规模的大约 1/5 和 4/5。作为"十四五"规划，以及开启全面建设社会主义现代化国家新征程的第一年，2021 年中国 5G、工业互联网、大数据中心等数字新基建加速推进，进一步实现移动互联网和实体经济的融合发展，移动互联网对经济发展的基础支撑作用持续增长，数字成为经济发展的新要素。

《中国移动互联网发展报告 2022》① 指出，从数字要素上看：（1）中国已建成全球最大的 5G 网络，至 2022 年 2 月已累计建成 150.6 万个 5G 基站，5G 基站数量已经超过全球总量的 60%，且 5G 终端用户超过 5 亿，超过全球用户总量的 80%；（2）2021 年底，中国移动电话用户达到 16.43 亿户，普及率达到 116.3 部/百人，其中 5G 用户为 3.55 亿，占用户总数的 21.6%；（3）截至 2021 年 12 月，中国移动互联网用户规模达到 10.29 亿人，同时，移动互联网接入流量达到 2216 亿 GB，同比增长近 30%；（4）从投资看，2021 年 5G 投资 1849 亿元，占电信行业投资比例的近一半，5G 直接带动经济总产出 1.3 万亿元。同时，《中国无线经济白皮书》② 指出，2020 年中国无线经济规模超过 3.8 万亿元，占 GDP 比重约 3.8%，而 2021 年无线经济规模将增至 4.4 万亿元。

10.1.1.2　数字成为制造业发展的新动力

"大而不强"一直是中国制造业的真实写照。一方面，中国是制造业

---

① 2022 年 7 月，人民网研究院院长唐维红发布《中国移动互联网发展报告（2022）》主要内容。

② 中国信息通信研究院．中国无线经济白皮书 2021［R］．北京：中国信息通信研究院，2021.

大国，制造业一直是中国的支柱产业。从规模看，2021 年，中国制造业增加值达到 4.87 万亿美元，几乎是美国、日本和德国的总和，且产业链完备；另一方面，由于高端技术的缺乏，企业利润偏低，中国与顶尖的制造业强国尚存一定差距。《2021 年中国制造强国发展指数报告》依据制造业规模、制造业结构优化水平、制造业质量效益和制造业持续发展水平四个方面构建各国制造业发展指数，并指出中国制造业的发展现状正处于全球第三梯队，第一梯队是美国独一家，第二梯队是德国和日本，第三梯队是中国、韩国、法国和英国。特别是，2019 年开始的中美贸易摩擦，中国高端制造业"卡脖子"情况时有发生，凸显中国制造业在一系列高新技术制造业方面的瓶颈。

　　制造业的发展过程，可以归纳为：粗放制造、标准化制造、精益制造和智能制造四个阶段。粗放制造阶段表现为一定的随机性和探索性，管理方式主要是经验管理，诸如师傅带徒弟，而建立在人为经验基础之上的管理，科学性较差。标准化制造业阶段表现为将生产过程依据一定的规章和流程进行界定，其管理方式是模式化管理。精益制造主要专注在客户的增值项目上，减少生产的废弃物，并提倡不断改进生产过程的方法，精益制造依靠精细化管理。智能制造源于人工智能的研究，智能制造应当包含智能制造技术和智能制造系统，智能制造的管理方式为数字化管理。

　　智能制造也不是一蹴而就的。智能制造的发展，也经历了四个阶段，即自动化、信息化、互联化和智能化。自动化是指淘汰、改造低自动化水平的设备，制造高自动化水平的装备。信息化是产品、服务由物理到信息网络，智能化元件参与提高产品信息处理能力。互联化意味着建设工厂物联网、服务网、数据网、工厂间互联网，装备实现集成。智能化是通过传感器和机器视觉等技术实现智能监控决策。

　　众所周知，数字既是获取智能信息的基础，也是执行智能控制的手段。综合制造业的四个发展阶段，即粗放制造、标准化制造、精益制造和智能制造，以及智能制造的四个发展阶段，即自动化、信息化、互联化和智能化，由此可知，数字已成为制造业智能化发展的新动力，也是制造业智能化时代国际竞争力的新来源。

10.1.2　质性和实证分析方法

"数字制造"可谓还处在发展初期，一系列数字化基础设施还尚待完善，许多数字化技术还尚待开发和应用，无论是基础设施建设，还是数字技术的大规模研发都离不开数字产业政策的支持。"数字制造"的宏观政策是影响中国制造业数字化的重要因素。因此，笔者通过对"数字制造"政策文本的演化分析，分析"数字制造"的发展形态，并以此进一步探讨中国制造业数字化竞争力的发展趋势。针对上述研究目的，笔者分别运用如下质性分析方法和实证分析方法展开讨论：

第一，质性分析方法。针对"数字制造"的政策文本演化分析，笔者参考罗斯威尔和赛格菲尔德（Rothwell and Zegveld）的政策工具分类方法①，将政策工具分为供给型政策、需求型政策和环境型政策三类类型的政策工具。（1）供给型政策工具，指政府在数字经济领域中自上而下进行直接投入和支持，往往通过组织领导、基础设施建设、人才培养、科技与信息支持、资金投入和资源共享等方式扩大有效供给力度，推动数字经济发展。（2）需求型政策工具，指政府充分组织、调动和引导社会力量参与数字经济建设，往往通过政府采购、试点示范、海外交流、公私合作等方式刺激数字经济市场需求，拉动数字经济发展。（3）环境型政策工具，指政府为数字经济发展创造一系列良好的政策环境，往往通过目标规划、税收优惠、法律管控、安全保障和政策引导等方式为数字经济发展创造优质的软环境。

第二，实证分析方法。常见的实证方法主要是对数据进行分析，如回

---

① Rothwell G，Zegveld W. Reindusdalization and Technology［M］. Logman Group Limited，1985：83 – 104.

归分析、参数检验等,但不适用于"数字制造"政策文本的分析。为分析"数字制造"政策文本的演化过程,笔者采用基于 Python 语言的质性分析方法,如词袋模型、词云图、LDA 主题分析、聚类分析等,对"数字制造"政策文本特征进行分阶段的量化分析和比较。

10.1.3 政策文本数据来源

10.1.3.1 政策文本数量结构

数据是研究的基础。所有政策文本全部来自"北大法宝网"[①] 中的"法律法规"部分。为聚焦"数字制造"的政策文本,笔者分别以"互联网 + 制造""数字 + 制造""智能 + 制造"在北大法宝网中进行搜索,截至 2022 年 7 月共检索到文本 1040 份。其中,中央法规 64 份、地方规范 976 份。从搜索类别看,"互联网 + 制造""数字 + 制造""智能 + 制造"分别为 9 份、4 份和 51 份。为避免冗余,1040 份中央法规和地方规范不再——列举,读者可向笔者查阅。

基于"互联网 + 制造""数字 + 制造""智能 + 制造"三个关键词在北大法宝网搜索,由于在 2014 年之前鲜有相关政策,故此也将 2014 年之前的政策文本纳入 2014 年的范围。2014 ~ 2022 年,"数字制造"政策文本数量结构,如表 10 - 1 所示。由表可知:(1)在 1040 份政策文本中,"互联网 + 制造""数字 + 制造""智能 + 制造"政策文本分别为 282 份、65 份和 693 份,表明产业政策越发聚焦"智能制造"。(2)从年份来看,三类政策文本由 2014 年的 41 份,升至 2018 年峰值的 234 份,随后逐步减少至 2022 年的 56 份。发文数量变化表明,2016 年开始,数字经济与制造业的政策发布迎来爆发式增长。标志性事件是,2016 年 G20 杭州峰会通过《G20 数字经济发展与合作倡议》,之后,数字经济开始备受关

---

① 北大法宝网址:https://home.pkulaw.com/.

注。2019 年相关政策出台放缓，主要体现为，从初期的"数字·制造"发展框架搭建期，进入政策执行和政策细化阶段。（3）从发文部门看，一是中央和地方发文数量趋势接近，中央法规和地方性法规大致相同，两类部门皆呈现：前期政策发文量上升，至 2017～2018 年达到波峰，后期缓慢下降；二是中央和地方发文比例比较稳定，中央法规和地方性法规大致保持在 1：15。（4）从三类检索词分析，结合智能制造发展的四个阶段（自动化、信息化、互联化和智能化）可知，"互联网＋制造"政策数量变化趋势表明，随着中国制造业产业升级的不断深化，中国制造业已基本完成"信息化和互联化阶段"，目前正在向"智能化阶段"迈进，故此"智能＋制造"和"数字＋制造"的政策占比不断提升。

表 10 - 1　　　　　2014～2022 年政策文本数量分布　　　　单位：份，%

检索词	部门	2014 年	2015 年	2016 年	2017 年	2018 年	2019 年	2020 年	2021 年	2022 年	总计
互联网＋制造	中央（份）	0	0	1	4	2	1	1	0	0	9
	地方（份）	0	7	48	69	82	36	22	9	0	273
	小计（份）	0	7	49	73	84	37	23	9	0	282
	增长率（%）	—	—	600	49	15	－ 56	－ 38	－ 61	－ 100	—
数字＋制造	中央（份）	0	1	0	0	0	0	1	2	0	4
	地方（份）	8	1	1	1	4	3	5	21	17	61
	小计（份）	8	2	1	1	4	3	6	23	17	65
	增长率（%）	—	－ 75	－ 50	0	300	－ 25	100	283	－ 26	—

检索词	部门	2014 年	2015 年	2016 年	2017 年	2018 年	2019 年	2020 年	2021 年	2022 年	总计
智能 + 制造	中央 （份）	3	4	7	10	10	1	5	8	3	51
	地方 （份）	30	66	97	111	136	57	49	60	36	642
	小计 （份）	33	70	104	121	146	58	54	68	39	693
	增长率 （%）	—	112	49	16	21	−60	−7	26	−43	1677
三类 政策	中央 （份）	3	5	8	14	12	2	7	10	3	64
	地方 （份）	38	74	146	181	222	96	76	90	53	976
	合计 （份）	41	79	154	195	234	98	83	100	56	1040
	增长率 （%）	—	93	95	27	20	−58	−15	20	−44	1757

注：2022 年数据为截至 2022 年 7 月数据，下同。
资料来源：笔者根据北大法宝数据整理。

10.1.3.2　政策文本主题结构

在政策文本中，为强调政策法规的针对性，部分重要政策往往会标注该政策的主题词。"数字制造" 政策文本的主题结构，如表 10 - 2 所示，由表可知：（1）从专题分类看，一方面，无论是中央还是地方，都最为重视 "人工智能"。如前所述，智能制造是制造业发展的第四个阶段，而智能化是智能制造的第四个阶段。法规集聚 "人工智能"，说明中国制造业已在向 "智能化" 阶段发力。另一方面，地方性法规中，还涉及 "大数据、电子商务和突发事件"，属于制造业数字化发展的应用领域。（2）从法规类别看；基于政策工具视角，中央法规全部集中在供给型工具，如科技与信息支持、管理组织、人才培养等；地方性法规，除供给型工具外，还涉及需求型工具，如改革开放、企业经营，以及环境型工具，如审计、营商环境。

表 10 - 2   "数字制造"政策文本的主题结构

类别	发文单位	主题词
专题类别	中央法规	人工智能（12 份），互联网＋（3 份）
	地方性法规	人工智能（109 份），互联网＋（59 份），大数据（4 份），电子商务（1 份），突发事件（1 份）
法规类别	中央法规	机关工作（18 份），科技（10 份），工业管理（10 份），邮政电讯（7 份），标准化管理（4 份），人事（2 份），教育（1 份）
	地方性法规	机关工作（326 份），邮政电讯（204 份），财政（43 份），计划（21 份），科技（8 份），审计（7 份），改革开放（5 份），工业管理（4 份），营商环境（4 份），企业（4 份）

资料来源：笔者根据北大法宝数据整理。

10.2　词频统计和词云图

词频统计指对政策文本中某一语词或短语出现的频数进行统计，用以反映文本的核心内容。通过对比 2014～2016 年、2017～2018 年、2019～2020 年三个阶段的政策文本词频，分析"数字制造"政策的变化。PYTHON 的词频统计思路：（1）读取文件，将文件进行切词分词和去除停用词；（2）通过拆分得到单词，定义一个哈希（Hash）映射保存词频统计结果，遍历单词数组；（3）遇到某个单词 n 遍，就在哈希映射里添 n 个值；（4）生成政策文本的词云图。

10.2.1　词频统计和词云图的编码

（1）切词分词和去除停用词。

```
#导入程序. 切词分词
import pandas as pd
import jieba
import jieba. analyse
#设定函数. 停用词表
def stopwordslist( filepath) :
    stopwords = [ line. strip( ) for line in open( filepath,'r',encoding = 'utf -
    8'). readlines( ) ]
    return stopwords
#设定函数. 对句子进行分词
def seg_sentence( sentence) :
    sentence_seged = jieba. lcut( sentence. strip( ) )
    stopwords = stopwordslist( "D:\\python\\python 数字制造\\stop_dic\\
    stopword. txt" )
    outstr = [ ]
    for word in sentence_seged:
        if word not in stopwords:
            if word ！ = '\t':
                outstr. append( word)
    return outstr
#读入 excel 数据
file1 = pd. read_excel( "D:\\python\\python 数字制造\\data\\时间分布
2022. 239. xlsx" )
```

```
print(file1)

data = file1[:]["文本"]#评论内容索引切出,赋值给 data 变量

data1 = data.dropna()#删除有空值的行

data2 = data1.reset_index()#把 data1 的索引进行重置

#data3 = data2.drop('index',axis = 1,inplace = True)#axis 参数默认为 0

lengh = len(data2)#获取 data2 的长度

output = []

#依次取出每一条评论,进行切词和去除停用词

for i in range(lengh):

    str1 = data2.loc[i]["文本"]

    line_seg = seg_sentence(str1)

    output.append(line_seg)#分词后的结果存储在列表 output 中

#把切词好的 output 列表里的元素合并成一个列表 str3 并把它赋值给 words

lengh2 = len(output)

str3 = []

for i in range(lengh2):

    list123 = output[i]

    str3.extend(list123)

words = str3
```

（2）建立词频统计函数。

```
#输入切词的结果进行统计词频,注意 words 是列表

def tongjicipin(words):

    counts = {}    #创建空字典,存放词频统计信息

    for word in words:

        counts[word] = counts.get(word,0) + 1

    items = list(counts.items())    #将无序的字典类型转换为有序的
    列表类型
```

```
items. sort( key = lambda x : x[ 1 ] , reverse = True)    #按统计值从高
到低排序( 以第二列排序)
print( items)
return items
```

（3）进行词频统计。

```
#统计词频,输出为 countjieguo
countjieguo = tongjicipin( words)
#打印出前 30 个高频词
for i in range( 30) :
    word, count = countjieguo[ i]
    print( "{0 : < 10}{1 : > 5}". format( word, count))    #格式化输出
    词频统计结果
```

（4）生成词云图。

```
#导入程序. 词云图
from wordcloud import WordCloud
#设置函数. 词云图
def huizhiciyun( textN) :
    #background = " C :\\Users\\Administrator\\Desktop\\python 文本
    分析入门\\ciyun. jpeg"
    #mask = np. array( Image. open( background) )
    wc = WordCloud(
        font_path = 'C :/Windows/Fonts/simfang. ttf',    #设置字体
        background_color = 'white',#背景颜色
        width = 300,#设置画布的宽度
        height = 150,#设置画布的高度
        max_words = 25#设置画布的显示最多的词语个数
        )
```

```
text1 = "". join(str3) #把切好的每一条的词语连接成一个字符串
wc. generate(text1) #生成词云
wc. to_file("D:\\python\\python 数字制造\\result\\词云 . jpeg")
#输出的词云图放置位置
```

#根据词频函数,画出词云图,输出地址见函数

```
huizhiciyun(str3)
```

10.2.2 词频统计的结果比较

应用上述编码,分别对 2014～2016 年、2017～2018 年、2019～2020 年三个阶段的政策文本进行词频统计,结果如表 10－3 所示。由表可知:(1) 从共性看,三个阶段以来,"数字·制造"政策始终关注"互联网、智能、工业、制造",即政策中频繁出现的"工业互联网"和"智能制造",体现政策导向的一致性,也指明了现阶段的发展重点。(2) 从差异看,围绕政策目标,在 2014～2016 年,政策目标尚处于"试点和示范",制造业数字化仍处萌芽阶段;在 2016～2018 年,随着《G20 数字经济发展与合作倡议》提出,制造业数字化发展进入探索阶段,"融合发展、两化融合、平台建设"成为政策的主题;在 2019～2022 年,数字制造进入发展阶段,并于 2021 年底提出《"十四五"数字经济发展规划》,该阶段政策文本中密集出现"数字化转型、互联网平台、智能化改造、系统解决方案"等制造业数字化发展路径。

表 10－3　　　　2014～2022 年三阶段词频统计的结果比较

词频排序	2014～2016 年文本	2017～2019 年文本	2020～2022 年文本
1	('制造', 6740)	('企业', 11680)	('工业', 5464)
2	('智能', 6593)	('工业', 11316)	('企业', 4765)
3	('企业', 5307)	('制造', 10326)	('智能', 4759)

续表

词频排序	2014～2016 年文本	2017～2019 年文本	2020～2022 年文本
4	（'发展'，3095）	（'智能'，10100）	（'制造'，4472）
5	（'工业'，2808）	（'互联网'，9050）	（'项目'，3344）
6	（'装备'，2636）	（'发展'，6370）	（'服务'，2705）
7	（'项目'，2352）	（'项目'，5097）	（'数字化'，2577）
8	（'互联网'，2155）	（'平台'，5094）	（'互联网'，2532）
9	（'示范'，1947）	（'建设'，4274）	（'平台'，2345）
10	（'制造业'，1818）	（'制造业'，3824）	（'发展'，2282）
11	（'建设'，1810）	（'服务'，3758）	（'申报'，1893）
12	（'技术'，1761）	（'示范'，3693）	（'建设'，1871）
13	（'产品'，1651）	（'融合'，3601）	（'单位'，1775）
14	（'服务'，1623）	（'信息化'，3343）	（'信息化'，1710）
15	（'信息化'，1574）	（'支持'，3307）	（'制造业'，1694）
16	（'平台'，1548）	（'技术'，3125）	（'支持'，1580）
17	（'融合'，1547）	（'产品'，3121）	（'技术'，1539）
18	（'产业'，1533）	（'创新'，2752）	（'示范'，1529）
19	（'创新'，1518）	（'装备'，2689）	（'数据'，1452）
20	（'支持'，1374）	（'试点'，2670）	（'转型'，1380）
21	（'试点'，1352）	（'产业'，2588）	（'产业'，1354）
22	（'生产'，1241）	（'数据'，2508）	（'装备'，1318）
23	（'重点'，1213）	（'单位'，2506）	（'生产'，1281）
24	（'新'，1163）	（'重点'，2488）	（'系统'，1238）
25	（'系统'，1106）	（'推动'，2467）	（'管理'，1217）
26	（'智能化'，1062）	（'生产'，2427）	（'智能化'，1174）
27	（'管理'，1059）	（'新'，2424）	（'产品'，1135）
28	（'实施'，1020）	（'行业'，2374）	（'推动'，1103）
29	（'有限公司'，1017）	（'实施'，2327）	（'行业'，1088）
30	（'研发'，978）	（'有限公司'，2251）	（'重点'，1077）

10.2.3 三阶段的词云图

应用上述编码，2014～2016年、2017～2019年、2020～2022年三个阶段的政策文本词云图，分别如图10－1、图10－2和图10－3所示。通过比较三阶段词云图可知，词云图更为直观地反映三个阶段的政策倾向差异，即由初步的试点示范至发展探索、再至深入发展。同时，通过词云图也反映现阶段"数字制造"的一些弱势方面，如数字政府建设、智能监控、智能决策等。

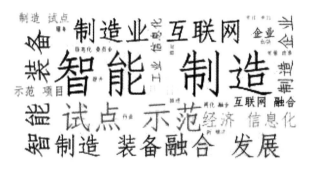

图10－1 2014～2016年"数字制造"政策文本词云

图10－2 2017～2019年"数字制造"政策文本词云

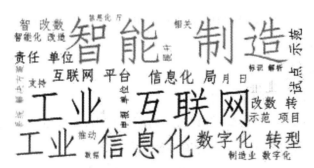

图 10 - 3 2020 ~ 2022 年 "数字制造" 政策文本词云

10.3 TF - IDF 关键词提取

词频 - 逆向文件频率（term frequency-inverse document frequency，TF - IDF）是一种用于信息检索与文本挖掘的常用加权技术。该方法用以评估某个字词对于一个文件集或一个语料库中的一份文件的重要程度。针对搜集的 1040 份政策文本，依据 TF - IDF 方法，同时为避免烦冗，选取其中的 64 份中央法规文件，分析每份文件的五个关键词。PYTHON 的 TF - IDF 分析思路：如果某个单词在一篇文章中出现的 TF 频率高，并且在其他文章中很少出现，则认为此词或者短语具有很好的类别区分能力，适合用来分类。

10.3.1 TF - IDF 编码

（1）读入数据并切词分词。

```
#导入程序
from sklearn. feature_extraction. text import TfidfVectorizer
from jieba import analyse
#读入 excel 数据
```

```
file1 = pd. read_excel( "D：\python\python 数字制造\data\部门结构．中
央法规 64. xlsx" )
print( file1 )
#索引出来相关的文本内容
data = file1[ :][ "文本" ]#评论内容索引切出，赋值给 data 变量
data1 = data. dropna( )#删除有空值的行
data2 = data1. reset_index( )#把 data1 的索引进行重置
#data3 = data2. drop( 'index', axis = 1, inplace = True)#axis 参数默认为 0
lengh = len( data2 )
output = [ ]
output1 = [ ]
#分词和去停用词
for i in range( lengh )：
        str1 = data2. loc[ i ][ "文本" ]
        line_seg = seg_sentence( str1 )
        output. append( line_seg)#分词后的结果存储在列表 output 中
list1 = output#列表形式，但是每个元素都是 str
```

（2）设置 TF – IDF 函数并获取关键词。

```
#生成 tfidf 矩阵
transformer = TfidfVectorizer( )
tfidf = transformer. fit_transform( list1 )
#转为数组形式
tfidf_arr = tfidf. toarray( )#形成的 tiidf 方法表示的文本
#每个评论文档提取 7 个关键词
lengh = len( data2 )
tfidfn = [ ]
for i in range( lengh )：
```

```
strn = data2. loc[i]["文本"]
tfidftagsn = analyse. extract_tags(strn,topK = 7)#设置 topk 设置提取 7 个
tfidfn. append(tfidftagsn)
print(tfidfn)
```

10.3.2　中央法规的关键词

应用上述编码，运用 TF – IDF 方法，分别对 2014 ~ 2022 年的 64 份 "数字制造"中央法规识别其中的 7 个关键词，结果如表 10 – 4 所示。由 表可知：（1）在每份文本的关键词中，"制造、智能、工业、企业、项 目、互联网"是六个出现频率较高的关键词，表明中央法规关注度比较偏 向于宏观政策；（2）中央法规偏重"数字制造"的框架搭建和底层技术， 如试点示范、技术系统等，而技术的微观应用在中央法规中出现偏少。

表 10 – 4　　　　　　"数字制造"64 份中央法规的关键词

文本序号	政策文本七个关键词
1	['互联网', '工业', '平台', '应用', '体系', '网络', '企业']
2	['融合', '互联网', '双创', '制造业', '企业', '制造', '发展']
3	['平台', '互联网', '工业', '企业', '示范', '项目', '申报']
4	['示范', '试点', '申报', '互联网', '项目', '2019', '融合']
5	['信息化', '有限公司', '能力', '委员会', '面向', '工业', '平台']
6	['专项', '工作组', '工业', '副局长', '互联网', '部长', '办公室']
7	['有限公司', '平台', '示范', '智能', '服务平台', '试点', '工业']
8	['培训', '互联网', '融合', '制造业', '信息化', '2017', '深化']
9	['示范', '试点', '工业', '项目', '融合', '企业', '平台']
10	['质量', '数字化', '制造业', '指南', '试行', '2021', '管理']
11	['案例', '建材工业', '征集', '信息化', '工业', '企业', '智能']

文本序号	政策文本七个关键词
12	['智能', '建材工业', '集成系统', '建材行业', '解决方案', '建材', '制造']
13	['实验教学', '仿真', '虚拟', '中心', '大学', '医学', '理工大学']
14	['项目', '专项', '验收', '智能', '实施方案', '制造', '实施']
15	['制造', '智能', '高端', '关键件', '绿色', '应用', '产业']
16	['2017', '智能', '标准化', '制造', '模式', '任务书', '应用']
17	['检验', '产品质量', '监督', '智能', '装备', '国家', '制造']
18	['智能', '标准', 'GB', '制造', '应用', '试点', '互操作']
19	['智能', '2022', '揭榜', '制造', '年度', '监督管理', '总局']
20	['制造', '智能', '委员会', '信息化', '办公厅', '咨询', '强国']
21	['2021', '智能', '建材行业', '制造', '指南', '标准', '信息化']
22	['十四五', '监督管理', '人力资源', '2021', '信息化', '委员会', '智能']
23	['2021', '标准化', '信息化', '智能', '国家', '指南', '制造']
24	['智能', '制造', '场景', '示范', '工厂', '揭榜', '技术']
25	['案例', '建材工业', '征集', '信息化', '工业', '企业', '智能']
26	['大赛', '组委会', '人力资源', '职业技能', '决赛', '全国', '技术']
27	['2021', '申报', '指南', '科技司', '重点', '关键部件', '项目']
28	['技术人员', '工程', '办公厅', '10', '02', '人力资源', '信息化']
29	['对标', '2020', '成熟度', '智能', '诊断', '开展', '通知']
30	['智能', '建材工业', '集成系统', '建材行业', '解决方案', '建材', '制造']
31	['组和', '咨询组', '智能', '标准化', '专家', '制造', '办公厅']
32	['2020', '国科', '发资', '申报', '科技司', '指南', '2030']
33	['01', '照护', '职业', '02', '工种', '负责', '检测']
34	['大赛', '智能', '全国', '制造', '决赛', '组委会', '职业资格']
35	['2018', '示范', '信息化', '试点', '智能', '制造', '名单']
36	['大赛', '组委会', '人力资源', '全国', '职业资格', '决赛', '各赛']
37	['2018', '标准化', '智能', '信息化', '年版', '制造', '指南']
38	['实验室', '委员', '重点', '教授', '国家', '院士', '评估']

续表

文本序号	政策文本七个关键词
39	['智能', '制造', '情况', '项目', '系统', '描述', '架构']
40	['军工', '智能', '申报', '项目', '单位', '制造', '建议书']
41	['有限公司', '智能', '北京市', '自动化', '解决方案', '供应商', '制造']
42	['智能', '申报', '解决方案', '制造', '系统', '单位', '项目']
43	['示范', '试点', '智能', '有限公司', '制造', '股份', '工厂']
44	['示范', '试点', '合作', '智能', '项目', '制造', '中德']
45	['高工', '教授级', '智能', '制造', '咨询', '研究院', '工业']
46	['智能', '项目', '制造', '重点项目', '标准化', '征集', '信息化']
47	['2016', '2020', '28', '规划', '信息化', '制造', '智能']
48	['示范', '试点', '合作', '智能', '有限公司', '2016', '制造']
49	['示范', '试点', '智能', '有限公司', '制造', '股份', '工厂']
50	['项目', '制造', '智能', '情况', '示范', '架构', '系统']
51	['智能', '制造', '示范', '2016', '试点', '专项', '工业']
52	['GB', '标准', '智能', 'IEC', '制造', '制定', 'ISO']
53	['示范', '试点', '智能', '有限公司', '制造', '2015', '股份']
54	['示范', '试点', '企业', '项目', '智能', '实现', '情况']
55	['智能', '测控', '制造', '部件', '装备', '关键', '系统']
56	['制造', '技术', '智能', '装备', '智能化', '制造业', '高端']
57	['智能', '制造', '项目', '情况', '架构', '系统', '工业']
58	['基金', '国联安', '募集', '2018', '证券', '投资', '批复']
59	['知识产权', '运营', '产业', '仪器仪表', '智能', '吴忠市', '装备']
60	['基金', '汇添富', '募集', '证券', '投资', '批复', '2018']
61	['基金', '国都', '证券', '募集', '2017', '投资', '批复']
62	['基金', '募集', '2016', '证券', '投资', '大成', '批复']
63	['基金', '银瑞信', '募集', '2016', '证券', '投资', '批复']
64	['基金', '中银', '募集', '2015', '证券', '投资', '批复']

10.4   LDA 文本聚类

LDA（latent dirichlet allocation）主题聚类，是一种无监督算法，将多个文档聚类成 n 个主题（topic）。在聚类过程中，每个 topic 并不要求指定条件，但聚类后，会统计出各个 topic 上词的概率分布，进而通过分析某个 topic 的特征词语，描述该 topic 的意义。针对 1040 份"数字制造"政策文本，依据 LDA 聚类方法进行聚类。PYTHON 的 LDA 分析思路：（1）对文本进行聚类，并查看聚类可视化效果；（2）通过比较聚类图形分布，确定聚类主题的个数；（3）输出每个文本对各主题相关度。

10.4.1   LDA 编码

（1）设置运行环境。

output_path = 'D:/python/lda/result'

file_path = 'D:/python/lda/data'

os. chdir(file_path)

data = pd. read_excel("data1040. xlsx")#content type

os. chdir(output_path)

dic_file = "D:/python/lda/stop_dic/dict. txt"

stop_file = "D:/python/lda/stop_dic/stopwords. txt"

（2）LDA 聚类 5 个主题。

#导入 LDA 程序

from sklearn. feature_extraction. text import TfidfVectorizer, CountVectorizer

from sklearn. decomposition import LatentDirichletAllocation

#设定 LDA 函数

n_topics =5#聚类为 5 类,即 5 个主题,输出 topic

$$lda = LatentDirichletAllocation(\,n\_components = n\_topics\,, max\_iter = 50\,,$$
$$learning\_method = 'batch'\,,$$
$$learning\_offset = 50\,,$$
$$random\_state = 0\,)$$

lda. fit(tf)

（3）聚类可视化。

#导入聚类可视化程序

import pyLDAvis

import pyLDAvis. sklearn

#设置聚类可视化函数

pyLDAvis. enable_notebook( )

pic = pyLDAvis. sklearn. prepare(lda, tf, tf_vectorizer)

pyLDAvis. display(pic)

pyLDAvis. save_html(pic, 'lda_pass' + str(n_topics) + '. html')

pyLDAvis. display(pic)

（4）输出各个文本对各主题的相关度。

import numpy as np

topics = lda. transform(tf)

topic = [ ]

for t in topics：

　　topic. append("Topic #" + str(list(t). index(np. max(t))))

data['概率最大的主题序号 '] = topic

data['每个主题对应概率 '] = list(topics)

data. to_excel("data_topic. xlsx" , index = False)

10.4.2　聚类主题的可视化

聚类主题是将众多文本，通过机器学习的过程，实现降维的过程。聚类主题的目的是将繁杂的文本信息，转化为较少的主题，便于对政策文本信息的研究。因此，主题聚类有三个原则：（1）主题对文本信息的覆盖面越广越优，表示主题包含了足够多的文本信息；（2）主题之间重叠程度越低越优，表示各个主题之间的独立性越强；（3）聚类主题的个数不宜过多，主题个数过多则不能达到信息降维的目的。

聚类主题可视化有两方面作用：（1）通过调整不同的主题个数，查看各个主题的覆盖面和重叠程度，根据覆盖面较广和重叠度较低的原则，进而有助于确定适宜的主题个数；（2）通过主题可视化，可以较为直观地展现主题信息，及其之间的差异。

通过聚类可视化编码运行，对1040份政策文本聚类分别模拟了四个、五个、六个、七个主题，依据覆盖面和重叠度的原则，选取五个主题最为合适，可视化结果如图10-4所示。图中1、2、3、4和5部分，分别代表聚类的五个主题。由图可知：（1）五个主题覆盖面较广，在四个象限都有覆盖，但第三象限覆盖程度稍低；（2）五个主题重叠较少，仅第一和第二个主题在第一象限，存在部分重叠。因此，通过LDA方法，最终将1040份"数字制造"政策文本聚类为五个主题。

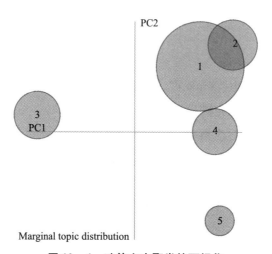

图10-4 政策文本聚类的可视化

10.4.3　政策文本与聚类主题的相关性

依据主题对文本覆盖面较广和各主题之间重叠较少的原则，运用 LDA 聚类算法，1040 份 "数字制造" 政策文本适宜聚类为五类。各个文本与各个主题的相关性，如表 10 - 5 所示。为避免冗余，只列出前 20 个文本与各主题的相关性。

表 10 - 5　　　　　"数字制造" 政策文本与聚类主题的相关性

文本序号	主题 1	主题 2	主题 3	主题 4	主题 5
1	0.169518	0.80768	0.0222649	0.000268	0.000268
2	0.0623512	0.0781209	9.20E - 05	0.823125	0.036311
3	0.355147	0.248853	0.0623684	0.333056	0.000576
4	0.923895	0.0708129	0.00177127	0.001751	0.001771
5	0.782169	0.0586692	0.156663	0.001243	0.001256
6	0.162937	0.836237	0.000276308	0.000277	0.000273
7	0.216583	0.0697672	0.570383	0.142951	0.000316
8	0.992058	0.00198636	0.00198897	0.001983	0.001983
9	0.24003	0.758863	0.000368901	0.00037	0.000369
10	0.200597	0.792062	0.00676736	0.000289	0.000285
11	0.966337	0.00149785	0.00149411	0.02918	0.001491
12	0.708101	0.189152	0.00119905	0.001218	0.10033
13	0.756593	0.135929	0.00111755	0.001103	0.105258
14	0.993471	0.00160782	0.00165293	0.001611	0.001657
15	0.964024	0.00117572	0.0324642	0.001163	0.001173
16	0.99468	0.00132296	0.00134324	0.00132	0.001333
17	0.160204	0.427251	0.203362	0.204283	0.0049
18	0.941377	0.00133258	0.0546078	0.001338	0.001345

文本序号	主题 1	主题 2	主题 3	主题 4	主题 5
19	0.995876	0.00103427	0.00103997	0.001023	0.001028
20	0.995943	0.00101878	0.00102407	0.001006	0.001008
...	...	...	...	...	...
1040	0.0031375	0.00317108	0.903123	0.087419	0.00315

注：避免冗余，只列出前 20 份和第 1040 份文本。

10.5　主题特征和研究启示

10.5.1　主题特征

为进一步对聚类主题的特征进行分析，对每个主题提取 n 个特征词语，进而反映主题特征。针对 1040 份政策文本的五个主题，对每个主题提取 20 个特征词语，提取主题特征词语的编码如下：

n_top_words = 20　#设定 20 个特征词

tf_feature_names = tf_vectorizer. get_feature_names( )

topic_word = print_top_words(lda, tf_feature_names, n_top_words)

"数字制造"五个主题的特征词语，如表 10 - 6 所示。根据表中各个主题的特征词，以及 10.1.2 中质性分析方法（将政策工具分为供给型政策、需求型政策和环境型政策三类），可以将主题归纳为五个层面。

表 10 - 6　　　　　　　政策文本五类主题及其特征词

序号	主题特征	主题特征词
主题 1	支持类供给型政策工具	互联网融合培育能力协同网络领域资源责任体系设计模式合作人才系统基础设备水平双创软件

序号	主题特征	主题特征词
主题 2	需求型 政策工具	有限公司系统情况信息工厂设备车间协同解决方案能力设计股份资源优化模式科技功能机器人分析过程
主题 3	支持类环境 型政策工具	法宝互联网融合法治法律法规政府邮箱全面法律法规法务文书法院系列产品解决方案专题规定运营咨询类型
主题 4	组织类供给 型政策工具	材料情况奖励资金年度投资专项国家专项资金条件主管部门车间申报材料设备标准化政策标杆信委印发综合
主题 5	组织类环境 型政策工具	委员会工程培训大赛中心人员全国学院人力资源省经信委时间设区职业技能国家研究地点专家研修

注：表中主题序号对应图 10 - 4 中的主题编号。

五类主题的具体描述分析，如下：

（1）支持类供给型政策工具，该类政策聚焦：培育政策、人才中心、设备基础、关键领域等，反映政府通过基础设施建设、人才培养、科技与信息支持等方式，推动制造业数字化建设。（2）需求型政策工具，该类政策聚焦于"股份公司、科技公司、集团、机器人、汽车"等，反映政策调动和引导企业力量参与"数字·制造"建设，刺激"数字·制造"市场需求，拉动制造业数字化发展。同时，发现政策较为关注机器人和汽车领域的数字化建设。（3）支持类环境型政策工具，该类政策聚焦：互联网融合、法律法治法规、双创协同、解决方案等。与工业化大生产投入大量资源型生产要素不同，"数字"属于服务型生产要素，数字要素的使用对软环境建设的要求较高，如数字法规。该类政策反映政府致力于为"数字·制造"发展，创造一系列良好的政策环境。（4）组织类供给型政策工具，侧重制造业数字化发展路径的政策导向，该类政策聚焦于"信息系统、协同能力、设计优化、解决方案"等。该类政策反映了政府对制造业数字化发展的政策导向。（5）组织类环境型政策工具，该类政策集中在"委员会、主管部门、申报材料、工信部、专项资金"等主题，反映政府通过组织领导、资金投入等方式，扩大供给力度，促进"数字·制造"发展。

10.5.2 研究启示

（1）政策总量分析。通过 1040 份"数字制造"政策文本的总量分析可知，在 2019 年之前，相关政策法规出台呈现上升趋势，尤其是 2016 年 G20 杭州峰会通过《G20 数字经济发展与合作倡议》激发对"数字经济"的广泛关注。2019 年之后，"数字制造"政策总量呈现下降趋势，预期随着"数字制造"的发展推进，"数字制造"的细分领域政策会进一步完善，相关政策数量也会再度上升。

（2）政策演进分析。通过对 2014～2016 年、2017～2018 年、2019～2020 年三阶段的词频统计和词云图比较发现，在 2014～2016 年政策文本中多处提到"试点和示范"，在 2016～2018 年政策文本中多处提及"融合发展、两化融合"，在 2019～2022 年政策文本中多处提及"数字化转型、智能化改造"等。由此可见，三个阶段大致可归纳为：初步开展探索阶段、明确发展方向阶段、推广数字应用阶段。

随着"数字制造"的进一步深化，"数字制造"政策也将进入深化阶段，深化发展的方向有两个：一是，领域深入，如积极开展数字政府建设，如 2022 年 6 月国务院发布《关于加强数字政府建设的指导意见》；二是，能力深化，依据前述智能制造发展的四个阶段，即自动化、信息化、互联化和智能化，中国"数字制造"下一步将在智能制造的基础上，从智能监控向智能决策迈进，如汽车自动驾驶程度的不断提升。

（3）政策结构分析。通过对 1040 份"数字制造"政策文本的聚类分析，将政策文本归纳为五个主题：支持类供给型政策工具、需求型政策工具、支持类环境型政策工具、组织类供给型政策工具、组织类环境型政策工具。由此可见，"数字制造"政策工具中，供给型政策工具和环境型政策工具偏多，但需求型政策工具偏少。究其原因在于，"数字制造"尚处于发展初期，因此产业政策多为搭建"数字制造"的运用框架和运行规范，而在产业需求方面存在滞后。随着"数字制造"的不断发展，以及"数字制造"市场的完备，势必要求"数字制造"需求的不断释放和升级，相应的需求型政策工具将不断得到补充，诸如政府采购、开拓海外市场、政企合作等。例如，2022 年 8 月，山东省大数据局提出，依托省内企事业单位建设一批"山东省数据开放创新应用实验室"，开展公共数据开放的应用研究。

第 11 章

制造业竞争力可持续
指数构建与分析

基于生产可持续、需求可持续、利润可持续、环境可持续和利润可持续五方面的定性和定量分析，本部分构建由三级指标构成的制造业国际竞争力可持续评价体系，并运用探索性因子分析方法测算制造业国际竞争力可持续指数，对中国制造业国际竞争力可持续性进行评价比较。

11.1 指标体系的经济逻辑

11.1.1 生产可持续指标

生产可持续是制造业国际竞争力可持续的核心。生产要素包含资源要素、资本要素、劳动要素和技术要素四个二级指标。

（1）在资源要素中，选取"人均可再生内陆淡水资源"和"自然资源租金总额占 GDP 的百分比"两个三级指标。"可再生内陆淡水资源"是指某国国内的可再生资源（内陆河流及降雨产生的地表水）。"自然资源租金总额"是石油租金、天然气租金、煤炭（硬煤和软煤）租金、矿产租金和森林租金之和。因此，"人均可再生内陆淡水资源"和"自然资源租金总额占 GDP 的百分比"与资源要素呈正相关关系。

（2）在资本要素中，选取"外国直接投资净流入占 GDP 的百分比"和"储蓄额"两个三级指标。外国直接投资是指投资者为获得在另一经济体中运作的企业的永久性管理权益（10% 以上表决权）所做的投资的净流入。该指标显示报告经济体来自外国投资者的净流入（新投资流入减去撤资）与 GDP 的比值。总储蓄的计算方法为国民总收入减去总消费额，再加上净转移支付。因此，"外国直接投资净流入占 GDP 的百分比"和"储蓄额"与资本要素呈正相关关系。

（3）在劳动要素中，选取"教育公共开支总额占 GDP 的比例"和"劳动力总数"两个三级指标。教育公共开支由教育方面的公共经常性支出和资本支出构成，包括政府在教育机构（公立和私立）、教育管理以及私人实体（学生/家庭和其他私人实体）补贴方面的支出。劳动力总数包括所有年满 15 周岁、符合国际劳工组织对从事经济活动人口所作定义的群体，即所有在特定阶段为货物和服务的生产提供劳力的人员。既包括就业者，也包括失业者。因此，"教育公共开支总额占 GDP 的比例"和"劳动力总数"与劳动要素呈正相关关系。

（4）在技术要素中，选取"科技期刊文章"和"高科技出口"两个三级指标。科技期刊的文章是指在下述领域出版的科学和工程类文章：物理、生物、化学、数学、临床医学、生物医学研究、工程和技术，以及地球和空间科学。高科技出口产品是指具有高研发强度的产品，例如航空航天、计算机、医药、科学仪器、电气机械。因此，"科技期刊文章"和"高科技出口"与技术要素呈正相关关系。

11.1.2　消费可持续指标

消费可持续是制造业国际竞争力可持续的支撑。消费需求包括居民需求、投资需求、生产需求和出口需求四个二级指标。

（1）在居民需求中，选取"人均 GDP 增长率"和"就业人口的人均 GDP"两个三级指标。其中，人均 GDP 是国内生产总值除以年中人口数。以购买者价格计算的 GDP 是一个经济体内所有居民生产者创造的增加值的总和加上任何产品税并减去不包括在产品价值中的补贴。就业人口的人均 GDP 是国内生产总值（GDP）除以经济体中的就业人口总数。因此，"人均 GDP 增长率"和"就业人口的人均 GDP"与居民需求呈正相关关系。

（2）在投资需求中，选取"城镇人口占总人口比例的倒数"和"私营部门的国内信贷占 GDP 的百分比"两个三级指标。城镇人口是指生活在国家统计机构所定义的城镇地区的人口。"城镇人口占总人口比例"可反映一国城镇化的进度，城镇化率低则投资需求高。为使得三级指标与二级指标正相关，取"城镇人口占总人口比例"的倒数。对私营部门的国内信贷是指金融公司通过贷款、购买非股权证券、贸易信贷和其他应收账款等方式向私营部门提供的金融资源。其中，金融公司包括货币当局和存款银行，以及其他有数据的金融公司。因此，"城镇人口占总人口比例的倒数"和"私营部门的国内信贷占 GDP 的百分比"与投资需求呈正相关关系。

（3）在生产需求中，选取"工业增加值占 GDP 的百分比"和"工业增加值"两个三级指标。工业包括采矿业、制造业、建筑业、电力、水和天然气行业。增加值为所有产出相加，再减去中间投入得出的部门的净产出。工业增加值年增长率的计算基于不变价本币。这种计算方法未扣除装配式资产的折旧或自然资源的损耗和退化。增加值的来源根据《国际标准行业分类》第 3 修订版确定。因此，"工业增加值占 GDP 的百分比"和"工业增加值"与生产需求呈正相关关系。

（4）在出口需求中，选取"商品贸易占 GDP 的百分比"和"商品出口额"两个三级指标。商品贸易占 GDP 的比重是商品出口和进口的总和除以 GDP 的价值，所有这些都是以现价美元计算的。商品出口额为特定国家向世界其他地方出口的，以现价美元计算的货物离岸价值。因此，"商品贸易占 GDP 的百分比"和"商品出口额"与出口需求呈正相关关系。

11.1.3　利润可持续指标

利润可持续是制造业国际竞争力可持续的微观基础。企业利润涉及企业经营和经营环境两个二级指标。

（1）在企业经营中，选取"利润税占商业利润比重的倒数""注册资产所需时间的倒数""新企业密度"三个三级指标。其中，利润税是企业缴纳的利润税税额，利润税占比越低则越有利于企业利润积累，反之则不利。注册资产所需时间是指企业获得资产产权所需的历日数，注册所需时间越短，说明企业经营效率越高。注册的新企业是指注册新的有限责任公司的数目。因此，"利润税占商业利润比重的倒数""注册资产所需时间的倒数""新企业密度"三个二级指标与企业经营呈正相关关系。

（2）在经营环境中，选取"营商便利指数的倒数""货柜码头吞吐量""班轮运输相关指数"三个三级指标。其中，营商便利指数从 1 到 190 为经济体排名，第一位为最佳，表示法规环境越有利于营商。该指数计算依据是对世界银行营商环境项目所涉及的 10 个专题中的简单平均值进行排名。港口集装箱吞吐量衡量的是通过沿海航运和国际航运运输的集装箱流量，以 20 英尺当量单位的标准尺寸集装箱为计算单位。班轮运输相关指数表明各国与全球航运网络的连通程度。联合国贸发会议（UNCTAD）根据海运部门的五部分数据计算得出：船舶数量、船舶集装箱承载能力、最大船舶规模、服务量，以及在港口部署集装箱船舶的公司数量。由此可知，"营商便利指数的倒数""货柜码头吞吐量""班轮运输相关指数"与经营环境呈正相关关系。

11.1.4　环境可持续指标

环境可持续是制造业国际竞争力可持续的外部约束。环境可持续涉及环境保护和能源节约两个二级指标。

(1) 在环境保护中，选取"一氧化氮排放量的倒数""二氧化碳排放量的倒数""森林面积占土地的百分比"三个三级指标。其中，一氧化氮排放量是来自农业生物质燃烧、工业活动以及家畜饲养的排放。二氧化碳排放量是化石燃料燃烧和水泥生产过程中产生的排放。它们包括在消费固态、液态和气态燃料，以及天然气燃烧时产生的二氧化碳。森林面积是指由自然生长或人工种植，且原地高度至少为 5 米的直立树木所覆盖的土地。由此可知，"一氧化氮排放量的倒数""二氧化碳排放量的倒数""森林面积占土地的百分比"与环境保护呈正相关关系。

(2) 在能源节约中，选取"可再生能源占能源消费比值""能源使用量的倒数""单位 GDP 能源密度的倒数"三个三级指标。其中，可再生能源消费是可再生能源在最终能源消费总量中的份额。能源使用量是指初级能源在转化为其他最终用途的燃料之前的使用量，等于国内产量加上进口量和存量变化，减去出口量和供给从事国际运输的船舶和飞机的燃料用量所得的值。单位 GDP 的能源密度为每单位 GDP 生产所消耗的能源值。可见，"可再生能源占能源消费比值""能源使用量的倒数""单位 GDP 能源密度的倒数"与能源节约呈正相关关系。

11.1.5　数字可持续指标

数字可持续是制造业国际竞争力可持续的驱动力。数字可持续包含数字设施和数字应用两个二级指标。

(1) 在数字设施中，选取"互联网服务器总数""每百万人拥有的互联网服务器""互联网使用人口占总人口比重"三个三级指标。其中，服务器总数是指在互联网活动过程中使用加密技术的服务器的数量。互联网用户是在过去 3 个月内（从任何位置）使用过互联网的个人。互联网可以通过电脑、手机、个人数字助理、游戏机、数字电视等方式使用。因此，"互联网服务器总数""每百万人拥有的互联网服务器""互联网使用人口占总人口比重"与数字设施呈正相关关系。

（2）在数字应用中，选取"每百人中使用固定宽带的人数""每百人中使用固定电话人数""每百人中使用移动电话的人数"三个三级指标。其中，固定宽带使用是指以等于或大于 256 千字节/秒的下行速度访问公共互联网（TCP/IP 连接）的固定用户。这包括电缆调制解调器、数字用户线路（DSL）、光纤到户、有线宽带、卫星宽带和地面固定无线宽带。固定电话用户是指模拟固定电话线路、网际互联协议（IP）语音签约用户、固定无线本地环路签约用户、综合业务数字网（ISDN）语音信道等付费电话的使用数量之和。移动电话用户是对使用蜂窝技术的移动电话服务的数量。该指标适用于所有提供语音通信的蜂窝移动用户。由此可知，"每百人中使用固定宽带的人数""每百人中使用固定电话人数""每百人中使用移动电话的人数"与数字应用呈正相关关系。

11.2 竞争力可持续指数的指标体系

基于指标的完整性和数据来源的可获得性，围绕生产可持续、消费可持续、利润可持续、环境可持续和数字可持续五个二级指标[1]，建立了包含 34 个三级指标的制造业国际竞争力可持续评价指标体系，如表 11 - 1 所示。

---

[1] 所有 34 个三级指标，数据全部选取自世界银行数据库（https：//data. worldbank. org. cn/）。

表 11 - 1 　　　　　　　　　　制造业国际竞争力可持续评价指标体系

一级指标	二级指标	三级指标	单位	数据年份	变量
生产可持续	资源要素	人均可再生内陆淡水资源	立方米	2018	$X1$
		自然资源租金总额占 GDP 的百分比	%	2020	$X2$
	资本要素	外国直接投资净流入占 GDP 的百分比	%	2020	$X3$
		储蓄额	美元	2020	$X4$
	劳动要素	教育公共开支总额占 GDP 的比例	%	2018	$X5$
		劳动力总数	万人	2021	$X6$
	技术要素	科技期刊文章	篇	2018	$X7$
		高科技出口	美元	2018	$X8$
消费可持续	居民需求	人均 GDP 增长率	%	2021	$X9$
		就业人口的人均 GDP	美元	2021	$X10$
	投资需求	城镇人口占总人口比例的倒数	%	2021	$X11$
		私营部门的国内信贷占 GDP 的百分比	%	2019	$X12$
	生产需求	工业增加值占 GDP 的百分比	%	2021	$X13$
		工业增加值	美元	2021	$X14$
	出口需求	商品贸易 GDP 的百分比	%	2021	$X15$
		商品出口	美元	2021	$X16$
利润可持续	企业经营	利润税占商业利润比重的倒数	%	2019	$X17$
		注册资产所需时间的倒数	天	2019	$X18$
		新企业密度	每千人	2018	$X19$
	经营环境	营商便利指数的倒数	—	2019	$X20$
		货柜码头吞吐量	20 英尺	2019	$X21$
		班轮运输相关指数	—	2020	$X22$
环境可持续	环境保护	一氧化氮排放量的倒数	千克	2019	$X23$
		二氧化碳排放量的倒数	千克	2019	$X24$
		森林面积占土地的百分比	%	2020	$X25$
	能源节约	可再生能源占能源消费比值	%	2019	$X26$
		能源使用量的倒数	千克石油	2014	$X27$
		单位 GDP 能源密度的倒数	兆焦耳	2019	$X28$

一级指标	二级指标	三级指标	单位	数据年份	变量
数字可持续	数字设施	互联网服务器总数	个	2020	$X29$
		每百万人拥有的互联网服务器	个	2020	$X30$
		互联网使用人口占总人口比重	%	2020	$X31$
	数字应用	每百人中使用固定宽带的人数	人	2020	$X32$
		每百人中使用固定电话人数	人	2020	$X33$
		每百人中使用移动电话的人数	人	2020	$X34$

在制造业国际竞争力可持续评价指标体系中，指标选取依据下述原则：（1）指标统计口径统一，34 个三级指标全部选取自世界银行数据库；（2）指标年份更新度较强，除"能源使用量的倒数"指标难以替代且仅更新至 2014 年，其余 33 个指标全部更新至 2018～2021 年；（3）指标信息完整度较高，首先根据指标含义，在世界银行数据库中搜寻到 266 个国家和地区的 47 个指标，然后根据指标信息的完整度，去除信息度较低的指标，例如专利申请量和收入占 GDP 比例的缺省值分别达到 136 个和 125 个。基于上述三方面筛选原则，最终构建包含 62 个国家和地区的 34 个指标，指标进行标准化后（消除数量之间的量纲差异），如表 11－2 所示，为避免烦冗，只列出部分数据。

表 11－2　　　　　　　　评价指标体系的标准化数据

国家（地区）	$X1$	$X2$	$X3$	$X4$	$X5$	$X6$	$X7$	$X8$	$X9$	$X10$	…	$X34$
佛得角	－0.63	2.43	0.55	－0.23	0.52	－0.21	－0.23	－0.22	－0.04	－1.12	…	－1.03
多哥	－0.57	1.52	－0.61	－0.23	－0.45	－0.21	－0.23	－0.22	－0.90	－1.42	…	－1.93
毛里求斯	－0.51	－0.67	0.08	－0.23	0.13	－0.21	－0.23	－0.22	－0.55	－0.48	…	1.41

国家 （地区）	X1	X2	X3	X4	X5	X6	X7	X8	X9	X10	…	X34
纳米比亚	-0.49	0.60	-0.77	-0.23	3.11	-0.21	-0.23	-0.22	-1.51	-0.84	…	-0.28
牙买加	-0.40	-0.62	0.00	-0.23	0.56	-0.21	-0.23	-0.22	-0.50	-1.08	…	-1.08
摩尔多瓦	-0.63	-0.61	-0.13	-0.23	0.58	-0.21	-0.23	-0.22	2.84	-0.49	…	-1.65
格鲁吉亚	0.50	-0.32	0.33	-0.23	-0.84	-0.21	-0.23	-0.22	1.36	-0.70	…	0.36
柬埔寨	-0.12	-0.40	2.74	-0.23	-1.84	-0.19	-0.23	-0.22	-1.22	-1.39	…	0.28
萨尔瓦多	-0.49	-0.47	-0.09	-0.23	-0.78	-0.21	-0.23	-0.22	1.21	-1.04	…	1.54
爱沙尼亚	0.05	-0.38	2.18	-0.23	0.45	-0.21	-0.23	-0.22	0.68	0.26	…	1.16
拉脱维亚	-0.01	-0.33	0.20	-0.23	-0.31	-0.21	-0.23	-0.22	-0.15	0.06	…	-0.53
约旦	-0.67	-0.66	-0.06	-0.23	-1.23	-0.21	-0.22	-0.22	-1.24	-0.44	…	-2.40
乌拉圭	1.33	-0.05	-0.26	-0.23	0.00	-0.21	-0.23	-0.22	-0.55	-0.36	…	0.50
斯洛文尼亚	0.00	-0.61	-0.22	-0.23	0.20	-0.21	-0.23	-0.22	0.54	0.45	…	0.12
巴拿马	1.78	-0.64	-1.33	-0.23	-1.31	-0.21	-0.23	-0.22	2.15	0.15	…	0.69
哥斯达黎加	1.02	-0.42	0.34	-0.23	1.56	-0.21	-0.23	-0.22	0.19	-0.26	…	1.27
立陶宛	-0.26	-0.59	1.36	-0.23	-0.56	-0.21	-0.23	-0.22	-0.27	0.35	…	0.68
坦桑尼亚	-0.56	0.95	-0.18	-0.22	-0.71	-0.15	-0.23	-0.22	-0.47	-1.44	…	-1.60
克罗地亚	0.02	-0.53	0.04	-0.23	-0.55	-0.21	-0.22	-0.22	2.46	0.24	…	-0.63
斯里兰卡	-0.49	-0.65	-0.31	-0.23	-1.86	-0.20	-0.23	-0.22	-0.96	-0.70	…	0.87
…	…	…	…	…	…	…	…	…	…	…	…	…
世界	-0.25	-0.14	-0.10	7.31	-0.27	7.48	7.47	7.46	-0.32	-0.59	…	-0.65

11.3　竞争力可持续指数的因子分析

　　基于 62 个国家和地区的 34 个指标，运用统计产品与服务解决方案
（SPSS）软件进行因子分析，构建制造业竞争力可持续指数。具体步骤
如下。

（1）描述性统计。在进行因子分析之前，对指标数据进行描述性统计，用以获取指标数据的统计特征。34 个指标的描述性统计，如表 11－3 所示。由表可知，指标数据标准化后，34 个指标的标准误差都小于 0.13，标准差在 1 附近波动，数据整体表现较为平稳。

表 11－3　　　　　　　　　　　描述性统计结果

指标	个案数	范围	最小值	最大值	平均值	标准误差	标准差	方差
$X1$	62	5.40	−0.67	4.73	−0.0003	0.12696	0.99971	0.999
$X2$	62	4.95	−0.67	4.28	−0.0006	0.12696	0.99967	0.999
$X3$	62	8.58	−4.12	4.46	0.0000	0.12702	1.00014	1.000
$X4$	62	7.54	−0.23	7.31	0.0000	0.12701	1.00011	1.000
$X5$	62	4.97	−1.86	3.11	0.0002	0.12701	1.00004	1.000
$X6$	62	7.69	−0.21	7.48	−0.0002	0.12701	1.00007	1.000
$X7$	62	7.70	−0.23	7.47	0.0002	0.12691	0.99927	0.999
$X8$	62	7.68	−0.22	7.46	0.0006	0.12699	0.99993	1.000
$X9$	62	4.35	−1.51	2.84	−0.0003	0.12700	0.99999	1.000
$X10$	62	5.11	−1.44	3.67	0.0002	0.12709	1.00071	1.001
$X11$	62	5.73	−0.83	4.90	0.0000	0.12700	0.99998	1.000
$X12$	62	4.05	−1.49	2.56	0.0000	0.12695	0.99958	0.999
$X13$	62	4.34	−1.52	2.82	−0.0005	0.12699	0.99990	1.000
$X14$	62	7.66	−0.22	7.44	−0.0002	0.12699	0.99988	1.000
$X15$	62	4.57	−1.14	3.43	0.0000	0.12696	0.99971	0.999
$X16$	62	7.83	−0.22	7.61	0.0006	0.12691	0.99925	0.999
$X17$	62	7.88	−0.13	7.75	−0.0018	0.12708	1.00063	1.001
$X18$	62	6.17	−0.59	5.58	0.0008	0.12708	1.00065	1.001
$X19$	62	5.02	−0.88	4.14	−0.0002	0.12696	0.99971	0.999
$X20$	62	6.48	−0.54	5.94	−0.0002	0.12703	1.00023	1.000
$X21$	62	7.63	−0.23	7.40	0.0002	0.12699	0.99991	1.000
$X22$	62	4.93	−1.42	3.51	0.0008	0.12701	1.00011	1.000

指标	个案数	范围	最小值	最大值	平均值	标准误差	标准差	方差
$X23$	62	7.69	-0.27	7.42	0.0000	0.12692	0.99939	0.999
$X24$	62	4.46	-1.62	2.84	-0.0003	0.12701	1.00007	1.000
$X25$	62	3.89	-1.72	2.17	0.0002	0.12705	1.00041	1.001
$X26$	62	4.34	-1.28	3.06	0.0003	0.12704	1.00028	1.001
$X27$	62	3.78	-1.01	2.77	-0.0002	0.12694	0.99955	0.999
$X28$	62	5.23	-1.54	3.69	0.0002	0.12707	1.00056	1.001
$X29$	62	7.05	-0.22	6.83	-0.0010	0.12702	1.00019	1.000
$X30$	62	5.75	-0.55	5.20	-0.0002	0.12694	0.99954	0.999
$X31$	62	3.70	-2.50	1.20	0.0002	0.12694	0.99951	0.999
$X32$	62	3.29	-1.54	1.75	0.0003	0.12706	1.00048	1.001
$X33$	62	3.87	-1.30	2.57	0.0005	0.12695	0.99957	0.999
$X34$	62	4.56	-2.40	2.16	-0.0003	0.12702	1.00012	1.000

（2）信度和效度检验。在进行因子分析之前，需通过恺撒·迈耶·奥尔金（KMO）和巴特利特（Bartlett）检验，判断指标是否适合做因子分析。KMO值应大于0.6，巴特利特球形度检验值应小于0.05。竞争力可持续指标体系的信度和效度检验结果，如表11-4所示。由表可知，竞争力可持续指标体系的KMO值为0.619，巴特利特球形度检验值为0.000，通过信度和效度检验，可以进行因子分析。

表11-4 信度和效度检验结果

KMO取样适切性量数		0.619
巴特利特 球形度检验	近似卡方	2891.260
	自由度	561
	显著性	0.000

（3）公因子方差。运用主成分方法，计算指标矩阵的特征值和特征向量。公因子提取值越大，则反映每个指标信息的完整度越高。公因子提取值应大于 0.6 较为理想，但不能低于 0.4。竞争力可持续指标体系的公因子方差，如表 11 - 5 所示。由表可知，全部 34 个指标的特征向量都大于 0.4，且其中 30 个指标的向量大于 0.6，说明在因子分析中，可以较好地反映各个指标的信息。

表 11 - 5　　　　　　　　竞争力可持续指标体系的公因子方差

指标	初始	提取	指标	初始	提取	指标	初始	提取
$X1$	1.000	0.784	$X13$	1.000	0.801	$X25$	1.000	0.712
$X2$	1.000	0.787	$X14$	1.000	0.997	$X26$	1.000	0.862
$X3$	1.000	0.676	$X15$	1.000	0.517	$X27$	1.000	0.867
$X4$	1.000	0.995	$X16$	1.000	0.983	$X28$	1.000	0.874
$X5$	1.000	0.691	$X17$	1.000	0.545	$X29$	1.000	0.865
$X6$	1.000	0.982	$X18$	1.000	0.427	$X30$	1.000	0.711
$X7$	1.000	0.998	$X19$	1.000	0.746	$X31$	1.000	0.874
$X8$	1.000	0.982	$X20$	1.000	0.792	$X32$	1.000	0.854
$X9$	1.000	0.720	$X21$	1.000	0.985	$X33$	1.000	0.750
$X10$	1.000	0.855	$X22$	1.000	0.670	$X34$	1.000	0.530
$X11$	1.000	0.663	$X23$	1.000	0.807	—	—	—
$X12$	1.000	0.667	$X24$	1.000	0.829	—	—	—

（4）总方差解释。通过计算方差贡献率和累积方差贡献率，确定主成分。涉及两个原则：一是，按照特征值大于 1，找到主成分；二是，主成分累积方差贡献率大于 80% 较为理想，但不应低于 60%。竞争力可持续指标体系的总方差解释，如表 11 - 6 所示。由表可知，根据特征值大于 1 的原则，对于 34 个指标，确定 9 个主成分；同时，9 个主成分的累积方差贡献率达到 78.81%，接近 80% 的理想值，说明用该 9 个主成分可以较

好地对 34 个指标进行解释。

表 11 - 6　　　　　　　竞争力可持续指标体系的总方差解释

成分	初始特征值			提取载荷平方和			旋转载荷平方和		
	总计	方差百分比（%）	累积（%）	总计	方差百分比（%）	累积（%）	总计	方差百分比（%）	累积（%）
1	8.035	23.634	23.634	8.035	23.634	23.634	7.942	23.358	23.358
2	6.145	18.074	41.708	6.145	18.074	41.708	5.486	16.135	39.493
3	2.750	8.090	49.797	2.750	8.090	49.797	2.376	6.987	46.480
4	2.178	6.405	56.203	2.178	6.405	56.203	2.155	6.338	52.818
5	1.910	5.618	61.821	1.910	5.618	61.821	2.091	6.151	58.969
6	1.810	5.323	67.144	1.810	5.323	67.144	1.947	5.725	64.695
7	1.532	4.506	71.650	1.532	4.506	71.650	1.681	4.943	69.638
8	1.238	3.641	75.291	1.238	3.641	75.291	1.582	4.654	74.292
9	1.197	3.520	78.810	1.197	3.520	78.810	1.536	4.518	78.810

（5）主成分的权重。依据总方差的解释，可以算出主成分的权重。竞争力可持续指标体系的主成分权重，如表 11 - 7 所示。由表可知，9 个主成分权重分别为 0.299879、0.229338 和 0.102647 等，累积占总方差 78.81%。

表 11 - 7　　　　　　　各个主成分的权重

主成分	特征值	占总方差（%）	累积占总方差（%）	占累积方差的成分权重
主成分 1	8.035	23.634	23.634	0.299879
主成分 2	6.145	18.074	41.708	0.229338
主成分 3	2.750	8.090	49.797	0.102647
主成分 4	2.178	6.405	56.203	0.081276

续表

主成分	特征值	占总方差（%）	累积占总方差（%）	占累积方差的成分权重
主成分 5	1.910	5.618	61.821	0.071286
主成分 6	1.810	5.323	67.144	0.067543
主成分 7	1.532	4.506	71.650	0.057175
主成分 8	1.238	3.641	75.291	0.046197
主成分 9	1.197	3.520	78.810	0.044658

（6）旋转成分矩阵。旋转成分矩阵可以说明各个主成分对各个变量的载荷，同时较高载荷的几个变量可以归为一类。竞争力可持续指标体系的旋转成分矩阵，如表 11-8 所示。

表 11-8　　　　　　　　　旋转成分矩阵

指标	主成分								
	1	2	3	4	5	6	7	8	9
$X1$	0.036	0.247	0.158	0.671	0.116	0.249	0.410	0.061	0.013
$X2$	0.056	0.005	0.194	0.323	0.356	0.596	0.236	0.184	0.265
$X3$	0.005	0.197	0.641	0.046	0.166	0.168	0.238	0.174	0.285
$X4$	0.995	0.020	0.027	0.040	0.034	0.012	0.002	0.024	0.014
$X5$	0.067	0.434	0.135	0.496	0.297	0.110	0.274	0.209	0.119
$X6$	0.987	0.060	0.043	0.005	0.033	0.038	0.010	0.011	0.007
$X7$	0.997	0.016	0.032	0.019	0.030	0.002	0.007	0.014	0.008
$X8$	0.989	0.012	0.003	0.047	0.018	0.019	0.010	0.007	0.010
$X9$	0.014	0.094	0.117	0.050	0.369	0.012	0.043	0.743	0.067
$X10$	0.037	0.746	0.349	0.011	0.374	0.015	0.122	0.029	0.136
$X11$	0.009	0.779	0.086	0.043	0.106	0.123	0.028	0.121	0.076
$X12$	0.283	0.502	0.237	0.121	0.131	0.113	0.283	0.391	0.027
$X13$	0.069	0.084	0.044	0.065	0.025	0.861	0.098	0.113	0.137

指标	主成分								
	1	2	3	4	5	6	7	8	9
X14	0.997	0.005	0.033	0.025	0.030	0.026	0.001	0.011	0.007
X15	0.124	0.080	0.636	0.176	0.158	0.035	0.081	0.151	0.062
X16	0.991	0.013	0.024	0.012	0.018	0.010	0.013	0.004	0.012
X17	0.017	0.049	0.011	0.028	0.137	0.168	0.004	0.702	0.049
X18	0.072	0.270	0.356	0.230	0.143	0.281	0.237	0.020	0.113
X19	0.016	0.381	0.359	0.231	0.115	0.088	0.066	0.069	0.623
X20	0.008	0.336	0.801	0.019	0.120	0.066	0.023	0.136	0.000
X21	0.990	0.008	0.005	0.040	0.030	0.040	0.009	0.004	0.009
X22	0.153	0.408	0.075	0.566	0.017	0.066	0.111	0.250	0.273
X23	0.055	0.091	0.080	0.038	0.001	0.027	0.126	0.037	0.877
X24	0.163	0.022	0.109	0.403	0.688	0.379	0.055	0.047	0.071
X25	0.007	0.044	0.005	0.168	0.040	0.122	0.804	0.083	0.109
X26	0.027	0.495	0.015	0.664	0.085	0.374	0.095	0.077	0.112
X27	0.093	0.906	0.101	0.043	0.099	0.046	0.056	0.043	0.095
X28	0.076	0.122	0.027	0.101	0.906	0.013	0.023	0.091	0.108
X29	0.921	0.072	0.005	0.002	0.012	0.072	0.047	0.051	0.025
X30	0.019	0.480	0.514	0.086	0.241	0.248	0.214	0.190	0.085
X31	0.053	0.889	0.157	0.013	0.069	0.110	0.199	0.004	0.002
X32	0.008	0.847	0.116	0.005	0.134	0.292	0.080	0.039	0.106
X33	0.042	0.626	0.052	0.439	0.193	0.320	0.097	0.109	0.017
X34	0.100	0.169	0.192	0.136	0.035	0.148	0.597	0.238	0.004

（7）各个因子的权重。首先，通过旋转成分矩阵，可以算得各个因子对各个主成分的贡献度。然后，将各个因子对主成分的贡献度，乘以各个主成分的载荷，可以得出各个因子的权重。竞争力可持续指标体系的各个指标权重，如表11－9所示。

表 11 - 9 各个因子权重

指标	主成分									权重
	1	2	3	4	5	6	7	8	9	
载荷	0.300	0.229	0.103	0.081	0.071	0.068	0.057	0.046	0.045	—
X1	0.004	0.026	0.027	0.125	0.022	0.047	0.087	0.014	0.003	0.031
X2	0.006	0.001	0.034	0.060	0.067	0.114	0.050	0.042	0.067	0.030
X3	0.001	0.021	0.112	0.009	0.031	0.032	0.051	0.039	0.073	0.029
X4	0.105	0.002	0.005	0.007	0.006	0.002	0.000	0.005	0.004	0.034
X5	0.007	0.046	0.024	0.092	0.056	0.021	0.058	0.047	0.030	0.035
X6	0.104	0.006	0.007	0.001	0.006	0.007	0.002	0.002	0.002	0.035
X7	0.105	0.002	0.006	0.004	0.006	0.000	0.002	0.003	0.002	0.034
X8	0.104	0.001	0.001	0.009	0.003	0.004	0.002	0.002	0.003	0.033
X9	0.001	0.010	0.020	0.009	0.069	0.002	0.009	0.167	0.017	0.020
X10	0.004	0.078	0.061	0.002	0.070	0.003	0.026	0.007	0.035	0.034
X11	0.001	0.082	0.015	0.008	0.020	0.023	0.006	0.027	0.019	0.027
X12	0.030	0.053	0.041	0.023	0.025	0.022	0.060	0.088	0.007	0.038
X13	0.007	0.009	0.008	0.012	0.005	0.164	0.021	0.026	0.035	0.021
X14	0.105	0.000	0.006	0.005	0.006	0.005	0.000	0.003	0.002	0.034
X15	0.013	0.008	0.111	0.033	0.030	0.007	0.017	0.034	0.016	0.026
X16	0.105	0.001	0.004	0.002	0.003	0.002	0.003	0.001	0.003	0.033
X17	0.002	0.005	0.002	0.005	0.026	0.032	0.001	0.158	0.012	0.014
X18	0.008	0.028	0.062	0.043	0.027	0.054	0.051	0.004	0.029	0.029
X19	0.002	0.040	0.063	0.043	0.022	0.017	0.014	0.016	0.159	0.031
X20	0.001	0.035	0.139	0.003	0.023	0.013	0.005	0.031	0.000	0.027
X21	0.104	0.001	0.001	0.007	0.006	0.008	0.002	0.001	0.002	0.033
X22	0.016	0.043	0.013	0.106	0.003	0.013	0.024	0.056	0.070	0.033
X23	0.006	0.010	0.014	0.007	0.000	0.005	0.027	0.008	0.224	0.018
X24	0.017	0.002	0.019	0.075	0.129	0.072	0.012	0.011	0.018	0.030
X25	0.001	0.005	0.001	0.031	0.008	0.023	0.171	0.019	0.028	0.018

指标	主成分									权重
	1	2	3	4	5	6	7	8	9	
X26	0.003	0.052	0.003	0.124	0.016	0.071	0.020	0.017	0.029	0.032
X27	0.010	0.095	0.018	0.008	0.018	0.009	0.012	0.010	0.024	0.031
X28	0.008	0.013	0.005	0.019	0.170	0.002	0.005	0.021	0.028	0.022
X29	0.097	0.008	0.001	0.000	0.002	0.014	0.010	0.011	0.006	0.034
X30	0.002	0.050	0.089	0.016	0.045	0.047	0.045	0.043	0.022	0.035
X31	0.006	0.093	0.027	0.002	0.013	0.021	0.042	0.001	0.001	0.031
X32	0.001	0.089	0.020	0.001	0.025	0.056	0.017	0.009	0.027	0.031
X33	0.004	0.066	0.009	0.082	0.036	0.061	0.021	0.024	0.004	0.033
X34	0.011	0.018	0.033	0.025	0.007	0.028	0.127	0.054	0.001	0.025

（8）指标体系的各级权重。结合表 11 - 1（制造业国际竞争力可持续评价指标体系）和表 11 - 9（各个因子权重），可以得出竞争力可持续指标体系的各级指标权重，如表 11 - 10 所示。

表 11 - 10　　　　竞争力可持续指标体系的各级指标权重

一级指标	权重	二级指标	权重	三级指标	权重
生产可持续	0.261	资源要素	0.061	人均可再生内陆淡水资源	0.031
				自然资源租金总额占 GDP 的百分比	0.030
		资本要素	0.064	外国直接投资净流入占 GDP 的百分比	0.029
				储蓄额	0.034
		劳动要素	0.070	教育公共开支总额占 GDP 的比例	0.035
				劳动力总数	0.035
		技术要素	0.067	科技期刊文章	0.034
				高科技出口	0.033

续表

一级指标	权重	二级指标	权重	三级指标	权重
消费可持续	0.232	居民需求	0.054	人均 GDP 增长率	0.020
				就业人口的人均 GDP	0.034
		投资需求	0.065	城镇人口占总人口比例的倒数	0.027
				私营部门的国内信贷占 GDP 的百分比	0.038
		生产需求	0.055	工业增加值占 GDP 的百分比	0.021
				工业增加值	0.034
		出口需求	0.059	商品贸易 GDP 的百分比	0.026
				商品出口	0.033
利润可持续	0.167	企业经营	0.074	利润税占商业利润比重的倒数	0.014
				注册资产所需时间的倒数	0.029
				新企业密度	0.031
		经营环境	0.093	营商便利指数的倒数	0.027
				货柜码头吞吐量	0.033
				班轮运输相关指数	0.033
环境可持续	0.152	环境保护	0.066	一氧化氮排放量的倒数	0.018
				二氧化碳排放量的倒数	0.030
				森林面积占土地的百分比	0.018
		能源节约	0.086	可再生能源占能源消费比值	0.032
				能源使用量的倒数	0.031
				单位 GDP 能源密度的倒数	0.022
数字可持续	0.188	数字设施	0.099	互联网服务器总数	0.034
				每百万人拥有的互联网服务器	0.035
				互联网使用人口占总人口比重	0.031
		数字应用	0.089	每百人中使用固定宽带的人数	0.031
				每百人中使用固定电话人数	0.033
				每百人中使用移动电话的人数	0.025

11.4 竞争力可持续指数的国际比较

基于制造业国际竞争力可持续指标体系的各级指标权重，可计算出 62 个国家和地区的竞争力可持续指数，以及各级指标的得分和排名。制造业竞争力可持续指数和一级指标的得分和排名，以及 62 个国家和地区 2021 年 GDP 总量和排名，如表 11 - 11 所示。表中除"世界"外，其他 61 个国家 2021 年 GDP 总量占到世界总量的 86.9%，可见指标选取具有较强的代表性。

表 11 - 11   制造业竞争力可持续指数和一级指标排名

国家（地区）	2021GDP（万亿美元）	GDP排名	可持续指数得分	可持续指数排名	生产排名	消费排名	利润排名	环境排名	数字排名
世界	96.100	1	1.809	1	1	1	2	47	8
美国	22.996	2	0.457	4	9	6	8	56	1
中国	17.734	3	0.407	6	3	3	3	57	37
日本	4.937	4	0.086	16	50	16	23	44	6
德国	4.223	5	0.186	11	22	21	27	41	3
英国	3.187	6	0.222	9	28	24	5	36	10
印度	3.173	7	-0.277	52	19	38	41	28	59
法国	2.937	8	0.121	14	25	28	20	34	7
意大利	2.100	9	-0.036	32	52	23	28	30	24
韩国	1.799	10	0.184	12	39	8	7	55	9
俄罗斯联邦	1.776	11	-0.054	36	6	42	37	59	22
巴西	1.609	12	-0.095	39	7	60	47	18	45
澳大利亚	1.543	13	0.096	15	8	26	9	58	21
西班牙	1.425	14	0.031	25	48	33	17	31	14

续表

国家（地区）	2021GDP（万亿美元）	GDP排名	可持续指数得分	可持续指数排名	生产排名	消费排名	利润排名	环境排名	数字排名
墨西哥	1.293	15	-0.258	48	27	48	43	43	46
印度尼西亚	1.186	16	-0.294	55	41	49	49	27	52
荷兰	1.018	17	0.065	19	62	15	13	52	4
沙特阿拉伯	0.834	18	0.061	20	4	29	10	62	29
土耳其	0.815	19	-0.126	42	51	19	21	40	42
波兰	0.674	20	-0.155	44	37	27	40	51	28
瑞典	0.627	21	0.319	7	11	20	16	4	17
比利时	0.600	22	-0.007	30	43	11	18	53	18
泰国	0.506	23	-0.112	40	59	12	29	46	33
爱尔兰	0.499	24	0.259	8	32	4	39	14	11
阿根廷	0.491	25	-0.259	49	29	45	56	50	36
挪威	0.482	26	0.437	5	2	7	15	17	25
南非	0.420	27	-0.281	54	23	34	45	61	40
丹麦	0.397	28	0.466	3	24	13	6	16	2
新加坡	0.397	29	0.679	2	17	2	1	35	5
菲律宾	0.394	30	-0.267	50	54	50	55	13	48
马来西亚	0.373	31	0.054	21	18	10	14	54	30
智利	0.317	32	0.123	13	5	14	26	45	32
哥伦比亚	0.314	33	0.001	28	10	54	38	10	39
芬兰	0.299	34	0.012	26	20	31	44	25	19
罗马尼亚	0.284	35	-0.138	43	58	39	32	24	31
葡萄牙	0.250	36	0.039	24	47	37	19	22	13
希腊	0.216	37	-0.121	41	56	41	36	42	16
阿尔及利亚	0.168	38	-0.373	61	14	53	61	60	50
摩洛哥	0.133	39	-0.184	45	40	36	31	37	44
肯尼亚	0.110	40	-0.302	56	44	56	57	5	58

国家 （地区）	2021GDP （万亿美元）	GDP 排名	可持续 指数得分	可持续 指数排名	生产 排名	消费 排名	利润 排名	环境 排名	数字 排名
多米尼加	0.094	41	−0.233	47	45	46	48	15	51
危地马拉	0.086	42	−0.314	58	55	57	54	12	54
斯里兰卡	0.085	43	−0.044	33	61	17	34	2	47
克罗地亚	0.068	44	0.051	22	49	22	11	26	27
坦桑尼亚	0.068	45	−0.279	53	36	58	59	1	61
立陶宛	0.066	46	0.007	27	31	32	24	23	26
哥斯达黎加	0.064	47	0.079	17	15	51	35	3	34
巴拿马	0.064	48	−0.004	29	53	18	30	7	41
斯洛文尼亚	0.062	49	0.043	23	38	9	42	33	15
乌拉圭	0.059	50	−0.062	37	21	62	53	11	20
约旦	0.045	51	−0.543	62	60	52	50	49	60
拉脱维亚	0.039	52	−0.093	38	35	44	33	19	35
爱沙尼亚	0.036	53	0.206	10	16	25	12	39	12
萨尔瓦多	0.029	54	−0.271	51	57	47	60	20	43
柬埔寨	0.027	55	−0.052	35	26	5	62	9	56
格鲁吉亚	0.019	56	0.067	18	34	35	4	32	38
摩尔多瓦	0.014	57	−0.303	57	42	30	51	48	49
牙买加	0.014	58	−0.372	60	33	59	46	38	55
纳米比亚	0.012	59	−0.229	46	13	43	58	29	57
毛里求斯	0.011	60	−0.026	31	46	40	25	21	23
多哥	0.008	61	−0.356	59	30	61	52	6	62
佛得角	0.002	62	−0.046	34	12	55	22	8	53

（1）对比62个国家和地区的可持续指数排名与GDP排名可知：一方面，两者排名大致呈现出正相关的关系，如图11−1所示，符合经济预期，即制造业可持续发展与GDP发展正相关；另一方面，两者排名存在

一定的差异,诸如 GDP 排名前十的国家和地区中,除世界外,其余 9 个国家可持续指数排名均落后于 GDP 排名。其中,美国和中国差距较小,而印度的名次差距则高达到 45。两者排名差异说明部分国家经济发展方式存在一定的不可持续性。

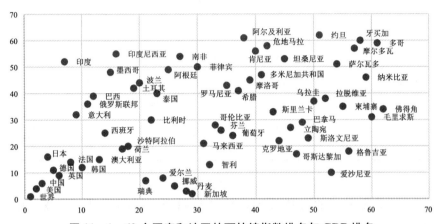

图 11 - 1　62 个国家和地区的可持续指数排名与 GDP 排名

(2) 对比 62 个国家和地区的可持续指数排名与四个一级指标排名发现,虽然可持续指数是四个一级指标的综合得分,但指标之间仍然存在一定差异。竞争力可持续指数排名前十的国家和地区,如表 11 - 12 所示。一方面,发现竞争力可持续指数排名前十的国家,并非 GDP 大国居多,如新加坡、丹麦、挪威、瑞典等;另一方面,部分国家和地区的指数排名与四个一级指标存在差距,如"世界"指数排名第一,且生产、消费、利润排名都处于第一和第二区间,但数字排名降至第八,环境排名甚至降至第四十七名。上述特点说明,许多国家在制造业竞争力可持续发展方面存在非均衡现象,同时,部分 GDP 小国的制造业竞争力可持续性较强。

表 11 - 12　　　　　　　竞争力可持续指数排名前十的国家和地区

国家和地区	指数排名	生产排名	消费排名	利润排名	环境排名	数字排名
世界	1	1	1	2	47	8
新加坡	2	17	2	1	35	5
丹麦	3	24	13	6	16	2
美国	4	9	6	8	56	1
挪威	5	2	7	15	17	25
中国	6	3	3	3	57	37
瑞典	7	11	20	16	4	17
爱尔兰	8	32	4	39	14	11
英国	9	28	24	5	36	10
爱沙尼亚	10	16	25	12	39	12

（3）对比中国的可持续指数排名与四个一级指标排名发现，中国GDP 排名第三，竞争力可持续指数得分排名第六，生产可持续、消费可持续、利润可持续、环境可持续和数字可持续排名分别为第三、第三、第三、第五十七和第三十七。一方面，反映中国制造业竞争力可持续性较强，但与 GDP 发展规模仍存在小幅差距；另一方面，反映中国制造业竞争力在生产、消费和利润方面可持续性较强，但数字可持续性和环境可持续性大幅落后，最终导致竞争力可持续指数居于第六位。

第 12 章

制造业竞争力可持续性的问题
分析和提升路径

结合制造业国际竞争力可持续指数可知，生产可持续、消费可持续、利润可持续、环境可持续和数字可持续所占权重分别为 0.26、0.23、0.17、0.15 和 0.19。围绕生产可持续、消费可持续、利润可持续、环境可持续和数字可持续五个方面，通过国际比较，分析中国制造业国际竞争力可持续的问题。

12.1　制造业竞争力可持续性的问题分析

12.1.1　生产可持续的问题

在制造业国际竞争力可持续指数中，生产可持续所占权重为 0.26，同时，在 62 个国家和地区中，中国生产可持续排名为第三。生产可持续包括四个二级指标，即资源要素、资本要素、劳动要素和技术要素，以及八个三级指标。生产可持续及其各级指标的评价得分排名，如表 12 - 1 所示。

表 12 - 1　　　　　　　　　　　　　　生产可持续排名比较

指标	权重	第一	第二	第三	第四	第五	中国排名
生产可持续	0.26	世界	挪威	中国	沙特	智利	3
1. 资源要素	0.06	挪威	智利	俄罗斯	沙特	哥伦比亚	37
人均可再生内陆淡水资源	0.03	挪威	智利	哥伦比亚	巴拿马	俄罗斯	44
自然资源租金总额的 GDP 占比	0.03	沙特	阿尔及利亚	佛得角	俄罗斯	澳大利亚	23
2. 资本要素	0.06	世界	新加坡	柬埔寨	中国	爱沙尼亚	4
外国直接投资净流入的 GDP 占比	0.03	新加坡	柬埔寨	爱沙尼亚	立陶宛	爱尔兰	26
储蓄额	0.03	世界	中国	美国	日本	德国	2
3. 劳动要素	0.07	世界	纳米比亚	瑞典	挪威	沙特	11
教育公共开支总额的 GDP 占比	0.03	纳米比亚	挪威	瑞典	沙特	丹麦	49
劳动力总数	0.03	世界	中国	印度	美国	印尼	2
4. 技术要素	0.07	世界	中国	美国	德国	韩国	2
科技期刊文章	0.03	世界	中国	美国	印度	德国	2
高科技出口	0.03	世界	中国	德国	韩国	新加坡	2

注：避免烦冗，只列出各项指标排名前五的国家和地区，以及中国排名（下同）。

由表可知，中国制造业生产可持续得分排名第三，居于前列，但指标之间差异较大。（1）在资源要素中，中国仅排名 37。其中，"人均可再生内陆淡水资源"和"自然资源租金总额占 GDP 的百分比"在 62 个国家和地区间排名分别为 44 和 23。中国虽然地大物博，资源丰富，但由于属于人口超级大国，因此人均资源较低。（2）在资本要素中，"储蓄额"排名第二，折射中国历来高储蓄率的状态；而"外国直接投资净流入占 GDP 的百分比"排名 26，对比排名第一的新加坡，可见中国的外资流入尚有较大的提升空间。（3）在劳动要素中，中国作为超级人口大国，"劳动力总数"自然排名第二，但考虑到劳动质量，中国"教育公共开支总额占GDP的比例"排名仅为 49，与挪威、瑞典和丹麦等北欧发达国家差距明显；（4）在技术要素中，无论是反映技术储备能力的"科技期刊文章"，还是反映技术输出能力的"高科技出口规模"，中国得分都位列第二，说明技术要素竞争力较强。当然，该两项指标只能反映规模上的优势，质量水平尚不能反映。综合来看，中国制造业国际竞争力的生产可持续性较强，其中技术要素和资本要素可持续性较好，劳动要素可持续性一般，而资源要素可持续性较差。

12.1.2　消费可持续的问题

在制造业国际竞争力可持续指数中，消费可持续所占权重为 0.23，同时，在 62 个国家和地区中，中国消费可持续排名为第三。消费可持续包括四个二级指标，即居民需求、投资需求、生产需求和出口需求，以及八个三级指标。消费可持续及其各级指标的评价得分排名，如表 12 - 2 所示。

表 12 - 2　　　　　　　　　　**消费可持续排名比较**

指标	权重	第一	第二	第三	第四	第五	中国排名
消费可持续	0.23	世界	新加坡	中国	爱尔兰	柬埔寨	3
1. 居民需求	0.05	爱尔兰	新加坡	克罗地亚	美国	巴拿马	39
人均 GDP 增长率	0.02	摩尔多瓦	克罗地亚	巴拿马	爱尔兰	新加坡	15
就业人口的人均GDP	0.03	爱尔兰	新加坡	美国	挪威	比利时	48
2. 投资需求	0.06	柬埔寨	斯里兰卡	美国	中国	泰国	4

续表

指标	权重	第一	第二	第三	第四	第五	中国排名
城镇人口占比的倒数	0.03	斯里兰卡	柬埔寨	肯尼亚	印度	坦桑尼亚	21
私营部门信贷GDP占比	0.04	美国	日本	中国	丹麦	韩国	3
3. 生产需求	0.05	世界	中国	沙特	印尼	爱尔兰	2
工业增加值占GDP比重	0.02	沙特	爱尔兰	印尼	阿尔及利亚	中国	5
工业增加值	0.03	世界	中国	美国	日本	德国	2
4. 出口需求	0.06	世界	新加坡	斯洛文尼亚	比利时	荷兰	15
商品贸易的GDP的占比	0.03	新加坡	斯洛文尼亚	比利时	柬埔寨	荷兰	53
商品出口额	0.03	世界	中国	美国	德国	荷兰	2

由表可知，中国制造业消费可持续得分排名第三，居于前列，但指标之间差异显著。（1）在居民需求中，中国仅排名39。其中，"人均GDP增长率"和"就业人口的人均GDP"在62个国家和地区间排名分别为15和48，反映中国居民收入仍然偏低，对居民需求产生抑制作用。（2）在投资需求中，中国排名第4。"城镇人口占总人口比例的倒数"排名第21，反映中国城镇化建设仍有较大的投资空间；而"私营部门信贷GDP占比"排名第3，反映中国私营部门信贷总量较高，投资较为活跃。（3）在生产需求中，中国排名第2。中国"工业增加值占GDP的百分比"和"工业增加值"排名分列第5和第2，工业生产产出规模高企，生产需求饱满；（4）在出口需求中，中国位列15位。其中，反映出口绝对规模的"商品出口额"位列第2，但反映出口相对规模的"商品贸易的GDP占比"并不高，仅为53位，说明中国商品出口对经济的贡献度较低。综合来看，

中国制造业国际竞争力的消费可持续性较强，其中投资需求和生产需求可持续性较好，出口需求可持续性一般，但居民需求可持续性较差。

12.1.3　利润可持续的问题

在制造业国际竞争力可持续指数中，利润可持续所占权重为 0.17，同时，在 62 个国家和地区中，中国利润可持续排名为第三。利润可持续包括两个二级指标，即企业经营和经营环境，以及六个三级指标。利润可持续及其各级指标的评价得分排名，如表 12 - 3 所示。

表 12 - 3　　　　　　　　　消费可持续排名比较

指标	权重	第一	第二	第三	第四	第五	中国排名
利润可持续	0.17	新加坡	世界	中国	格鲁吉亚	英国	3
1. 企业经营	0.07	格鲁吉亚	爱沙尼亚	克罗地亚	澳大利亚	沙特	12
利润税占商业利润比重的倒数	0.01	克罗地亚	法国	斯里兰卡	新加坡	沙特	8
注册资产所需时间的倒数	0.03	格鲁吉亚	沙特	荷兰	挪威	立陶宛	14
新企业密度	0.03	爱沙尼亚	佛得角	英国	澳大利亚	格鲁吉亚	9
2. 经营环境	0.09	世界	新加坡	中国	韩国	美国	3
营商便利指数的倒数	0.03	新加坡	丹麦	韩国	美国	格鲁吉亚	22
货柜码头吞吐量	0.03	世界	中国	美国	新加坡	韩国	2
班轮运输指数	0.03	中国	新加坡	韩国	美国	马来西亚	1

由表可知，中国制造业利润可持续得分排名第三，但企业经营和经营环境两个二级指标发展差异显著。（1）在企业经营中，中国仅排名 12。

其中，"利润税占商业利润比重的倒数"和"新企业密度"在62个国家和地区间排名分别为8和9，反映中国企业经营的纳税负担和经营活力都较好，同时存在进一步完善的空间。而"注册资产所需时间的倒数"中国排名第14，反映中国企业经营效率有待进一步提升。（2）在经营环境中，中国排名第3。"班轮运输指数"和"货柜码头吞吐量"分列第一和第二位，反映中国超强的海运能力，而海运作为国际贸易的主要手段，折射中国企业经营的活跃性。但"营商便利指数的倒数"仅排名22，中国营商环境虽取得长足进步，仍与经济大国地位存在一定差距。综合来看，中国制造业国际竞争力的利润可持续性较强，其中经营环境较好，但企业经营尚有待提升。

12.1.4 环境可持续的问题

在制造业国际竞争力可持续指数中，环境可持续所占权重为0.15，同时，在62个国家和地区中，中国环境可持续排名为57，环境可持续的压力较大。环境可持续包括两个二级指标，即环境保护和能源节约，以及六个三级指标。环境可持续及其各级指标的评价得分排名，如表12-4所示。

表12-4　　　　　　　　　环境可持续排名比较

指标	权重	第一	第二	第三	第四	第五	中国排名
环境可持续	0.15	坦桑尼亚	斯里兰卡	哥斯达黎加	瑞典	肯尼亚	57
1. 环境保护	0.07	瑞典	佛得角	哥斯达黎加	坦桑尼亚	巴拿马	59
一氧化氮排放量的倒数	0.02	佛得角	毛里求斯	牙买加	斯洛文尼亚	摩尔多瓦	61
二氧化碳排放量的倒数	0.03	瑞典	哥斯达黎加	乌拉圭	坦桑尼亚	斯里兰卡	61

续表

指标	权重	第一	第二	第三	第四	第五	中国排名
森林面积占土地的百分比	0.02	芬兰	瑞典	日本	韩国	斯洛文尼亚	42
2. 能源节约	0.09	斯里兰卡	坦桑尼亚	多哥	柬埔寨	肯尼亚	53
可再生能源占能源消费比值	0.03	坦桑尼亚	多哥	肯尼亚	危地马拉	挪威	39
能源使用量的倒数	0.03	柬埔寨	多哥	菲律宾	坦桑尼亚	肯尼亚	37
单位 GDP 能源密度的倒数	0.02	爱尔兰	巴拿马	斯里兰卡	丹麦	多米尼加	59

由表可知，中国制造业环境可持续得分排名第 57，环境保护和能源节约两个二级指标发展都较为滞后。（1）在环境保护中，中国仅排名 59。从绝对量看，"一氧化氮排放量的倒数"和"二氧化碳排放量的倒数"皆位列 61 位（倒数第二），表明中国污染排放的绝对量非常之高；从相对量看，"森林面积占土地的百分比"位列 42 名，表明中国环境资源的充裕度也较低。（2）在能源节约中，中国排名 53 名。从可再生能源角度看，中国"可再生能源占能源消费比值"排名 39，反映中国可再生能源占比仍然较低，应大力发展可再生能源；从能源消耗量看，中国"能源使用量的倒数"和"单位 GDP 能源密度的倒数"分别排 37 和 59 名，反映中国能源消耗强度较高，能源节约效率偏低。综合来看，中国制造业国际竞争力的环境可持续性较差，环境保护和能源节约压力都较大。"碳达峰和碳中和"的"双碳"目标，既是中国制造业竞争力可持续的环境压力，也是支撑制造业可持续发展的动力。

12.1.5　数字可持续的问题

在制造业国际竞争力可持续指数中，数字可持续所占权重为 0.19，同时，在 62 个国家和地区中，中国数字可持续排名为 37，数字可持续能力偏低。数字可持续包括两个二级指标，即数字设施和数字应用，以及六个三级指标。数字可持续及其各级指标的评价得分排名，如表 12 – 5 所示。

表 12 – 5　　　　　　　　　数字可持续排名比较

指标	权重	第一	第二	第三	第四	第五	中国排名
数字可持续	0.19	美国	丹麦	德国	荷兰	新加坡	37
1. 数字设施	0.10	美国	丹麦	世界	荷兰	新加坡	42
互联网服务器总数	0.03	世界	美国	德国	日本	英国	10
每百万人拥有的互联网服务器	0.03	丹麦	美国	荷兰	新加坡	爱尔兰	42
互联网使用人口占总人口比重	0.03	沙特	挪威	丹麦	韩国	英国	41
2. 数字应用	0.09	日本	法国	韩国	德国	葡萄牙	26
每百人中使用固定宽带的人数	0.03	法国	丹麦	挪威	荷兰	韩国	16
每百人中使用固定电话人数	0.03	法国	葡萄牙	日本	希腊	英国	39
每百人中使用移动电话的人数	0.02	泰国	俄罗斯	南非	日本	萨尔瓦多	33

由表可知，中国制造业环境可持续得分排名第 37，"数字应用"发展优于"数字设施"。（1）在数字设施中，中国仅排名 42。虽然从绝对量看，中国"互联网服务器总数"位列第 10；但从相对量看，中国"每百万人拥有的互联网服务器"和"互联网使用人口占总人口比重"分别位列 42 名和 41 名，表明中国数字设施虽然总量较多，但相对量并不充裕，尤其是数字人口占比并不如预期的那样高，应该是与中国较大的人口基数相关。（2）在数字应用中，中国排名 26 名。在宽带应用中，中国"每百

人中使用固定宽带的人数"排名 16，与法国、日本和英国等发达国家存在一定差距；而在电话应用中，中国"每百人中使用固定电话人数"和"每百人中使用移动电话的人数"分别位于 39 和 33 名，可见中国在电话应用方面远不及法国、日本等发达国家，甚至不及泰国和俄罗斯。综合来看，中国制造业国际竞争力的数字可持续性尚待提升，数字设施和数字应用都与发达国家存在一定差距。

12.2　制造业竞争力可持续性的研判

　　生产可持续、消费可持续、利润可持续、环境可持续和数字可持续是中国制造业竞争力可持续的支撑基础。基于供给侧视角，生产可持续指制造业能持续获取充足且高质量的生产要素，支撑生产能力的竞争力，表现为资源、资本、劳动和技术四类生产要素；基于需求侧视角，消费可持续指制造业产品面临持续的大规模消费需求，消化制造业产能，表现为居民需求、投资需求、生产需求和出口需求四类消费需求；基于供给和需求平衡视角，利润可持续指在制造业生产能力和消费需求平衡的前提下，制造业维持合理产量并实现合理利润，保障制造业的财务健康，支撑制造业持续的技术升级；环境可持续是指制造业在面临越发严格的环境约束下，在能维持财务健康的条件下实现生产过程的环境友好，走向绿色生产的道路；数字可持续是指在数字经济的背景下，制造业能以大数据、云计算、工业互联网为核心，实现以数字为驱动的产业数字化。

　　结合制造业国际竞争力可持续指数可知，生产、消费等五个一级指标的指数权重都在 20% 上下波动，验证了制造业竞争力可持续的理论模型（第 5 章）。同时，按照指数权重的大小顺序排列，五个一级指标的影响权重分别为生产可持续（0.26）、消费可持续（0.23）、数字可持续（0.19）、利润可持续（0.17）和环境可持续（0.15）。中国制造业国际竞争力可持续指数的各级指标权重，及其排名，如表12-6所示。在所选取的62个国家和地区中，中国制造业国际竞争力可持续指数排名第6，落后于世界、新加坡、丹麦、美国和挪威，相对于中国2021年GDP位列世界第三的状况，制造业可持续能力尚待提升。

表 12-6 　　　　　　　　　 **竞争力可持续指数的各级指标权重和排名**

一级指标	二级指标	三级指标	权重和排名
生产可持续 (0.26，3)	资源要素 (0.06，37)	人均可再生内陆淡水资源	(0.03，44)
		自然资源租金总额占 GDP 的百分比	(0.03，23)
	资本要素 (0.06，4)	外国直接投资净流入占 GDP 的百分比	(0.03，26)
		储蓄额	(0.03，2)
	劳动要素 (0.07，11)	教育公共开支总额占 GDP 的比例	(0.03，49)
		劳动力总数	(0.03，2)
	技术要素 (0.07，2)	科技期刊文章	(0.03，2)
		高科技出口	(0.03，2)
消费可持续 (0.23，3)	居民需求 (0.05，39)	人均 GDP 增长率	(0.02，15)
		就业人口的人均 GDP	(0.03，48)
	投资需求 (0.06，4)	城镇人口占总人口比例的倒数	(0.03，21)
		私营部门的国内信贷占 GDP 的百分比	(0.04，3)
	生产需求 (0.05，2)	工业增加值占 GDP 的百分比	(0.02，5)
		工业增加值	(0.03，2)
	出口需求 (0.06，15)	商品贸易 GDP 的百分比	(0.03，53)
		商品出口	(0.03，2)
利润可持续 (0.17，3)	企业经营 (0.07，12)	利润税占商业利润比重的倒数	(0.01，8)
		注册资产所需时间的倒数	(0.03，14)
		新企业密度	(0.03，9)
	经营环境 (0.09，3)	营商便利指数的倒数	(0.03，22)
		货柜码头吞吐量	(0.03，2)
		班轮运输相关指数	(0.03，1)

续表

一级指标	二级指标	三级指标	权重和排名
环境可持续 (0.15, 57)	环境保护 (0.07, 59)	一氧化氮排放量的倒数	(0.02, 61)
		二氧化碳排放量的倒数	(0.03, 61)
		森林面积占土地的百分比	(0.02, 42)
	能源节约 (0.09, 53)	可再生能源占能源消费比值	(0.03, 39)
		能源使用量的倒数	(0.03, 37)
		单位 GDP 能源密度的倒数	(0.02, 59)
数字可持续 (0.19, 37)	数字设施 (0.1, 42)	互联网服务器总数	(0.03, 10)
		每百万人拥有的互联网服务器	(0.03, 42)
		互联网使用人口占总人口比重	(0.03, 41)
	数字应用 (0.09, 26)	每百人中使用固定宽带的人数	(0.03, 16)
		每百人中使用固定电话人数	(0.03, 39)
		每百人中使用移动电话的人数	(0.02, 33)

注：括号内，左侧为指标权重，右侧为指标排名。

制造业可为分为轻纺工业、资源加工工业、机械和电子制造业三类产业，对应三类产业，本书分别以服装产业、钢铁产业和汽车产业为典型，展开竞争力可持续性的分析和讨论。结合制造业国际竞争力可持续指数，围绕生产要素、需求消费、合理利润、环境保护和数字制造五个方面，并鉴于制造业各产业的产业属性差异显著，以钢铁产业为例，研判中国制造业国际竞争力及其竞争力的可持续性。中国钢铁产业国际竞争力可持续性的研判结论为：

第一，生产要素可持续性的研判。一是资源、资本、技术和劳动四类生产要素对钢铁生产力影响显著，且资源、资本和技术要素贡献为正，而劳动要素贡献为负。要素贡献度变化的本质是钢铁产业生产属性的变化。二是中国钢铁产业技术优势较强，资本要素和劳动要素国际竞争力处于中游水平，资源短缺但可通过进口弥补。三是美国钢铁产业步入收缩，日本和韩国已不再追求数量目标，印度和俄罗斯优势在于资源要素，但技术要素劣势明显。因此，立足国内要素供给和国际比较，中国钢铁产业若能通过供给侧结构性改革不断完善生产要素短板，基于生产要素视角下中国钢铁产业国际竞争力可持续。

第二，需求消费可持续性的研判。一是结合中国经济进入"新常态"经济增长速度趋缓和工业化中后期钢铁消费偏好趋降的判断，钢铁居民需求增长趋缓；二是结合投资收益率下降、资金密集型行业效益减少、内需占经济比重上升以及投资水平仍较高的判断，钢铁投资需求将缓慢下降；三是结合城镇化建设和制造业发展的长期性，钢铁生产需求仍将保持旺盛；四是结合主要出口国进口替代趋势增强和城镇化建设需求较强的背景，钢铁出口需求长期将缓慢下降。因此，考虑到出口对消费贡献较低，增长趋缓的居民需求和缓慢下降的投资需求对消费贡献大致抵消，加之仍将保持强劲的生产需求，基于消费需求视角下中国钢铁产业国际竞争力可持续。

第三，产业利润可持续性的研判。一是钢铁产业具有生产规模较大、全球同质竞争且产品增值空间有限的特点，钢铁产业利润的合理区间应以零为下限、以工业平均利润率为上限。二是结合粗钢产量和产能利用率的变化趋势，以及"表外"地条钢的淘汰，2013年以来，中国钢铁产业合理的产量水平应处于9亿～10亿吨之间。因此，结合钢铁产量和销售利润率的相互影响，以及单位GDP耗钢量的变化，在钢铁需求波动平稳的情况下，只要钢铁产量增长率维持在低于GDP增长率5%～10%的水平，产能利用率和销售利润率将处于合理区间，基于利润视角下中国钢铁产业国际竞争力可持续。

第四，环境保护可持续性的研判。一是由于钢铁产业属于高污染产业，钢铁生产对环境具有负的外部性影响；二是运用完全成本法可以测算钢铁的外部环境成本，2015～2017年外部环境成本平均为222元/吨，三是将外部环境成本内部化后，中国钢铁产业仍然具有国际竞争优势，但竞争优势显著下降，外部环境成本将侵蚀至少 1/3 的竞争优势。在节能减排和双碳目标的背景下，钢铁企业环境保护投入将持续扩大，绿色生产将提速发展，钢铁产业环境保护可持续，但环境成本内部化对产品国际竞争力的侵蚀需重点关注。

第五，数字制造可持续的研判。通过 1040 份"数字制造"政策文本的总量分析可知，2014～2022 年中国数字制造政策发展的三个阶段大致可归纳为：初步开展探索阶段、明确发展方向阶段、推广数字应用阶段。随着2021 年 12 月，工业和信息化部、国家发展和改革委员会等 8 个部门发布《"十四五"智能制造发展规划》，中国制造业数字化发展呈现"两步走"目标：到 2025 年，规模以上制造业企业大部分实现数字化网络化，重点行业骨干企业初步应用智能化；到 2035 年，规模以上制造业企业全面普及数字化网络化，重点行业骨干企业基本实现智能化。由此可见，中国制造业数字化发展将进入一个新的发展周期，数字制造深化趋势明显。

由此可见，当前中国钢铁产业生产要素竞争优势仍可保持，消费需求竞争优势略有下降，产销平衡逐步向好，同时环境约束压力增强，数字制造将进一步提升，在短期内中国钢铁产业国际竞争力仍将较强。同时，若能通过供给侧结构性改革不断完善生产要素短板、通过城镇化和制造业发展持续提供大规模生产需求，维持生产和消费之间的平衡，并有效提升环保效率和产业数字化，在中长期视角下，中国钢铁产业国际竞争力仍可持续。

12.3　制造业竞争力可持续性的提升建议

近些年来，中国工业增加值始终位列全球第一，但依据"2015～2020年各国制造强国发展指数"[①] 可知，中国仍处于制造强国第三方阵。一方

---

① 中国工程院战略咨询中心 . 2021 中国制造强国发展指数报告［R］. 北京 2021.

面，中国制造业的许多部门拥有较强的国际竞争力，诸如服装、钢铁和汽车，中国钢铁产业产量已超过全球一半，同时，中国也成为全球最大的汽车消费市场；另一方面，中国制造业竞争力的可持续性令人担忧，尤其是在"双碳"目标和产业数字化的背景下，中国制造业竞争力需进一步挖掘发展潜力，应从生产要素、消费需求、合理利润、环境保护和数字制造五个方面，持续提升制造业国际竞争力。以下部分，以钢铁产业为例，分别围绕生产要素、消费需求等五方面，提出产业国际竞争力可持续性的提升建议。

12.3.1 基于生产要素的提升建议

第一，提高资源利用率和控制力。应从国内和国外两个方面，提高资源控制力。（1）在国内方面，加强研究国内矿石资源的开采工艺，充分利用国内矿产资源，努力降低利用成本，提高自给率。如加大力度勘测国内铁矿石资源，提高尾矿回收利用水平。（2）在国外方面，开发国外资源，在具有矿产资源优势的国家或地区建立原料基地和运输保障体系。并借鉴日本和韩国，积极在国外投资建厂，参股国外矿产企业，以多种形式参与国外矿产资源的投资与开发，并保证投资方式的灵活性与多元化，来获得更高性价比的铁矿石。而 2022 年 7 月，中国矿产资源集团有限公司的组建就是中国钢铁产业整合国内外资源的微观举措。

同时，要提高钢铁产业资源的利用效率，加强铁矿石资源、水资源、煤炭资源的综合利用。一方面，通过提升生产工艺，增加各类资源的使用效率；另一方面，通过延长资源使用的生命周期，如节能、节水、节材相结合，实现资源的高效利用和循环利用。

第二，完善市场机制并健全市场价格。价格是资本流动的风向标。钢铁产业市场机制尚不完善，例如政府时常干扰钢铁市场的进入和退出，以及政府部分承担钢材生产的环境治理成本，致使市场价格偏离真实成本。

扭曲的实际价格，使得企业陷入低价竞争的怪圈；同时，隐性的环境补贴，导致大量低效产能得以存活。钢铁企业利润长期偏低也就不足为奇。

健全市场价格是完善市场机制的目标，可通过两个途径实施：（1）完善钢铁产业进入和退出机制，减少政府干预，加快"僵尸"企业退出，形成优胜劣汰的竞争机制，使得那些不具有竞争力的企业撤离出去，钢铁生产资源向优势企业集中，优化资源配置；（2）将环境成本"显性化"，生产成本全部由生产企业自行承担，此时低效的过剩产能失去盈利空间，将走向自然淘汰。这也是钢铁产业"去产能"的一个重要思路。

第三，提升人力资源管理。提升钢铁企业人力资源管理，应从解决冗余劳动和提升劳动质量入手。低端过剩产能的淘汰，不可避免地会涉及企业冗员的问题，建立健全钢铁企业冗员分流和再就业机制显得尤为重要。对于冗余员工，一方面，按照企业生产情况，划分岗位需求，进行分流和安置，甚至开展跨企业的分流安置；另一方面，应出台相应的保障措施，应鼓励其他行业来招收这部分人员；同时，应给予相应优惠政策，鼓励支持其创业。

同时，需通过提高员工素质和建立激励机制来提升劳动质量。一方面，企业应建立系统化的员工培训机制，提升员工技能本领，同时，引入考核机制，鞭策员工努力提升业务水平和岗位贡献。另一方面，建立健全招聘、选拔、晋升、奖励等激励管理机制，破除论资排辈的现象，凝聚高技术人才，实现员工价值目标与企业发展目标同向而行。

第四，抓住机遇提升产业集中度。提高产业集中度是我国钢铁工业走向高质量发展的必经之路。低水平产业集中度，直接导致产能过剩、钢价大幅起落，也难以获得国际铁矿石的定价权。同时，钢铁产业是投资密集型行业，科技创新投入大、研发周期长，只有大规模的钢材产出才能抵消企业的高投入。

根据钢铁产业技术周期，2008 年以来建设的中小型钢厂，基本都到大修改造的更新期，加之"去产能"和"蓝天保卫战"的行业发展背景，钢铁企业迎来转变发展方式、转换增长动力的攻关期，这正是钢铁企业联合重组、做大做强的机遇。提升产业集中度，需要依靠"两只手"，即市场公平竞争和政府政策安排。政府是大型国有钢铁企业出资人，国有资产监督管理委员会应从国家治理层面推进钢铁产业重组。虽然宝钢和武钢、鞍钢和攀钢四大央企已完成重组任务，但地方国企跨省、跨区域联合或中央与地方国企联合重组还有很大的调整空间。另外，还可借鉴国外成功经验，鼓励跨国企业之间的市场运作，例如谢维尔并购美国钢企、安赛乐米塔尔的全球并购，通过跨国兼并重组来提高产业集中度。

第五，提高技术创新能力。技术是决定中国钢铁可持续发展的关键因素，中国应继续保持钢铁技术研发投入，缩小与韩国和日本的差距，早日进入世界第一方阵。在第四次工业革命的潮流下，钢铁产业应按照《中国制造2025》"创新驱动、质量为先、绿色发展、结构优化、人才为本"的方针，努力增加互联网和智能化等前沿技术的应用，并提升绿色化生产技术，提升我国钢材质量。

具体可从以下三个方面入手：（1）继续保持科技研发力度，尤其针对中国钢铁产业在燃料利用率、高技术附加值产品等方面的不足，开展技术革新，突破技术方面的瓶颈，带动整个钢铁产业的技术进步。（2）顺应绿色发展趋势，适时推进电炉冶炼技术。短流程的电炉冶炼以废钢为原材料，环境污染较低，发达国家运用较多。随着环保要求的提升，以及国内废钢存量的增长，电炉冶炼可能会逐步增多，电炉生产技术亟待提升。（3）完善创新体系。加强企业与研究院校之间的合作，共创科研成果共享和知识技能充分涌流的新局面，使科技成果从实验室走到钢铁产业的现代化建设中去。

12.3.2　基于消费需求的提升建议

一是刺激钢铁的居民消费。工业化后期钢铁消费偏好趋降，其主要原因在于消费者增加服务型消费，对工业品消费产生挤出效应。面对经济转型升级，可从两方面刺激居民对钢铁产品的消费。一方面，基于产业融合视角，在服务型消费品中融入更多耗钢产品，例如物流业中无人驾驶汽车和轨道机器人；另一方面，借鉴日本钢结构发展经验（中国建筑金属结构协会建筑钢结构分会，2018），提升耗钢消费品中钢铁的投入比重，如钢结构建筑、桥梁、停车场和装配式集成厨卫产品等，围绕装配式发展方向，大力研发和推广钢结构建筑。同时，立足钢铁产品在建筑安全和节能环保方面的优势，适时推出相关鼓励措施和行业规范。

二是稳住钢铁的投资消费。在经济增速放缓和向内需主导转型的过程中，投资收益和投资规模都面临着下降的趋势。要稳住钢铁投资消费，首先政府应稳住宏观投资规模，投资仍是经济发展的重要支撑，2019 年投资和消费分别占 GDP 比重为 56% 和 42%[①]，投资远高于消费；其次随着耗钢较多的基础设施建设不断完善，围绕满足"人民日益增长的美好生活需要"，特别是 2020 年新冠肺炎疫情折射医疗资源的不足，政府投资应加大医疗、教育、文化和体育等公共服务领域建设，由各类场馆建设拉动钢铁消费；最后引导社会资本兴办实业，鼓励新建厂房和设备更新，带动钢铁消费。

三是提升钢铁的生产消费。钢铁的生产消费主要来自建筑行业和机械行业，城镇化和制造业建设是提升钢铁生产消费的主渠道。一方面，以 2019 年《国务院政府工作报告》提出的"提高新型城镇化质量"为目标，对照国家发展和改革委员会《2019 年新型城镇化建设重点任务》，加快农业转移人口市民化、优化城镇化布局形态、推动城市高质量发展和加快推进城乡融合发展，提升建筑行业钢铁消费。另一方面，围绕党的十九大报告中"加快建设制造强国"精神，抓住制造业智能化的发展机遇，推进信息化和工业化融合发展，给各类耗钢设备安装"智脑"，推动制造

---

① 刘明彦. 稳增长要减轻社保负担　激活投资与消费［R］. 北京：中国民生银行投资分析报告，2020 - 02 - 28.

业在高质量发展的道路上越走越远。

四是提振钢铁的出口消费。针对出口国的进口替代和城镇化建设需求，可通过两个措施提振中国钢铁的出口消费：（1）化解贸易保护主义。钢铁产业作为全球同质竞争较为严重的原材料工业，长期面临贸易保护主义，削弱了中国钢铁产品的国际竞争力。中国可依托 WTO 平台，加强磋商、对话和反制机制，并进一步通过多边合作机制，寻求钢铁贸易正常化。（2）围绕"一带一路"倡议，与沿线尚处于城镇化后半程的国家开展城市共建，从而带动属于建筑工程原材料的钢铁产品出口。

12.3.3　基于产业利润的提升建议

产能利用率和销售利润率是产业利润可持续的核心指标。基于产业利润构建钢铁产业动态能力，具体表现为通过产能利用率和销售利润率，构建钢铁产业产能调节机制和销售预警机制。

一是中央职能部门构建产能调节机制。根据《关于完善钢铁产能置换和项目备案工作的通知》内容，各地区不得公示产能置换方案和备案新的钢铁项目，意味着产能调整权责收归中央职能部门。通过理论分析和经验判断可知，产能利用率和销售利润率的合理区间分别在 75% ~85% 和 2% ~6%，高位区间分别在高于 85% 和 6%，低区区间分别在低于 75% 和 2%。由此可依据产能利用率和销售利润率构建钢铁产能调节机制，当指标同时处于高位区间时，中央职能部门应调增钢铁产能，如新建产能和加速置换；当指标同时处于低位区间时，应调减钢铁产能，如淘汰落后产能和清理僵尸企业。

二是中国钢铁工业协会推行销售预警机制。相较于单个企业，行业协会信息更完全，可发挥协同效应，因此应由中国钢铁工业协会推行销售预警机制。依据高位区间、合理区间和低位区间的分析，中国钢铁工业协会应以销售利润率为 2% 和 6% 为预警边界，当销售利润率低于 2% 时，警告企业减少铁矿石储备和钢铁生产，避免恶性价格竞争；当销售利润率高于6%，提示企业全负荷生产，把握商机。

12.3.4　基于环境保护的提升建议

中国已经向国际社会承诺碳排放量将于 2030 年达到峰值，努力争取2060 年前实现碳中和。欧盟、日本和韩国也把"碳中和"目标设定在2050 年之前。美国的拜登（Biden）政府也将重新加入巴黎协定。在此背景下，作为高污染和高能耗的产业，钢铁产业减排压力不断上升，钢铁产业应尝试以下路径，降低钢铁行业的污染排放，提升行业的环境可持续。

第一，依靠技术支撑，继续探索减排技术。鼓励钢铁企业在技术创新上投入大量资源，减排技术在未来几十年的商业化运作中，将给炼钢工艺带来革命性变化。例如，氢代替化石燃料和利用碳捕获、利用与储存技术防止排放等技术，将在未来从根本上减少全行业的污染排放。尤其是应注重、开发和储备电炉生产技术。习近平总书记多次强调"绿水青山就是金山银山"[1]，2020 年苹果公司承诺十年后实现"碳中和"，全球环保意识不断提升。在钢铁生产中，短流程的电炉冶炼以废钢为原材料，环境污染较低，且循环利用较好，发达国家运用较多；长流程的转炉炼钢以铁矿石和焦炭等为原料，虽环境污染较高，但大型转炉的规模效益较高，中国多采用长流程。2019 年中国废钢炼钢占总产量比重为 21.5%，与全球废钢炼钢比均值 52% 尚存较大差距。2020 年，中国钢材产量中电炉冶炼占总产量比重仅为 9.2%，而世界第二、第三和第四产钢国印度、日本和美国其电炉冶炼占比分别为 55.5%、25.5% 和 70.6%[2]，由此可见，中国钢铁产业电炉生产技术与其他钢铁产业发达国家的差距。随着环保责任提升和

---

① 黄润秋. 坚持"绿水青山就是金山银山"理念促进经济社会发展全面绿色转型［N］. 学习时报，2021－01－15.

② 《钢铁工业年鉴》（*Steel Statistical Yearbook*）。

废钢存量增长，以及贯彻《关于推进实施钢铁行业超低排放的意见》，电炉冶炼的成本优势将逐步显现，应尽早开发和储备电炉生产技术，发展低碳生产和循环经济。

第二，运用市场手段，积极构建碳交易市场。中国钢铁工业碳排放占全国碳排放总量的15%左右，是我国碳排放量最高的制造业行业。除技术手段外，还需要用市场手段推动中国钢铁行业污染物减排。碳排放交易体系是利用市场机制控制和减少温室气体排放、推动经济发展方式绿色低碳转型的重要制度创新，也是落实国际减排承诺的重要政策工具。"十四五"期间，中国钢铁产业应尽早参加到全国碳排放交易市场当中。

第三，着眼生产原料，充分利用废钢进行生产。技术理论上，可以利用废钢满足一切新的钢铁需求。目前，虽然废钢量尚不能满足国内生产需求，但废钢供应量正在逐年增长。世界钢铁协会预估，全球可利用的废钢量将从2020年的7.5亿吨，升至2030年的约10亿吨。这一发展态势有利于电弧炉的钢材生产，进而导致污染物排放量的降低。

第四，立足循环经济，宣传钢产品的使用效率。作为一种百分百可回收的材料，钢材可无限次进行循环，且不会破坏其属性，因此对于蓬勃发展的循环经济而言，钢材是最佳选择。针对钢产品有利于循环经济的特性，应大力提升宣传力度，促使钢材消费者在设计和选料时，将钢铁产品的全生命周期纳入评估范围，从而避免使用那些在产品使用阶段表现出环境友好，但当考虑到产品生产和生命结束阶段时，实际环境绩效却劣质的材料。

12.3.5　基于数字制造的提升建议

中国作为制造业大国，近几年面临着严峻的经济形势和不断增加的资源环境压力，并且在国际上面临着发展中国家同类竞争与发达国家再工业化的"双向挤压"问题，因此需要通过推进新一代信息技术创新，来重新塑造中国制造业发展的新动能，不断提高在国际竞争中的地位并抢占国际竞争制高点，实现制造业竞争力的可持续发展。对照数字可持续的问题，即数字可持续在 62 个国家和地区中排名 37，且数字设施和数字应用排名分别为 42 和 26 名。针对数字设施和数字应用，中国制造业国际竞争力数字可持续的提升路径为：

第一，制定数字化战略，打造数字驱动的组织结构。（1）制造业需要提高数字化的意识，促进数字化转型升级。制造业数字化转型已是大趋势，从国际来看，欧美制造业的数字化转型主要在产业开发、制造、供应链、顾客服务等全产业链；从国内来看，制造业数字化转型已成为我国的国家战略，国家发展和改革委员会以及工业和信息化部相继出台了一系列促进制造业数字化转型的政策。（2）企业需要将数字化转型作为制造企业的战略核心。首先，数字化战略提供了数字创新目标、要素组合方式以及价值创造范围等方面的具体知识，为企业实现数字化转型提供了长期的发展目标。其次，数字化转型不能搞一刀切，应该结合矛盾的特殊性原理，进行具体问题具体分析。一方面要根据企业的内部资源和数字化的积累，另一方面应通过外部力量，进行内外部综合判断，形成专门符合此企业发展的数字化战略。最后，当企业制定出符合自身发展的数字化战略时，就需要将此战略执行，并落到实处。数字化战略的执行力是关系到企业能否成功实现数字化转型的关键环节。（3）企业应积极打造数字驱动的组织结构。数字创新启动、开发和实施过程中，制造业的内部组织与外部组织的界限变得模糊，以流程型组织结构代替了传统科层制组织架构，形成了支撑数字产品创新、流程创新和商业模式创新的组织逻辑。企业组织结构的变革可能会引发组织冲突，构建以数字创新为导向的组织文化必须要与组织结构同步转型。一方面，数字创新为企业提供了很多机会，企业需要加强开放共生的观念，支持学习型的组织文化；另一方面，数字创新的风险比传统创新项目的风险大，所以需要鼓励企业敢于尝试，不断在试错与失败中成长。

第二，整合数字创新要素，提升数字的软硬设施。数字人才、数字资产以及用户是制造企业重要的数字创新要素。（1）制造企业拥有大量有工业知识和经验以及技能的专业化人才，这些专业化人才与具有数字技能的人才合作，有利于通过双方的沟通交流使知识显性化。（2）制造业拥有大量的数字资产，只有将数字资产进行全面的整理并形成数字化的资产目录，并按照统一的指标进行梳理完善，才能更好地实现全流程、全方位的数字化转型。（3）大量的在线用户已经改变了传统制造企业的价值创造方式，用户通过更加深度地参与产品创意发现、研发设计以及创新发展来进行价值创造，并且随着用户个性需求多样化的增长，传统大规模制造已经向大规模的个性化私人定制转变，这对数字化的研发到运营再到营销发起了新的挑战。因此，综合以上三点，数字化专业人才、数字资产和在线用户共同构成制造业转型升级的关键环节。

第三，推进信息技术创新，促进数字经济与制造业的融合应用。（1）通过新一代信息技术的创新，并不断与实体经济融合，可以促进中国的传统产业调整产业结构，加快产业转型升级，引导新产业、新业态和新模式，不断促进经济发展。（2）通过数字经济来推进新一代信息技术创新发展，实现数字经济与制造业的深度融合，有利于推进中国实现制造业数字转型升级、推进供给侧结构性改革和促进价值链升级。（3）将新兴技术深入应用于制造业领域，使企业及时更新传统的生产技术设备，实现从传统的制造工厂向智能化的车间升级，促进企业的商业模式与消费者的价值契合，不断满足消费者的消费需求，实现企业的商业模式网络化，从而提升技术创新能力、商业模式变革和投放产出效率的提升。

第四，加速工业互联网平台的标准化建设和应用推广。工业互联网平台中有制造商、服务商、客户等多方主体的信息，形成了以数据为要素，贯穿产品的整个生命周期的数字平台系统，已经成为制造业数字化转型的基础设施。（1）龙头制造企业应领导建设行业工业互联网平台，实现自我赋能与对外赋能，逐步实现从垂直领域向跨领域的发展。（2）中小制造企业需要加快入驻云上平台，因为中小企业面临信息化基础薄弱、资金投入不足、数字人才匮乏等问题，无法通过自身力量实现数字化转型，因此工业互联网平台为数字化转型提供了最优路径。（3）企业应加强对工业互联网平台的管理，构建工业数据互联互通、跨平台迁移、跨领域调用的标准体系和服务规范。COSMO平台、航天云网、根云平台等工业互联网平台成功入选2020年国家级跨行业跨工业领域的工业互联网平台，有利于我国的工业互联网的标准建立和应用推广。

第五，探索数字应用新模式，跨越数字转型升级的数字鸿沟。制造企业在实现数字化转型升级的过程中所面临的数字鸿沟主要包括：产业内的智能升级与产业融合障碍、跨产业的生态系统架构障碍。为突破这些鸿沟，制造企业需要通过探索性桥接、资源蓄能、数据激活、空间扩容、包容演化、生态反哺来实现由传统制造企业向智能制造与供应链平台转变。其中，探索性桥接主要包括对新战略进行适应性调整和循环互动升级；资源蓄能主要包括对资源进行汇集并处理和转化资源服务模式；数据激活主要是指技术聚合数据和释放数据联通价值；空间扩容主要包括思维模式迭代更新和延展行动空间；包容演化主要包括灵活地向外借力和持续地自我演化与融合；生态反哺主要包括捕获隐性效益和服务自增强。

综上所述，变化是永恒的，全球制造业国际竞争力迭代势必继续。通过对制造业国际竞争力可持续性的理论分析，以及关于生产可持续、消费可持续、利润可持续、环境可持续和数字可持续的探讨，本书进一步构建制造业国际竞争力可持续指数，通过国际比较和动态分析可知，中国制造业国际竞争力有望在二三十年的中长期内持续保持。本书论证结果对于中国制造业的可持续发展，以及产业政策的制定具有较强的参考价值。尤其，对于书中重点关注的钢铁产业、服装产业和汽车产业的发展，具有借鉴意义。

受限于本书生产可持续、消费可持续、利润可持续、环境可持续和数字可持续的研究视角，其他制造业竞争优势的影响因素还有待深入研究，例如产业政策、产业集聚能力等。更为重要的是，可持续性是一个动态过程，制造业的生产要素和消费需求将持续变化，制造业的利润平衡是市场供需作用的客观反映，环保约束和产业数字化的相关约束机制和技术升级将不断革新。期望基于制造业国际竞争力可持续模型，及其三层次指标评价体系，可进一步探索制造业持续竞争优势监测体系，对制造业竞争优势实施持续反馈，保持中国制造业国际竞争力的持续竞争优势。

参 考 文 献

[1] 编辑部. 典型国家钢铁转移特点分析 [J]. 冶金管理, 2013 (9): 1-3.

[2] 程翔, 刘娅瑄, 张玲娜. 金融产业数字化升级的制度供给特征——基于政策文本挖掘 [J]. 中国软科学, 2021 (S1): 87-98.

[3] 方慧, 张潇叶. 中国文化产业数字化水平测度及其出口效应研究 [J]. 山东大学学报 (哲学社会科学版), 2022 (3): 38-51.

[4] 傅为忠, 刘瑶. 产业数字化与制造业高质量发展耦合协调研究——基于长三角区域的实证分析 [J]. 华东经济管理, 2021, 35 (12): 19-29.

[5] 郭启光, 崔连伟. 内蒙古传统优势产业数字化转型的成效、挑战与应对方略 [J]. 内蒙古社会科学, 2022, 43 (3): 200-206.

[6] 何维达, 万学军和武雅斌. 中国钢铁产业竞争力研究——基于策略能力观的视角 [J]. 中国工业经济, 2009 (11): 56-65.

[7] 黄桂田, 徐昊. 中国钢铁的产业关联效应及国际比较——基于投入产出表的研究 [J]. 经济问题, 2018 (11): 1-8.

[8] 李国军, 唐艳, 张庆国. 国际产业转移背景下的价值链成本管理 [J]. 企业管理, 2015 (12): 1-3.

[9] 李凯. 钢铁工业国际转移: 中国的机会 [J]. 冶金经济与管理, 2003 (4): 1-5.

[10] 李腾, 孙国强, 崔格格. 数字产业化与产业数字化: 双向联动

关系、产业网络特征与数字经济发展 [J]. 产业经济研究, 2021 (5): 54 – 68.

[11] 李新创. 2020 年我国钢铁需求预测成果 [R]. 北京: 冶金工业规划研究院, 2019.

[12] 刘淇. 提高我国钢铁工业竞争力是跨世纪的战略任务 [J]. 钢铁, 1997 (2): 1 – 9.

[13] 刘玉海, 黄超. 中国钢铁产业市场势力与规模经济的直接测度——基于劳动力市场不完全竞争的视角 [J]. 当代经济科学, 2017 (1): 43 – 54.

[14] 路风, 等. 寻求竞争优势的源泉: 动态能力战略观 [J]. 管理世界, 2002 (2): 124 – 127.

[15] 罗仕鉴, 王瑶, 张德寅. 文化产业数字化内生生长与外生协同创新的进化机理研究 [J]. 浙江大学学报 (人文社会科学版), 2022, 52 (04): 94 – 104.

[16] 吕途, 乔坤. TMT 关系强度类型、资源获取与企业竞争力——基于 4 家企业的多案例研究 [J]. 管理案例研究与评论, 2016 (6): 500 – 515.

[17] 马红旗, 等. 我国钢铁企业产能过剩的成因及所有制差异分析 [J]. 经济研究, 2018 (3): 94 – 109.

[18] 裴长洪, 王镭. 试论国际竞争力的理论概念与分析方法 [J]. 中国工业经济, 2002 (4): 41 – 45.

[19] 彭徽. 中国海运服务贸易竞争力国际比较及其影响因素 [J]. 商业经济研究, 2015 (13): 22 – 23.

[20] 彭徽, 等. 产品内分工下新贸易理论的局限和发展——基于钢铁贸易的实证 [J]. 宏观经济研究, 2013 (5): 12 – 17.

[21] 彭徽, 徐春祥. 钢材间接出口的测算方法和实证检验 [J]. 国际贸易问题, 2017 (3): 110 – 121.

[22] 曲殿喜.战后日本工业及其技术改造（三）[J].鞍钢技术，1985（7）：8-11.

[23] 曲殿喜.战后日本工业及其技术改造（八）[J].鞍钢技术，1986（1）：1-3.

[24] 石洪卫.中国钢铁工业年鉴（2019）[M].北京：《中国钢铁工业年鉴》编辑部，2019.

[25] 帅竞，等."一带一路"背景下中国可再生能源产品国际竞争力研究[J].中国软科学，2018（7）：21-38.

[26] 宋清华，钟启明，温湖炜.产业数字化与企业全要素生产率——来自中国制造业上市公司的证据[J].海南大学学报（人文社会科学版），2022，40（4）：74-84.

[27] 孙立.我国钢铁工业的市场竞争力与结构调整[J].中国工业经济，1998（5）：21-22.

[28] 王海兵.产业政策化解产能过剩的国际经验与启示——以美国和日本钢铁产业为例[J].现代日本经济，2018（6）：41-58.

[29] 王京伦，邹国庆.从索尼兴衰看企业竞争优势及其持续性[J].现代日本经济，2016（1）：86-94.

[30] 王其藩，等.我国钢铁行业竞争力的国际比较及发展战略[J].财政研究，2000（7）：21-22.

[31] 王雨飞，等.中国城市可持续竞争力水平测度研究[J].经济纵横，2018（9）：99-111.

[32] 肖旭，戚聿东.产业数字化转型的价值维度与理论逻辑[J].改革，2019（8）：61-70.

[33] 杨卓尔，等.原始创新的资源基础及其对企业竞争力的影响研究[J].管理评论，2014（7）：72-81.

[34] 杨文溥.中国产业数字化转型测度及区域收敛性研究[J].经济体制改革，2022（1）：111-118.

［35］姚艳虹，等.开放式创新、知识动态能力与企业竞争力的关系研究——伙伴机会主义的调节作用［J］.软科学，2017（7）：29-33.

［36］姚战琪.产业数字化转型对消费升级和零售行业绩效的影响［J］.哈尔滨工业大学学报（社会科学版），2021，23（4）：143-151.

［37］袁钢明.中国钢铁工业——在宏观经济变动中发展［R］.日本亚洲经济研究所，2007.

［38］曾可昕，张小蒂.数字商务与产业集群外部经济协同演化：产业数字化转型的一种路径［J］.科技进步与对策，2021，38（16）：53-62.

［39］张进财，左小德.企业竞争力评价指标体系的构建［J］.管理世界，2013（10）：172-173.

［40］张颖，毛昊.中国版权产业数字化转型：机遇、挑战与对策［J］.中国软科学，2022（1）：20-30.

［41］中国钢铁工业协会.中国钢铁工业改革开放40年［M］.北京：冶金工业出版社，2019.

［42］中国工程院战略咨询中心.2021中国制造强国发展指数报告［R］.北京，2021.

［43］中国建筑金属结构协会建筑钢结构分会.日本钢结构建筑技术交流考察报告［J］.中国建筑金属结构，2018（8）：28-30.

［44］钟维琼，等.钢铁产业链全球物质流网络分析［J］.中国矿业，2018（5）：61-65.

［45］周夏伟，杨彬如，岳太青.产业数字化、引致创新与区域经济增长［J］.经济体制改革，2022（3）：119-126.

［46］祝合良，王春娟."双循环"新发展格局战略背景下产业数字化转型：理论与对策［J］.财贸经济，2021，42（3）：14-27.

［47］左惠.文化产业数字化发展趋势论析［J］.南开学报（哲学社会科学版），2020（6）：47-58.

［48］REINDERS A，VRINGER K，BLOK K. The Direct and Indirect

Energy Requirement of Households in the European Union [J]. Energy Policy, 2003 (2): 139 –153.

[49] ALONSO A, KOK S. Dynamic Capabilities in the Context of Brexit and International Wine Business [J]. Thunderbird International Business Review, 2019, (3): 54 –61.

[50] ARNDT F, PIERCE L, TEECE D. The Behavioral and Evolutionary Roots of Dynamic Capabilities [J]. Industrial and Corporate Change, 2018, 27 (2): 413 –424.

[51] TEECE D J, PISANO G, SHUEN A. Dynamic Capabilities and Strategic Management [J]. Strategic Management Journal, 1997, 18 (7): 509 –533.

[52] EDWARDS S. Openness, Productivity and Growth: What Do We Really Know? [J]. The Economic Journal, 2001, (447): 34 –56.

[53] GRUNDEY D. Editorial Applying Sustainability Principles in the Economy [J]. Ukio Technologinis Ir Ekonominis Vystymas, 2008, 14 (2): 101 –106.

[54] INWOOD K. Transport Costs and Industrial Development: Iron and Steel in a Small Open Economy, 1870 – 1913 [J]. Canadian Journal of Economics, 2013, 46 (4): 1265 –1294.

[55] KENNETH A, TONY W. Competitive Pressure on the Rate and Scope of Innovation [J]. Journal of Economic Behavior & Organization, 2018, 150 (6): 162 –181.

[56] LEONARD B. Core Capabilities and Core Rigidities: A Paradox in Managing New Product Development [J]. Strategic Management Journal, 1992, 26 (1): 111 –125.

[57] MOVSHUK O. Restructuring, Productivity and Technical Efficiency in China' s Iron and Steel Industry, 1988 – 2000 [J]. Journal of Asian Eco-

nomics, 2004, 15 (1): 135 – 151.

[58] FRANCKS P. Learning from Japan: Plant Imports and Technology Transfer in the Chinese Iron and Steel Industry [J]. Journal of the Japanese and International Economies, 1988, 2 (1): 42 – 62.

[59] PENG P. et al. Modelling the Competitiveness of the Ports Along the Maritime Silk Road with Big Data [J]. Transportation Research, 2018, 118 (12): 852 – 867.

[60] PRAHALAD, HAMEL. The Core Competence of the Corporation [J]. Harvard Business Review, 1990 (5): 79 – 91.

[61] REINDERS A, VRINGER K, BLOK K. The Direct and Indirect Energy Requirement of Households in the European Union [J]. Energy Policy, 2003 (2): 139 – 153.

[62] FLORIDA R, KENNEY M. Restructuring in Place: Japanese Investment, Production Organization, and the Geography of Steel [J]. Economic Geography, 1992 (68): 146 – 173.

[63] ALLEN R. International Competition in Iron and Steel, 1850 – 1913 [J]. The Journal of Economic History, 1979, 39 (4): 911 – 937.

[64] SADYRTDINOV R, RODNYANSKY D. Openness of the Regional Economy and its Dependence on Interregional and Foreign Trade [J]. Procedia Economics and Finance, 2015 (23): 23 – 41.

[65] EDWARDS S. Openness, Productivity and Growth: What Do We Really Know? [J]. The Economic Journal, 2001 (447): 34 – 56.

[66] WERNERFELT B. A Resource – Based View of the Firm [J]. Strategic Management Journal, 1984, 5 (2): 171 – 180.

[67] World Steel Association. Sustainable Steel: Indicators 2019 and the Steel Supply Chain [R]. Brussels: World Steel Association, 2019.

[68] World Steel Association. Indirect trade in steel, 2000 – 2013 [R].

World Steel Association Working Paper，2015.

　　［69］ World Steel Association. Steel Statistical Yearbook 2021 ［M］. Belgium：Brussels，2021.

　　［70］ World Steel Dynamics. World – Class Steelmaker Rankings ［R］. New Jersey：World Steel Dynamics，2019.